许涛 应望江 著

China's Higher Education Opens up

The Path to Educational Powerhouse

迈向教育强国的

中国高等教育对外开放

上海财经大学出版社
SHANGHAI UNIVERSITY OF FINANCE & ECONOMICS PRESS

上海学术·经济学出版中心

图书在版编目(CIP)数据

迈向教育强国的中国高等教育对外开放 / 许涛,应
望江著. -- 上海 : 上海财经大学出版社,2025.1.
ISBN 978-7-5642-4543-6

Ⅰ. G649.2

中国国家版本馆 CIP 数据核字第 2024SC0087 号

☐ 责任编辑　吴晓群
☐ 封面设计　贺加贝

迈向教育强国的中国高等教育对外开放

许　涛　应望江　著

上海财经大学出版社出版发行
(上海市中山北一路 369 号　邮编 200083)
网　　　址:http://www. sufep. com
电子邮箱:webmaster @ sufep. com
全国新华书店经销
上海颛辉印刷厂有限公司印刷装订
2025 年 1 月第 1 版　2025 年 1 月第 1 次印刷

787mm×1092mm　1/16　13 印张(插页:2)　240 千字
定价:78.00 元

前言 | Foreword

2021 年 4 月 19 日,习近平总书记在清华大学考察时指出,开放是国家繁荣发展的必由之路,也是大学的活力所在。改革开放以来,我国高等教育快速发展,取得了举世瞩目的成就,通过不断扩大高等教育对外开放,"引进来"与"走出去"并举,是我国高等教育的一条重要成功经验。

党的十八大以来,我国高等教育对外开放在新时代中奋进,在大变局中前行。党的十九大将"加快一流大学和一流学科建设,实现高等教育内涵式发展"作为"加快教育现代化,办好人民满意教育"的重要建设内容。党的二十大进一步提出"加快建设世界重要人才中心和创新高地,着力形成人才国际竞争的比较优势,把各方面优秀人才集聚到党和人民事业中来"的目标任务。这就要求我国高等教育在未来的改革发展中必须进一步扩大开放,持续推进国际化进程,加快现代化步伐,尽快具备世界一流的竞争力,从而担负起建设社会主义现代化强国和实现中华民族伟大复兴的历史使命。

我国高校正坚定地走在"中国特色、世界一流"的发展道路上。对外开放已成为我国高校的基本办学方略。新时代中国特色社会主义建设为高校推进对外开放提出了更高的要求,同时高校推进对外开放也面临更为复杂的国际环境和更为严峻的挑战,为适应新的形势和要求,高校对外开放更加迫切地需要坚持和加强党的全面领导。在新时代高校推进对外开放的进程中,需要更深刻地思考"中国特色"与"世界一流"的关系,牢记"为谁培养人,为谁办大学"的初心,牢记"四个服务"的宗旨,牢记扎根中国大地办世界一流大学和世界一流学科的使命,牢牢把握好社会主义办学方向,这就必须靠坚持和加强党的全面领导给予坚强保证。

既有的研究中,对高校对外开放办学及对加强高校党的领导和建设工作都有丰富的研究成果,但将二者相结合的研究较少,有待于确立一个全新的研究视角,提出新时代下的新思路、新对策。在此背景下,我国高校迫切需要解决的关键问题是:如何立足"扎根中国大地办大学"的根本要求,按照"中国特色,世界一流"的目标,解决好新时代我国高校推进对外开放中的思想认识问题、高校推进对外开放中加强党的全面领导的理论依据问题、高校推进对外开放中加强党的领导的实现机制问题?

2019 年,上海财经大学党委书记许涛的"新时代高校国际化办学中加强党的领导和建设研究"课题获教育部哲学社会科学研究重大委托项目立项。课题组组建了以相关职能部门和学院负责人为骨干成员的研究团队,持续多年开展调查研究和探索实践。学校相继将"以重大课题研究为支撑,建立健全新形势下党对高校国际化办学全面领导的体制机制"课题作为书记校长 2019 年度履职亮点项目,"加强党对高校全面领导的实践探索"作为 2021 年书记校长开局项目予以重点推进,并在 2021 年召开了"新时代上海财经大学教育对外开放大会",组织全校深入探讨了新时代教育对外开放问题。课题组努力研判我国高校对外开放办学所面临的新形势、新机遇和新挑战,探索构建党对学校开放办学实施全面领导的体制机制,并以此为支撑,边研究边实践,将研究成果逐步转化为规章制度,形成有上财(上海财经大学的简称)特点的实践经验。2023 年 10 月,课题顺利结项。课题研究成果获教育部领导的充分肯定,并受到教育部相关主管部门和高校的关注。为推动课题研究成果的转化,在研究报告的基础上,核心团队成员加以进一步研究并将其汇总成本书。

本书力求从全球视野总结分析我国高校对外开放发展历程、基本经验和面临的问题,在此基础上,面向未来,研判我国高校推进对外开放所面临的新形势、新机遇和新挑战,研究构建高校对外开放办学进程中加强党的领导的体制机制,并以上海财经大学的实践探索为样板,提出可执行、可复制的政策建议,为新时代如何确保我国高校对外开放牢牢把握好社会主义办学方向提供理论基础、政策依据和实践参照。

全书由许涛教授、应望江教授统撰定稿。

笔　者

2024 年 12 月 20 日

目录 | Contents

第一章
理论基础：有效落实高校工作的领导权

第一节 坚持党对高校领导权的理论依据

一、马克思主义的科学理论对党的领导地位作出了根本规定

马克思主义是对人类社会发展规律的科学总结，这一科学理论叙事清晰地界定了共产党的性质和历史作用，指出了党在现代历史进步事业中的核心领导地位。马克思主义通过分析现代资本主义社会的基本矛盾和历史发展趋势，通过阐明无产阶级和全人类解放的科学道路，在其中凸显了共产党具有领导无产阶级和广大人民群众的历史使命。《共产党宣言》明确指出："在实践方面，共产党人是各国工人政党中最坚决的、始终起推动作用的部分；在理论方面，他们胜过其余无产阶级群众的地方在于他们了解无产阶级运动的条件、进程和一般结果。"[①]这种科学的历史叙事当中明确揭示：共产党领导历史事业的主体资质和主体地位不是自封的，而是历史发展的必然和人民解放事业的必需，是源自共产党在实践当中的坚定革命品质和在理论方面的高度科学觉悟。

马克思主义经典作家在阐明共产党对历史总体事业的领导地位的同时，特别指出了党要对知识分子、大学生等科学文化教育领域的特定对象群体进行领导，指出要用党的先进性和领导力去规范、改造和引导他们。马克思在评价当时一个时期内德国党的状况时，特别地批判了他们没有对知识分子、大学生等对象发挥出坚强有力的领导作用，认为这是"一种腐败的风气"，无产阶级政党"同一帮不成熟的大学生和过分聪明的博士妥协"的危害性并不亚于同拉萨尔、杜林等的机会主义派别和错误思潮的妥协。[②] 恩格斯晚年针对德国党的领导作用又一次发生弱化的情况，再次重申了马克思主义的立场，"目前著作家和大学生大量涌进党内，如果不把

① 马克思恩格斯选集：第 1 卷 [M]. 北京：人民出版社，1995：285.
② 马克思恩格斯选集：第 4 卷 [M]. 北京：人民出版社，1995：627.

这些先生控制在一定范围内,还会带来种种的危害"①,而一旦党正确地发扬其自身无产阶级政党的先进性和战斗力,就"足以消化掉这些重又趾高气扬的德国大学生"②。

马克思主义经典作家还指出了党对知识分子、大学生等对象进行领导所要达成的基本目标,这就是要"成功地使大学生们意识到,正是应该从他们的行列中产生出这样一种脑力劳动无产阶级,他们负有使命同自己从事体力劳动的工人兄弟在一个队伍里肩并肩地在即将来临的革命中发挥重要作用","过去的资产阶级革命向大学要求的仅仅是律师,作为培养他们的政治家的最好的原料;而工人阶级的解放,除此之外还需要医生、工程师、化学家、农艺师及其他专门人才,因为问题在于不仅要掌管政治机器,而且要掌管全部社会生产"③。

列宁结合俄国革命的实际,继承捍卫并且丰富发展了马克思主义,特别是结合共产党领导实践中正反两方面的经验教训,科学总结出了关于"先锋队"的理论,进一步阐明了共产党在社会主义革命运动和国家建设事业当中的领导地位。列宁深刻地指出:"只是自称为'先锋队',自称为先进部队是不够的,还要做得使其余一切部队都能看到并且不能不承认我们是走在前面。"④列宁认为,"国际工人运动中觉悟的先锋队,即各个共产主义政党、小组和派别的当前任务就是要善于引导广大的(现在大半还是沉睡、消沉、因循守旧、尚未觉醒的)群众采取这种新的立场,确切一点说,就是不仅要善于领导自己的党,而且要善于在这些群众走向和转向新立场的过程中领导他们"⑤。

就教育事业而言,列宁在共产党领导建设全新的社会主义国家的过程中,得出了党必须在文教领域强有力地加以领导的基本经验和根本遵循。列宁认为,"要使同志们和我们共同参加文教工作,关键在于教育同我们的政治的联系问题……在各方面的教育工作中,我们都不能抱着教育不问政治的旧观点,不能让教育工作不联系政治"⑥。"三年来,苏维埃俄国抗击世界帝国主义进攻的全部斗争,是与党认识到自己的任务是帮助无产阶级起到教育者、组织者和领导者的作用这一点分不开的,无产阶级起不到这种作用,就无法打垮资本主义。为了建设共产主义,工农劳动群众必须战胜知识分子的旧习气,必须改造自己,不这样就无法着手建设事业。我们的全部经验表明,这个事业十分重要,因此我们要重视承认党的领导作用

---

① 马克思恩格斯选集:第4卷[M].北京:人民出版社,1995:694.
② 马克思恩格斯选集:第4卷[M].北京:人民出版社,1995:692.
③ 马克思恩格斯选集:第4卷[M].北京:人民出版社,1995:435—436.
④ 列宁选集:第1卷[M].北京:人民出版社,1995:367.
⑤ 列宁选集:第4卷[M].北京:人民出版社,1995:201.
⑥ 列宁选集:第4卷[M].北京:人民出版社,1995:301—302.

问题，在讨论工作和组织建设的时候，决不能忽视这一点。"①

二、马克思主义的中国化进程中继承发展了党领导教育事业特别是领导高校的相关理论

中国共产党人把马克思主义的普遍真理同中国的实际相结合，创立了毛泽东思想和中国特色社会主义理论体系的马克思主义中国化伟大成果，指导全国人民取得了新民主主义革命、社会主义革命和建设、改革开放和中国特色社会主义事业的辉煌胜利。在马克思主义中国化的理论成果当中，也贯穿着始终坚持党的领导地位、不断提高党的领导水平的思想红线。毛泽东在1954年中华人民共和国第一届全国人民代表大会第一次会议的开幕词中指出："领导我们事业的核心力量是中国共产党。指导我们思想的理论基础是马克思列宁主义。"②明确了党的领导是中华人民共和国立国和制宪的根本准绳，并且遵照马克思主义经典作家的观点，把党的领导地位同党马克思列宁主义的科学真理指导作用结合在一起。

在毛泽东看来，党自身的存在方式和历史事业的性质就必然要求结合这种科学真理特性，特别是要通过思想教育的手段，建设好党自身的肌体并进而引领塑造全国人民的样貌。在革命战争时期，毛泽东就强调"掌握思想教育，是团结全党进行伟大政治斗争的中心环节"③，在1955年起草制定宣传教育工作的文件中，他又进一步展开部署了落实党的领导地位和马克思列宁主义的指导作用的行动方略："必须唤起全党的注意，进一步认真地加强党的思想工作。各级党委必须真正做到把思想领导当做自己领导的首要职责。……同时使广大人民群众脱离资产阶级思想的影响，大大提高他们为建设社会主义社会而奋斗的觉悟程度，便于形成以马克思列宁主义为基础的政治上和思想上的一致。"④

在党领导和教育广大人民群众的事业当中，学校教育承担着主阵地的使命，因此毛泽东特别注意对学校教育领域当中党的领导地位和领导方式进行制度安排，在国家教育体系的总体安排方面，"大学、中学都要求加强思想、政治领导和改进思想、政治教育，……要下决心从党政两系统抽调几批得力而又适宜做学校工作的干部去大、中学校工作，要赋予高等教育部和教育部以领导思想政治工作的任务"⑤；在高等学校的微观层面，毛泽东也注意提示"高等学校应抓住三个东西：一是党委

---

① 列宁选集：第4卷[M].北京：人民出版社，1995：304.
② 毛泽东文集：第6卷[M].北京：人民出版社，1999：350.
③ 毛泽东选集：第3卷[M].北京：人民出版社，1991：1094.
④ 建国以来重要文献选编：第6册[M].北京：中央文献出版社，1993：64.
⑤ 建国以来毛泽东文稿：第6册[M].北京：中央文献出版社，1992：398.

领导,二是群众路线,三是把教育和生产劳动结合起来"①。我们党在新时期一贯强调以毛泽东同志为主要代表的中国共产党人为当代中国一切发展进步奠定了根本政治前提和制度基础,这一点在党对教育事业、对高等学校的领导方面也是如此,具有奠基和开创性的意义。

在改革开放新时期,我们党更加清醒地判断了国情、社情,坚持以经济建设为核心,渐进但是坚决地变革了中国原有的一套经济社会体制机制和人民生活样貌,深刻认识和积极利用"和平与发展"的世界时代主题,积极对外开放并融入当今世界经济体系和文化交流的"全球化"潮流,开创了中国特色社会主义。而伴随着这一历史性的变革,我们党所处的环境和所面临的任务、党的自身状况和领导全国人民的方式,也都发生了新的重大变化。邓小平为我们的改革开放事业的性质和方向设定了"四项基本原则"的根本政治保证,这是我们新时期的立国之本,邓小平在其中又着力强调,坚持四项基本原则的核心就是坚持党的领导。②

邓小平阐明了党的领导地位一方面在于提供社会主义现代化建设的基本条件,即中国的安定团结的政治局面和社会环境,"没有共产党的领导,肯定会天下大乱,四分五裂"③。"中国由共产党领导,中国的社会主义现代化建设事业由共产党领导,这个原则是不能动摇的;动摇了中国就要倒退到分裂和混乱,就不可能实现四个现代化。"④党的领导地位的另一方面意义则在于"没有党的领导,就没有一条正确的政治路线"⑤,只有始终坚持党的领导,坚持党对当代中国社情、国情、世情的判断,坚持党在社会主义初级阶段的基本路线,制定和贯彻执行正确的方针政策,才能实现社会主义现代化建设、强国建设的根本目标。所以"从根本上说,没有党的领导,就没有现代中国的一切"⑥。

与改革开放新时期中国着力推进社会主义现代化的整体事业相适应,邓小平科学地概括了新时期教育的性质定位,"我们要实现现代化,关键是科学技术要能上去。发展科学技术,不抓教育不行"⑦,"教育要面向现代化,面向世界,面向未来"⑧。邓小平第三次复出伊始就分管科技和教育方面的工作,推动了恢复高考等一系列拨乱反正的举措,尤其是在理论层面上作出了许多重大创新,如推动承认知识分子已经成为工人阶级的一部分,强调科学技术是生产力、必须尊重知识尊重人

① 人民教育出版社. 毛泽东同志论教育工作[M]. 北京:人民教育出版社,2000:249.
② 邓小平文选:第 2 卷[M]. 北京:人民出版社,1994:266,342,358,391.
③ 邓小平文选:第 2 卷[M]. 北京:人民出版社,1994:391.
④ 邓小平文选:第 2 卷[M]. 北京:人民出版社,1994:267—268.
⑤ 邓小平文选:第 2 卷[M]. 北京:人民出版社,1994:266.
⑥ 邓小平文选:第 2 卷[M]. 北京:人民出版社,1994:266.
⑦ 邓小平文选:第 2 卷[M]. 北京:人民出版社,1994:40.
⑧ 邓小平文选:第 3 卷[M]. 北京:人民出版社,1993:35.

才等。以邓小平为主要代表的中国共产党人在逐步开辟中国特色社会主义道路的过程中，不断从理论高度阐明了党的教育事业的重要意义：党的十二大把教育和科学列为全党三大战略重点之一，党的十三大提出"百年大计，教育为本"和"必须坚持把发展教育事业放在突出的战略地位"，党的十四大提出"我们必须把教育摆在优先发展的战略地位，努力提高全民族的思想道德素质和科学文化水平，这是实现我国现代化的根本大计"，其后在 20 世纪 90 年代中期更是提出"科教兴国"战略等。

当然，教育的重要作用是在党的事业全局之中的，是要置于党的统一领导之下的，党要善于领导新时期的教育事业。"忽视教育的领导者，是缺乏远见的、不成熟的领导者，就领导不了现代化建设。各级领导要像抓好经济工作那样抓好教育工作。"①在改革开放的时代背景下，在中外交往特别是中国参与、融入全球化程度的不断加深，邓小平也就不断地从理论高度上告诫全党要把教育工作认真抓起来，包括要检讨"十年来我们最大的失误是在教育方面，对青年的政治思想教育抓得不够，教育发展不够"②，我们要用坚定的信念把人民团结起来，用中国的历史教育青年，抓紧四项基本原则和马克思主义基本理论的教育，特别是要有针对性地反对"精神污染"和"资产阶级自由化"。

三、新时代中国特色社会主义系统深化了党对高等教育进行全面领导的方略

在历经四十多年的改革开放进程之后，中国特色社会主义在经济社会的高速发展成果基础上，自身也逐步积累起了富有特色的道路、理论、制度、文化，这使得中国特色社会主义进入新时代，形成了习近平新时代中国特色社会主义思想，相应地也对党的领导地位有了更加深入和全面的认识，作了更加自觉、自信、系统、全面的表述。习近平同志在一系列重要讲话当中明确指出，党的领导是"中国特色社会主义最本质的特征"——这一重大政治宣示在几年间各个重大场合被多次重申，特别是被载入了党的十九大报告和十三届全国人大一次会议上通过的《宪法》修正案。党的十九大报告当中指出，党政军民学，东西南北中，党是领导一切的，中国特色社会主义制度的最大优势是中国共产党领导，要坚持党对一切工作的领导，一方面指引全国人民必须在主观上增强政治意识、大局意识、核心意识、看齐意识，自觉接受党的领导，另一方面提出了完善坚持党的领导的体制机制的客观任务。党的二十大报告当中进一步指出，坚持党的全面领导是坚持和发展中国特色社会主

①　邓小平文选：第 3 卷［M］.北京：人民出版社，1993：121.
②　中共中央文献研究室.邓小平年谱（一九七五——一九九七）［M］.北京：中央文献出版社，2004：1268.

的必由之路。这是我们在长期实践中得出的至关紧要的规律性认识，必须倍加珍惜、始终坚持。

党对教育的领导，是党的全面领导当中的重要组成部分。习近平同志在2018年全国教育大会上发表重要讲话强调，加强党对教育工作的全面领导，是办好教育的根本保证，他在讲话中提出"九个坚持"，第一个坚持就是"坚持党对教育事业的全面领导"。习近平同志早先在担任地方领导职务期间，就遵循中国特色社会主义理论体系关于党的教育事业的根本属性、根本原则和根本目标，作了有针对性的强调和工作布置。2005年7月，时任浙江省委书记的习近平同志在谈到"教育强省"的问题时就强调指出："必须坚持教育为现代化建设服务，为人民服务，与生产劳动和社会实践相结合，培养社会主义建设者和接班人。"[①]这一本质特征体现在高等教育中，就要求在高校中坚持党的全面领导，坚持正确的办学方向，要保证高校始终成为培养社会主义事业建设者和接班人的坚强阵地。同年9月，习近平同志在中共浙江省委常委会上听取浙江大学工作汇报时，更是特别指出了我们"要把'育人'作为大学的首要任务""要把'培养什么人'的问题作为根本问题""要把'如何培养人'作为高校的永恒课题"，并进一步提出"要把加强和改进大学生思想政治教育作为一项长期的战略任务"[②]。

十八大以后，新时代教育工作面临的形势更加复杂、任务更加繁重，这就更加需要从新的理论高度上阐明党的领导地位和作用。习近平总书记在2014年5月4日同北京大学师生座谈会上的讲话中勉励大家说："办好中国的世界一流大学，必须有中国特色。没有特色，跟在他人后面亦步亦趋，依样画葫芦，是不可能办成功的。这里可以套用一句话，越是民族的越是世界的。世界上不会有第二个哈佛、牛津、斯坦福、麻省理工、剑桥，但会有第一个北大、清华、浙大、复旦、南大等中国著名学府。我们要认真吸收世界上先进的办学治学经验，更要遵循教育规律，扎根中国大地办大学。"[③]走中国的路，就是中国特色社会主义的道路，既然中国特色社会主义最本质的特征是党的领导，党的领导是管总的，是第一位的，那么，办好中国特色社会主义教育，实际上也就内在地必须旗帜鲜明地坚持党的领导。

2014年年底，习近平总书记就高校党建工作作出了重要指示，办好中国特色社会主义大学，要坚持立德树人，把培育和践行社会主义核心价值观融入教书育人全过程，要强化思想引领，牢牢把握高校意识形态工作领导权，并且特别强调，要加强对高校党的建设工作的领导和指导，坚持党的教育方针，坚持社会主义办学方

① 习近平.干在实处走在前列——推进浙江新发展的思考和实践[M].中共中央党校出版社，2006：337.
② 习近平.干在实处走在前列——推进浙江新发展的思考和实践[M].中共中央党校出版社，2006：339.
③ 习近平.习近平谈治国理政[M].北京：外文出版社，2014：174.

向,加强和改进思想政治工作,切实把党要管党、从严治党落到实处。①

在习近平总书记指示精神的指引下,中共中央、国务院于 2016 年印发了《关于加强和改进新形势下高校思想政治工作的意见》,并召开全国高校思想政治工作会议,这是时隔 11 年后中央召开的关于高校思想政治工作的又一次重要会议,具有里程碑意义。习近平总书记在思想政治工作会议上的重要讲话当中高屋建瓴地指出:"办好我国高等教育,必须坚持党的领导,牢牢掌握党对高校工作的领导权,使高校成为坚持党的领导的坚强阵地。党委要保证高校正确办学方向,掌握高校思想政治工作主导权,保证高校始终成为培养社会主义事业建设者和接班人的坚强阵地。各级党委要把高校思想政治工作摆在重要位置,加强领导和指导,形成党委统一领导、各部门各方面齐抓共管的工作格局。各地党委书记和有关部门党组书记要多到高校走走,多同师生接触,多去高校作报告,回答师生关注的理论和现实问题。要加强同高校知识分子的联系,多关心、多交流、多鼓励,善交朋友、广交朋友、深交朋友,多听他们的意见,真听他们的意见。""高校党委对学校工作实行全面领导,承担管党治党、办学治校主体责任,把方向、管大局、作决策、保落实。要加强高校党的基层组织建设,创新体制机制,改进工作方式,提高党的基层组织做思想政治工作能力。要做好在高校教师和学生中发展党员工作,加强党员队伍教育管理,使每个师生党员都做到在党爱党、在党言党、在党为党。"②

可以看出,习近平总书记在谈党的领导地位和领导方式时,既注意阐述了在国家的教育制度体系层面的总体安排,也深入了高等学校的微观操作,更结合他自身领导中国特色社会主义事业的丰富经验和娴熟艺术,在中观层面提出了"多走走""多接触""多作报告"的指示,为党的领导的中间组织环节负责人提供了可复制、可推广的操作方式。以习近平新时代中国特色社会主义思想作为办学治校的根本遵循,沿着习近平同志所指出的宏观、中观、微观各个层次上坚持党的全面领导的路径,党中央国务院和教育部等各级领导机关发布了多项文件,完善了多项制度,推进了多项具体工作部署,充分贯彻和保障我们的高校是党领导下的高校、是中国特色社会主义性质的高校,牢牢掌握党对高校的领导权,使高校成为坚持党的领导的坚强阵地。

2019 年 3 月 18 日,习近平总书记在学校思想政治理论课教师座谈会上语重心长地指出:"我们正在为实现'两个一百年'奋斗目标而努力。未来 30 年,我们培养的人要能够完成'两个一百年'的伟业。这就是教育的历史责任。我们党立志于中

---

① 习近平就高校党建工作作出重要指示强调坚持立德树人思想引领加强改进高校党建工作[N]. 人民日报,2014－12－30.
② 习近平. 习近平谈治国理政:第 2 卷[M]. 北京:外文出版社,2017:379.

华民族千秋伟业,必须培养一代又一代拥护中国共产党领导和我国社会主义制度、立志为中国特色社会主义事业奋斗终身的有用人才。这就要求我们把下一代教育好、培养好,从学校抓起、从娃娃抓起。"①

2021年4月19日,习近平总书记在清华大学考察时强调,一流大学建设要坚持党的领导,坚持马克思主义指导地位,全面贯彻党的教育方针,坚持社会主义办学方向,抓住历史机遇,紧扣时代脉搏,立足新发展阶段,贯彻新发展理念,服务构建新发展格局,把发展科技第一生产力、培养人才第一资源、增强创新第一动力更好地结合起来,更好地为改革开放和社会主义现代化建设服务。

2022年4月25日,习近平总书记在中国人民大学考察调研时指出,要坚持党的领导,坚持马克思主义指导地位,坚持为党和人民事业服务,落实立德树人根本任务,传承红色基因,扎根中国大地办大学,走出一条建设中国特色、世界一流大学的新路。

2023年5月29日,习近平总书记在主持中共中央政治局第五次集体学习时指出,要完善教育对外开放战略策略,统筹做好"引进来"和"走出去"两篇大文章,有效利用世界一流教育资源和创新要素,使我国成为具有强大影响力的世界重要教育中心。

2023年9月9日,习近平总书记在出席全国教育大会并发表重要讲话时强调,要深入推动教育对外开放,统筹"引进来"和"走出去",不断提升我国教育的国际影响力、竞争力和话语权。

教育事业和党的事业具有历史的同构性,党领导教育事业的不断深入、制度的不断完善,相应也就会为党的领导的相关理论发展提供伟大富源,而习近平新时代中国特色社会主义思想关于党在新时代对高校全面领导作用的伟大真理必然也在实践富源的不断滋养中得到辩证的永不停步的发展。

第二节　加强党对高校对外开放的领导的客观必然性

党的十八大以来,以习近平同志为核心的党中央把高校思想政治工作摆在突出位置,作出一系列重大决策部署并加以推进。习近平同志强调指出,要坚持党的教育方针,坚持社会主义办学方向,坚持立德树人、强化思想引领,扎根中国大地办

---

① 习近平.思政课是落实立德树人根本任务的关键课程[J].求是,2020(17).

大学，加强和改进思想政治工作，全面推进党的建设各项工作，切实把党要管党、从严治党落到实处。

当前，国内国际形势深刻变化，不同思想文化交流交融交锋，社会思潮多元多样多变。近年来，伴随着融入全球化的深度推进，各类国外思潮与国内错误思潮相互交织，包括西方宪政民主、"普世价值"、新自由主义、公民社会、西方新闻观、历史虚无主义等错误思潮，颠倒黑白，混淆视听，在社会上产生了不良影响，对青年大学生正确价值观的确立造成了极其不利的影响。与此同时，改革开放和社会主义市场经济的深入推进，互联网等新的传播渠道的迅速发展，也使得高校思想政治工作面临许多新情况、新任务、新课题。

从高校的职责和使命看，高校肩负着人才培养、科学研究、社会服务、文化传承创新、国际交流合作的重要使命。习近平总书记以"国之大计、党之大计"高度概括了教育在新时代的重要地位。高校必须努力在改革创新中促进知识创造和知识传播，在开放合作中高质量发展。而加强和改进高校思想政治工作，事关办什么样的大学、怎样办大学的根本问题，事关党对高校的领导，事关中国特色社会主义事业后继有人，事关两个百年目标的实现，是一项重大的政治任务和战略工程。

一、加强党对新时代高校对外开放的领导，是坚持党对高校的领导，把党的建设贯穿始终，牢牢掌握党对高校的领导权的必然要求

中国共产党是中国特色社会主义事业的领导核心，处在总揽全局、协调各方的地位。习近平同志明确指出，"党政军民学，东西南北中，党是领导一切的，是最高的政治领导力量"。这从根本上决定了我们的教育事业是党领导下的教育事业，是中国特色社会主义教育事业；我们的高校是党领导下的学校，是中国特色社会主义学校。在推进中国特色社会主义伟大事业的进程中，党是领导一切的，作为中国特色社会主义伟大事业重要组成和智力支撑的高等教育事业，其发展和繁荣离不开党的全面领导；中国高等教育事业在新时代发展创新、走向世界、参与竞争，更是离不开党的全面领导。因此，党的领导是引领中国特色社会主义教育事业不断前进的最大政治优势，是办好中国特色、世界水平现代教育的根本政治保证。

二、加强党对新时代高校对外开放的领导，是坚持社会主义办学方向，为人民服务，为中国共产党治国理政服务，为巩固和发展中国特色社会主义制度服务，为改革开放和社会主义现代化建设服务的必然要求

古今中外，高等教育始终具有阶级性，拥有立场性，每个国家都是按照自己的政治要求来培养人的，世界一流大学都是在服务自己国家发展需要中成长起来的。

我国的高等教育事业是党和国家事业的重要组成部分,肩负着为党育人、为国育才的重大使命。因此,办好中国特色社会主义高等教育事业,高校就必须从党的宗旨和"初心"出发,回答"培养什么样的人、如何培养人、为谁培养人""办什么样的大学、怎样办好大学"这几个根本性问题。我国高等教育必须全面贯彻党的教育方针,必须坚持以培养德智体美劳全面发展的社会主义建设者和接班人为根本任务,高校的方向必须同我国发展的现实目标和未来方向紧密联系起来。一所学校一旦在办学方向上走错了,在培养人的问题上走偏了,就失去了根基、走进了岔路、背离了国情,就会犯错误、出问题,就会影响中国特色社会主义伟大事业的顺利推进。因此,加强党对教育工作的领导,最重要的就是在事关办学方向的问题上站稳立场、表明态度。

三、加强党对新时代高校对外开放的领导,是坚持全员全过程全方位育人,把思想价值引领贯穿教育教学全过程和各环节的必然要求

坚持以立德树人为中心环节,推进全员全过程全方位育人,既是贯彻落实全国高校思想政治工作会议精神的必然要求,也是高校服务国家发展战略、推动高水平大学建设的题中之义。做好新形势下思想政治工作,必须坚持目标导向和问题导向,推动思想政治工作的纵向贯通和横向联通,实现立体覆盖、多维深入,进而形成课内课外、校内校外一体化的思想政治教育格局。这包括:第一课堂,要上好思想政治理论课,推动思想政治教育与专业教育、通识教育、创新创业教育的有机结合;第二课堂,要通过开展主题教育、社会实践、志愿服务、校园文化等活动,推动思想政治教育与社会主义核心价值观教育的有机结合;线上课堂,要推动思想政治教育与互联网的有机结合;线下课堂,聚焦社会实践、主题党日、志愿服务、社会体验等活动,将理论知识转换为社会经验和直观感受,实现知行合一。

四、加强党对新时代高校对外开放的领导,是坚持遵循教育规律、思想政治工作规律、学生成长规律,把握师生思想特点和发展需求,提高工作科学化精细化水平的必然要求

教育的发展规律决定了教育必须坚持走对外开放的道路。《关于做好新时期教育对外开放工作的若干意见》指出,教育对外开放是我国改革开放事业的重要组成部分,要服务党和国家工作大局,统筹国内国际两个大局,提升教育对外开放质量和水平。要增强服务中心工作能力,自觉服务"一带一路"建设等重大战略,推动实施创新驱动发展战略、科教兴国战略、人才强国战略。要考虑不同地区教育水平和区域发展需要,有所侧重、因地制宜。要加强党对教育对外开放工作的领导,发

挥各级党组织在教育对外开放战略目标、人才培养、干部管理等各项工作中的领导作用。

习近平同志在全国高校思想政治工作会议上的讲话中强调指出，要遵循思想政治工作规律，遵循教书育人规律，遵循学生成长规律，不断提高工作能力和水平。在新时代新形势下，要进一步加强和改进高校思想政治工作，必须深刻理解习近平同志关于遵循"三大规律"要求的逻辑基础，必须整体把握"三大规律"在高校思想政治工作中呈现的主要特征，坚持教书与育人的统一、言传与身教的统一、学术与社会的统一、学术与宣传的统一，引导广大教师以德立身、以德立学、以德施教，并在此基础上，着力在实践中推进高校思想政治工作的改革与创新。

五、加强党对新时代高校对外开放的领导，是坚持改革创新，推进理念思路、内容形式、方法手段创新，增强高校思想政治工作的时代感和实效性的必然要求

创新是推动高校思政工作不断进步的不竭动力，如何结合时代特点和改革需求，如何有效回应学生关切，如何使用新技术、新手段，这是推进新时代高校思政工作需要重点考虑的方面。新时代高校思想政治工作改革创新必须优化内容供给、改进工作方法、创新工作载体。按照习近平同志"因事而化、因时而进、因势而新"的要求，沿用好办法、改进老办法、探索新办法，不断提高思想政治工作的针对性和实效性。

六、加强党对新时代高校对外开放的领导，是不断坚持和改善党对高校的领导工作，办好中国特色社会主义大学的必然要求

教育对外开放需要与教育走中国特色社会主义道路有机结合。习近平总书记在全国高校思政工作会议的讲话中指出，我国有独特的历史、独特的文化、独特的国情，决定了我国必须走自己的高等教育发展道路，扎实办好中国特色社会主义高校。我国高等教育发展方向要同我国发展的现实目标和未来方向紧密联系在一起，为人民服务，为中国共产党治国理政服务，为巩固和发展中国特色社会主义制度服务，为改革开放和社会主义现代化建设服务。

加强党对高校的全面领导，必须加强和改善高校各级党组织建设，确保高校领导权牢牢掌握在忠于马克思主义、忠于党和忠于人民的教育工作者手中。以党的建设推动教育事业的建设和发展，这是办好中国教育事业的重要法宝。为此，要坚持和完善普通高校党委领导下的校长负责制，切实发挥党委领导核心作用，把抓好学校党建工作作为办学治校的基本功，始终坚持以党的建设推动高校建设，为我国

高等教育事业的持续健康发展提供不竭动力和坚强保证。

第三节　新时代加强党对高校对外开放
领导的基本思路

针对我国高校在新时代对外开放中面临的新形势、新机遇和新挑战,根据中共中央办公厅、国务院办公厅《关于做好新时期教育对外开放工作的若干意见》的要求,结合我国高校对外开放办学的实践,在凝练探索成效和经验的基础上,形成以下思路构想。

一、以制定实施对外开放战略为着力点强化党委统筹领导

高校设立党委领导下的对外开放工作领导小组,组长由党委书记担任。充分发挥党委在对外开放办学中,制定发展战略、布局学科建设、培养优秀人才、建设高质量师资、开展科研和社会服务,以及意识形态和干部管理等工作中的领导作用,将党建深度融入教育对外开放实践中,把党的领导贯穿对外开放办学的全过程。校党委通过领导制定和实施对外开放办学战略,坚定社会主义办学方向,确立学校对外开放办学的战略目标、主要任务和重大举措,为学校实现"中国特色、世界一流"目标提供行动指南,为学校改革开放发展提供重要依据。

二、以构建标准测评体系为着力点创新开放型干部管理机制

以构建新时代开放型干部标准测评体系为突破口,建立分类多元的干部选聘管理机制,培养一批讲政治、懂专业、善管理、通晓国际惯例的党政干部,培育一批政治坚定、视野开阔的优秀涉外办学管理人才。在海外引进人员选拔上,把政治关口前移到动议和民主推荐环节,探索实行"举荐人把关制",利用海外校友会等多种渠道,科学开展背景调查,重点关注其政治言论、政治态度和政治表现。

三、以建设"双带头人"制度为着力点加强党对学科建设的领导

高校设立学科建设领导小组("双一流"建设高校设立"双一流"建设领导小组),实行党委书记、校长双组长制。领导小组负责研究制定学校"双一流"建设方案及其实施计划,统筹组织各项建设任务和改革任务的推进落实;研究审议学校"双一流"建设预算方案、相关规章制度等重大事项,并报党委常委会审议决策。建立"双带头人"制度,探索学科带头人(领军人才)担任党组织负责人制度,扩大学科

党建覆盖面,确保党的领导覆盖各个学科点,切实把握正确的学科方向。

四、以构建中国特色学术评价体系为着力点加强党对科研工作的领导

坚持马克思主义在学术评价中的指导地位,坚持政治标准与学术标准相统一,加快建立具有中国特色的学术评价体系,确保正确的政治方向、价值取向、学术导向,积极引导教师科研人员立足中国重大理论和现实问题,服务中国特色社会主义道路建设,做中国学术的创造者、世界学术的贡献者。在课题申报、成果认定、学术评奖、聘期考核等各个环节,实施思想政治表现"一票否决制"。

五、以创新智库党建为着力点加强党对咨政服务工作的领导

积极探索智库党建,将党建工作与智库工作深度融合。强化外交关系意识,加强与国际知名智库之间的交流合作,围绕关于"建设人类命运共同体"的主张和"一带一路"倡议,关于中国外交理念、文明大国形象、东方大国形象等内容,精心设计国际话语议题,在国际热点问题上积极发声,引导国际舆论,把握正确的话语导向。努力将研究成果转化成形象的"中国故事",并借助国际化的传播手段积极对外输出,提升智库在国际上的话语权。

六、以强化思政教育为着力点加强党对意识形态工作的领导

高校党委成立意识形态工作领导小组,研究部署和协调指导意识形态工作。强化思政课程和课程思政建设,落实思想政治理论课的重点建设地位。划定课堂教学意识形态安全底线和红线,严格执行教师教学考核、教学过程督导制度。加强在线开放课程、学习平台等网络课堂管理,严把各类教材和教学课件的政治关。

七、以清单制建设为着力点加强党对思想文化阵地的管理

建立校园文化活动的"负面清单制",健全学术活动的审批程序,严格执行哲学社会科学活动"一会一报""一事一报"制度,严格执行有关国际会议、国际交流、国际合作等方面的要求,健全哲学社会科学研究成果发布管理,规范师生接受境外媒体采访,严把场地、人员、内容等关键环节,确保正确的政治方向和育人导向。

八、以创新党管人才模式为着力点加强党对师资队伍建设的领导

一是加强人才全职业生命周期管理。高校设立人才工作机构,明晰职责任务

和工作规则,把党的领导贯穿人才引进、岗位聘任、职务晋升、评奖评优、培训研修、项目申报、导师遴选、人才计划遴选等职业发展全过程,覆盖全职业生命周期。二是加强师德师风建设。将思政和师德考核摆在教师考核的首要位置,教师在参加年度考核、聘期考核、专业技术职务评聘、常任教职(Tenure)申请等事项前,须参加思政和师德考核,全面考核教师的政治立场、职业道德、行为规范等表现,考核结果运用于教师管理和职业发展全过程。三是加强海归教师的教育。针对海归教师群体特点,以环境适应、角色转变、职业发展、责任意识提升为重点,开展岗位培训。实施"书记下午茶""书记面对面"等书记工作品牌,建立新入职者导师制度,促进本土教师与海归教师之间、新进海归教师与存量海归教师之间的交流,实现优良师德师风传承。四是加强外籍教师的管理。将外籍教师遵守我国法律法规纳入工作合同条款。五是加强出国(境)人员的管理。六是做好优秀留学归国人员的党员发展工作。制定在优秀海外留学归国人员中发展党员的工作方案,将培养和发展高知群体入党作为长期规划纳入校院党建工作中。

九、以"五个到位"为着力点强化院系党组织建设

一是健全院系党组织政治功能强化机制。根据教育部党组对高校院系党组织提出的"领导和运行机制到位、政治把关作用到位、思想政治工作到位、基层组织制度执行到位、推动改革发展到位"的"五个到位"要求,院系党组织要在工作理念、制度机制和自身建设层面强化院系党组织的政治领导角色,保障其政治核心地位,充分发挥其政治核心效能。同时,院系党组织要多从中心工作出发思考党建工作,将党务工作与院系中心工作结合渗透,切实解决党务和业务"两张皮"的问题。要善于凝聚海外的大学校友会的力量,将各个领域的校友以各种形式团结起来,发挥其在合作研究,网罗世界一流大师和学者,与世界顶尖大学、重要国际组织与联盟、国际重要媒体等建立联系过程中的影响力和重要作用,为学校国际合作交流提供支持与帮助。二是确保院系党组织在重大决策中的参与引领。明确党组织在院系治理结构中的主体地位,从体制机制和制度流程上确保党组织在事关院系重大事项上的参与和决策。通过领导师风师德考核小组,进入招聘委员会等实质性机构,确保书记全程参与引人进人过程。实施院长、书记"双组长"制,书记与院长一同把好最后人选关。建立并落实书记列席院系层面学术性委员会制度,发挥党组织在学术方向、思想政治和意识形态方面的把关作用。

十、以国际素养培训为着力点增强基层党务工作者的整体水平

一是建强支部书记、基层组织员等党务工作者队伍,真正发挥基层党支部的战

斗堡垒作用。积极探索教师党建工作向最活跃、最具创新能力的教学科研组织拓展，探索依托重大项目组、课题组、创新团队、科研平台、智库、中外合作办学项目和机构等设置教职工党支部或师生联合党支部。鼓励引导高层次人才担任教师党支部书记，提升书记在支部工作中的话语权和影响力。倡导"学术党建"，鼓励思政、党务和管理队伍结合工作实际开展理论研究，把党建当学问做，激励调动党务工作者的积极性和创造性。二是量身定制完善的国际素养培训体系。围绕提高政治站位、拓展国际化视野和思维、学习国际化专业创新技能、提升良好的跨文化沟通交际能力、熟悉国际惯例规则且具备国际运作能力五个方面的要求为目标，从培训平台建设、专业化能力培养、实践项目锻炼三个方面着手，打造国际素养培训体系，增强国际素质培养的系统性、持续性、针对性和有效性，更好地契合新时代高校党务工作者的特质要求。

第二章
实践发展：努力开拓高校对外开放新局面

第一节　高校对外开放的内涵与实质

一、高校对外开放的内涵

教育对外开放是我国改革开放事业的重要组成部分，而高等教育对外开放是我国教育对外开放战略的重要组成部分，是我国改革开放在高等教育领域的对外开放，也是教育对外开放中最具活力的方面之一，是对外开放战略中的重要一环。

高等教育从其产生之日起，就带有开放性的特征，开放本身就反映了高等教育活动的本质(阎光才，袁希，2010)。高等教育对外开放，意味着高等教育通过参与教育的国际化进程，不断提高高等教育活动的跨境性或跨国性。当今，高等教育的对外开放或者说教育国际化已经成为世界趋势。

对于教育国际化，不同的学者有不同的理解和概念定义。1995年，汉斯·迪·威特等学者在《高等教育国际化策略》一书中指出，高等教育国际化的含义有三种观点，分别为过程说、措施说、氛围说。过程说把高等教育国际化看作一个发展的趋势和过程，高等教育国际化是把国际的意识与高等学校的教学、科研和社会服务的职能相结合的过程；措施说倾向于认为高等教育国际化就是高等教育的国际交流与合作的做法和措施；氛围说强调形成国际化的精神气质和氛围，认为国际教育与教育国际化是同义语。

在讨论高等教育国际化的问题时，往往会遇到许多相类似的概念，如"教育国际化""教育全球化""教育区域化""教育对外开放"与"国际教育接轨"等，而我国普遍使用的概念是"教育对外开放"。高校国际化办学的目标在于从本质上提高高等教育的核心竞争力，而教育的对外开放，特别是高等教育的对外开放，更加注重以"我"为主的内涵，让教育主动服务国家发展，旨在提高教育在国家发展中的战略性地位。也就是说，我国使用"对外开放"的概念，一方面强调了国家的主权意识，即根据自身需要，有选择地对外开放和借鉴国外的先进经验；另一个方面，我国需要保障本国的教育主权与安全，坚持自己的教育道路与方向（刘宝存，2018）。哈佛大学前校长艾略特在重建哈佛大学时说："当美国新型大学降临时，它将不是一个外国大学的摹本，而是根植于美国社会和政治传统而逐渐地且自然地结成的硕果。"

2014年，习近平总书记考察北京大学时强调，"办好中国的世界一流大学，必须有中国特色""我们要认真吸收世界上先进的办学治学经验，更要遵循教育规律，扎根中国大地办大学"。同年12月，他强调留学工作要适应国家发展大势以及党和国家工作大局。总结新中国成立以来高等教育对外开放政策的基本经验，包括必须坚持扎根中国与融通中外相结合和必须坚持服务党和国家工作大局（张继桥，刘宝存，2019）、坚持社会主义教育制度、坚持党的全面领导是根本保证（徐小洲，阚阅，冯建超，2020）、需要主动服务国家发展大战略（伍宸，2017）等。"古今中外，每个国家都是按照自己的政治要求来培养人的，世界一流大学都是在服务自己国家发展中成长起来的。"（习近平，2018）

围绕高等教育对外开放的具体对象和工作内容，相关的研究基本体现了过程说、措施说、氛围说，聚焦于如何推进，既有具体举措方面的讨论，也有氛围格局方面的观点。无论是讨论过程、措施，还是更强调一种格局和氛围，都主要包含了国际化的教育观念、国际化的培养目标、国际化的课程、人员的国际交流、国际学术交流与合作研究、教育资源的国际共享等基本要素，涉及中外合作办学、高校境外办学等具体内容。

比如有研究者认为大学国际化主要包括人员、财务、信息、结构、合作五个方面的内容，人员的国际化主要指教师、学生的国际流动，财务的国际化包含获取教育费用渠道及配置的国际化，信息的国际化包含教育教学内容、理念等的国际化，结构的国际化主要指学期、学分、学位制度（简称"三学制度"）的国际化，合作的国际化主要指国际合作办学（顾明远，薛理银，1998）。

从国际化的层次来看，高等教育的对外开放还包括了观念目标的国际化，即以国际的、跨文化的、全球的观念培养面向世界，具有国际视野的高素质人才；教学研究的国际化，即搭建被世界各国认可的课程体系，解决国际性、区域性、地区性及全球性的科研问题，人才培养和科研成果在国际上有重大影响；组织管理国际化，即大学的教育管理制度、组织机构具有足够的弹性和包容性，能够向世界开放，与世界各国交流（张世红，白永毅，1999）。从主体与对象来看，高等教育的对外开放又可以包括四方面的具体内容：一是学生的国际化，即招收外国学生，派出本国学生，以长期和短期方式实现学生流动，前者多以获得学位证书为目的，后者多属于交换或访学，以获得文化经验和语言能力为目的；二是教师的国际化，包括教师的短期访问、学术交流和外籍教师的征聘;三是课程的国际化,包括扩大课程的国际内涵,如将国际性或全球化及相关问题作为课程探讨的主题和中心,以及通过远程信息网络科技实现课程的开放等;四是学术研究的国际化,即通过学术研究的国际化交换和推广科研成果(戴晓霞,2004)。

随着我国高校国际化办学的进一步深入发展,国际组织合作,参与国际性大学、科学及专业协会或学会的工作,并提供相应的专业服务等得到了更多的重视(毕家驹,黄晓洁,2012)。近几年,中国相继提出新的对外开放宏观战略和政策,"一带一路"倡议、"双一流"建设、"人类命运共同体"等宏观战略框架下的高校国际化办学内容也越来越多地被思考和提出,高等教育对外开放的内容与国家宏观战略联系得越来越紧密。

2020年6月,《教育部等八部门关于加快和扩大新时代教育对外开放的意见》印发。该意见以内外统筹、提质增效、主动引领、有序开放为引领,对新时代教育对外开放进行了重点部署。

综上所述,目前多数研究是通过描述、分析高校对外开放现状来总结高校国际化办学所涵盖的内容。有学者提出国际化要素包含学生、教师、课程和学术研究四方面的国际化(戴晓霞,2004)。也有观点认为,国际化办学元素应包括教育国际化、科学研究国际化、教师队伍国际化、大学管理国际化、为国际社会作贡献五个方面(毕家驹,黄晓洁,2012)。还有学者认为,高等教育国际化在20世纪发展迅速,正是全球化作为主要驱动因素,推动科技、知识、设备、师资、生源、制度、文化等一系列高等教育构成要素跨国界流动(孔达奇等,2021)。理论界的主流观点是高校开放办学或国际化办学主要包含国际化的教育观念、国际化的培养目标、国际化的课程、人员的国际交流、国际学术交流与合作研究、教育资源的国际共享六项基本要素。

二、高校对外开放的研究进展

(一) 关于高校对外开放的问题与挑战

面对全球化、国际化浪潮,学者们将研究的关注点集中在围绕高校教育对外开放的背景和影响因素展开国际化趋势的分析探讨,并形成了一些代表性观点。例如,20世纪80年代以来,大学逐渐替代政府成为高等教育国际化的主体,高等教育对外开放的内容更加丰富,从传统的人员和信息、物质、观念的流动,到目前学位制度在内的各种相互兼容;各国高等教育课程发生了显著变化,许多发展中国家逐步增加了国际知识方面的课程,标志着高等教育对外开放向深层次发展;高等教育国际交流的空间进一步扩大,不仅发达国家重视高等教育对外开放,发展中国家也做出了积极的回应(臧玲玲,2013)。同时出现了一些值得注意的新趋势:一是高等教育对外开放中的合作办学潜力正日益凸显;二是信息交流技术开始显示出力量,发展前景日益广阔;三是地区和国家间的协调、共进、互促日渐活跃(王一兵,1999)。

1. 高校对外开放所面临的国际环境影响

高校对外开放办学的难度高于传统办学。这是因为对外办学不仅需要面临国内环境的影响,而且要面临国际社会带来的诸多挑战。组织结构、资金、技术以及人才引进等方面需要与国际学术交流条件接轨,同时受到国际环境的影响。张应强和姜远谋(2020)指出,通过教育国际化的"认识论"到"政治论"的转变,高等教育国际化的深层矛盾为学术国际化与学术国际化目的的国家化。由于高等教育外部性、国家政治需要、国际经济竞争的需要三种因素的共同作用,因此高等教育被赋予诸多国家目的——服务国家政治和经济利益、发展民族身份、扮演"社会良知"角色并引领民众精神生活(克拉克,2001)。基于此,我国高校对外开放同时面临人才流失以及在新冠疫情背景下产生的单边主义政策带来的严峻挑战。李梅(2021)同样指出中美关系存在深层次的结构性矛盾,美国将科学技术知识和科学家视为维护霸权的工具,不断加强对人才和知识技术国际流动的管制。因疫情而激增的反移民、逆全球化、民粹主义思潮带来的负面影响也阻碍了高校进一步对外开放办学。

高校对外开放办学过程中也会受到国际上功利性的教育评估体系影响。伍宸和宋永华(2021)指出,在工具理性引领下,各国办学者主要关注手段的有效性和目标的达成度,缺乏对国际交流与合作深层次价值的思考,国家区域间高等教育合作主要追求功利目标,在面临诸如疫情与逆全球化等不利因素冲击时,这种合作关系缺乏稳定性与持久性,也缺乏超越世俗利益的价值引领。杨团团等(2014)指出,随着高等教育规模扩大,近年来教育主管部门和第三方机构出台了各种类型的高等教育评估体系,其初衷是为高校创造竞争环境、以评促建,但客观上也诱导了"唯指标"的功利化现象。部分高校为了追逐排名的提高,盲目以评估指标为导向进行"逆向建设",花费重金打造"面子工程",存在以"数人头""数项目""数论文"为主的不良倾向。

2. 高校对外开放的理念挑战

有研究发现,我国国际学生招生理念单一,过于重视对外援助的政治理念,较少考虑学术理念、经济理念和社会文化理念。招生对象主要来自亚洲和发展中国家,片面注重招生规模,忽视学术水准,生源良莠不齐,难以塑造高等教育的国际品牌和竞争力(李梅,2021)。有研究者从文化自信的角度指出,随着我国社会经济飞速发展,文化不自信的问题却没有得到彻底解决,高校国际化办学中,也存在过度依赖外方、放弃教学管理自主权、一味由外方主导的问题(陈婷婷,2021)。黄颖等(2021)指出,高校国际化发展意识相对薄弱,国际化战略落实不到位。部分高校缺乏国际交流与合作的战略思维和整体规划,狭隘地把教育发展的重点放在本土化或者区域化领域,国际化办学目标、路径和保障措施不够明晰。毛锡龙(2022)认为地方高校在将国际化融入学校的办学理念时存在以下问题:首先,认识没有完全到位。很多地方高校的教师、职员甚至校领导,对国际化是大学教育本质的、必然的要求的认识还不到位。其次,对国际化办学理念如何融入学校办学的实践缺乏有效措施。周浩波和单春艳(2020)认为我国开放办学的战略理念不够先进。一些地方"双一流"建设高校走国际化办学道路的意识还不够强,尚未真正将国际化发展作为提升高校核心竞争力的重要抓手,国际化建设深度不够。以留学生招生为例,由于留学生招生政策倾向于"宽进宽出",入学标准审查不严格,因此留学生生源质量和层次不高。

3. 高校对外开放的资源挑战

对外开放办学国际化需要投入大量的人力、物力、财力,然而我国高校对外开放办学存在资源不足的问题。杨团团等(2022)根据2021年75所教育部直属高校公布的年度预算指出,地方行业高校的显著短板就是资源不足,尤其是学科承载的各种显性资源(如学科平台、高层次人才、科研经费等)和隐形资源(学科声誉、国际化资源募集能力等),若仓促上马国际化项目,而无法保障后续资源的充分投入,则很难维持国际化的可持续发展。李梅(2021)研究发现,研究型高校通过引进海归教师和外籍学者,师资国际化程度显著提升,然而与发达国家著名高校相比,我国研究型高校的师资国际化程度不高,吸纳一流师资的能力不足,优秀学术人才流失。黄颖等(2021)根据问卷调查研究发现,被调查者所在学校国际化项目经费主要来源于学生学费,政府拨款和企业捐助较少。高校用于国际化办学的经费普遍不足,经费的来源渠道单一。资金的不足导致教学设施以及实验实训等方面的投入无法满足高校国际化办学服务经济社会发展的需要。毛锡龙(2022)认为,在地国际化(Internationalization at Home,IaH)存在国际化课程体系建设能力不足的问题。构建国际化课程体系是后疫情时代在地国际化发展的核心。课程建设是一项耗时耗力的巨大工程,需要长期投入大量人力、财力,而且见效慢,很多地方高校受制于有限的资源,很难持之以恒。

(二)关于高校对外开放的应对策略

研究结果显示,一方面,国家对高校教育对外开放的宏观政策不断演进,从改革开放初期较为单一地强调加强国际合作和学习国外一流大学经验,到越来越注重提升在国际教育规则制定和调整方面的话语权，注重结合国情和民族文化特征。另一方面，学界对高校教育对外开放策略的研究，多是从积极拓展教育对外开放的角度出发，对高校和政府相关部门提出建议；也有观点以我国高等教育存在的国际化与本土化的矛盾为切入点，提出要着重解决好的四组关系（余小波，2004）。意识形态和文化安全也成为一些学者的研究重点，强调在西方新殖民主义的背景下，应增强文化自觉，慎重地走国际化与本土化结合路径，实现由制度移植向自主创新的转变（张继明，2009），积极地向全世界传播中国特色的高等教育资源（李珩，2010）。可以看出，学界关于高校国际化研究成果的侧重点，与国家宏观政策的指引始终相辅相成，高校国际教育对外开放的研究广度和深度也在不断延展。

（三）关于高校对外开放中党的领导和建设

1. 关于党领导高校对外开放的必要性

中国式现代化的一个本质要求就是坚持中国共产党领导。党的二十大报告指出："坚决维护党中央权威和集中统一领导，把党的领导落实到党和国家事业各领域各方面各环节""明确中国特色社会主义最本质的特征是中国共产党领导，中国特色社会主义制度的最大优势是中国共产党领导，中国共产党是最高政治领导力量"。因此，建设以中国共产党领导为核心、更加完善的高等教育治理结构是我国高等教育治理体系现代化的核心议题。我国高等教育治理结构由内部治理与外部治理构成。内部治理结构包括党的领导、行政权力、学术权力和民主管理权力；外部治理结构涉及高等教育与政府、社会组织（如企业）的关系（王洪才，2022）。

葛道凯（2023）认为，党中央应当不断健全和完善教育领导工作体制和政策机制，新发展阶段推动教育高质量发展的根本保证在于加强党对教育工作的全面领导。近 10 年来，国家颁布了《关于坚持和完善普通高等学校党委领导下的校长负责制的实施意见》《普通高等学校党委常务委员会会议和校长办公会议（校务会议）议事规则示范文本的通知》《高等学校章程制定暂行办法》等一系列政策文件，积极探索中国特色高等教育治理体系，基本形成了"党委领导、校长负责、教授治学、民主管理"的内部治理结构。这个内部治理结构有效落实了"党的领导"，充分体现了中国特色的制度优势。谢树华（2022）认为教育有两大基本规律：其一，关于教育与社会发展的辩证关系，即教育为经济社会服务，并受经济社会发展水平所制约，换言之，就是教育既服务于生产力发展又受制于生产力发展水平，此为教育的外部关系规律；其二，关于教育与人的发展的辩证统一关系，即教育为人的发展服务，并受人的发展规律所制约，此为教育的内部关系规律。因此，"教育的本质是国家的事务，因为这个国家对教育自己的成员有不可剥夺的权利"，教育是服务于国家意志的,大学天然具有政治属性,必然要在政党的领导下运行。

2. 关于高校党的领导和建设的历史沿革

在对高校党的领导和建设纵向梳理方面,杜玉银在其主编的《高校党建理论研究与实践探索》(云南大学出版社,2008)一书中,对高校党的建设的历史进程进行了较为完整的梳理,但内容较为简练,缺乏对不同时期发展经验的总结。还有学者着重从新中国成立以来高校党的领导和建设时期入手,对历史沿革进行了梳理和分析,其中王建国主编的《新中国高等学校党建理论和实践研究》(清华大学出版社,2011)与《新中国 60 年高校党建历程与经验研究》(北京交通大学出版社,2009)对此有较为系统的研究。在韩景阳主编的《高校党的建设研究》(中国人民大学出版社,2009)一书中,重点对改革开放以来高校党建工作的发展历程进行了梳理和回顾。此外,还有些学术论著从某个区域或高校的视角入手,对高校党的领导和建设历史进行了梳理,如廖叔俊、庞文弟主编的《北京高等教育的沿革和重大历史事件》(中国广播电视出版社,2006)、黄圣伦主编的《党的旗帜高高飘扬——中国共产党清华大学基层组织的奋斗历程》(清华大学出版社,2005)等。

从对不同历史时期高校党的领导和建设的研究中可以发现,唯有毫不动摇地坚持党对高校的全面领导,才能始终将办学治校与国家发展和民族未来紧密联系在一起。不过,目前关于高校党的领导和建设的历史沿革的研究成果总体存在以下特点和不足:关于新中国成立以来特别是改革开放以来的研究内容较为丰富,而对民主革命时期的高校党的领导和建设的历史研究相对较少;阶段性研究较多,整体性研究相对较少;历史描述性、史料综合分析性研究较多,突出各阶段特点的总结性研究较少,研究相对缺乏提炼和升华。

有学者对新形势下高校党的领导和建设取得的成就进行了总结分析,概括为党的思想建设、党对高校的领导和领导班子建设等七个方面(杜玉银,2008)。有研究重点总结分析高校党建工作存在的问题,并归因为党政关系不够协调、基层党组织软弱涣散、干部选拔任用制度不够完善、部分党员干部思想理论素质低下以及一些党组织贯彻民主集中制不力等(王建国,2011)。关于教育对外开放与关于高校党的领导和建设相结合的研究成果,多为关于高校党的领导和建设中部分条线的研究,相对集中在高校学生思想政治工作、学生党员管理等层面,缺乏整体性。

3. 关于党领导高校对外开放的路径

国内学者根据我国高校建设现状以及开放办学的时代背景,从多个方面深入研究在共产党的领导下如何深化教育改革,扩大教育规模。

在思想教育方面,部分学者提出,国内思政课程和课程思政应当同向同行,厚植大学生爱国情怀。中国教育科学研究院高等教育研究所(2022)指出,立德树人是习近平总书记关于高等教育的重要论述的"高频词"。进入新时代以来,推动思政课程与课程思政同向同行成为实现立德树人目标的重要手段。目前,各高校以多种形式上好思政课,同时加大了课程思政探索与实践的力度,充分发挥了思政课程与课程思政的协同育人效应,增强了思想政治教育合力。黄爱萍(2021)通过在高校防范境外宗教渗透教育的研究中提出基于传授和约束并用的规范教育、自律与监管并用的强力教育、说服与疏导并用的人文教育以及对话和回应并用的培养教育的方式展开思想道德教育。许益锋等(2022)提出,通过"党建＋研学"融合发展,为新时代高校人才培养提供新的路径。随着国际化办学水平不断提高,高校应当把党建工作与业务工作的融合作为高校党建工作重点,通过抓思想、强根基、重实践、见成效,发挥基层党建作用。在舆情监督方面,徐寅(2022)认为应当构建舆情研判体系,以监测舆情、制定舆情应对方案(以预防突发舆情事件)、公开信息(以遏制谣言)、积极做好形象修复并总结舆情处置得失。

在党的领导方面,陆先亮(2015)认为党中央应当不断健全和完善教育领导工作体制和政策机制,新发展阶段推动教育高质量发展的根本保证在于加强党对教育工作的全面领导,并建议在各级党委的统一领导下,建立健全包括人社部、教育部等部门以及全国各高校间的对外开放办学协调联动机制,综合考虑中外合作办学水平、国际学生课程学习、论文质量、同行评议以及社会公众和主流媒体的口碑等因素,试点实施富有争议或者受到预警的海外院校学位论文的专业审查工作,根据学位论文评价状况推行海外学位的分级认证制度等措施。

在高校党组织领导方面,黄晓玫(2020)指出,随着我国高等教育综合改革进入深水区,高校治理创新面临的都是"牵一发而动全身"的深层次矛盾和问题。因此,必须把坚持党对教育事业的全面领导作为高校治理创新的关键点。实行更高水平的开放,实现校内校外办学资源全方位互动;同时,推动更深层次的改革,实现校内办学力量全要素联动。白光昭(2020)认为,党委具有把关定向的作用,要把方向、谋大局、定政策、促改革、抓落实,总揽全局、协调各方。学校党委确立了"一个中心、两条主线、四个统领"的工作布局。"一个中心",指以建设高水平大学为中心。把学校建设成为一流大学,这是学校的根本奋斗目标。"两条主线",指党的建设和特色建设。"四个统领",指以政治建设为统领,全面推进党的建设各项工作;以党的建设为统领,全面推进办学治校各项工作;以特色建设为统领,全面推进教育教学各项工作;以责任制建设为统领,全面推进学校治理体系和治理能力现代化。靳玉乐(2023)认为党委领导是先决条件,高校内部的政治权力与行政权力、学术权力不是一个层级的权力,不存在"三权分立"的治理结构,行政权力和学术权力是在政治权力的统领下发挥作用的。通常情况下,党委领导重在把方向、谋大局、定政策、管干部、管人才、促发展,为高校提供坚强有力的政治保障、组织保障和人才保障;行政管理主要是调动力量、凝聚资源,贯彻落实党委决策部署。袁超(2020)通过研究中外大学开展国际合作,认为应当建立"自上而下"与"自下而上"相结合及多部门协同的创新管理架构,以确保合作在校级层面具有较强的统筹协调能力,同时能在专家和学者主导下规划设计具体的合作项目,提升师生合作参与度,从而有效保障实质性合作的开展。阙明坤和王云儿(2022)认为我国民办高校应坚持社会主义办学方向,发挥党的领导在民办高校治理体系中的独特优势,这是建设高水平民办大学的重要保证。要选强配优民办高校党委书记,保证党组织在重大事项决策、监督、执行各环节有效发挥作用,将民办高校的政治优势、组织优势转化为发展优势、育人优势。同时,要加强民主管理,使得基于法律权威的董事会和行政体系与基于专业权威的教师体系实现有机平衡。吕建设等(2019)基于总体国家安全视角,提出新时代应当通过实施"一体两翼三维四驱"党建工作新模式,找准高校中外合作办学中党组织作用发挥的立德树人实践路径,保障中外合作办学教育事业健康发展。

综上所述,随着我国高等教育对外开放不断向前发展,越来越多的学者开始关注教育对外开放背景下高校党建工作问题。但是研究的重点多放在教育对外开放背景下,高校意识形态、管理模式、学生党员管理和思想政治工作所面临的挑战,以及应对的意见建议。对"双一流"建设高校如何在新时代深入推进教育对外开放的过程中构建党对高校教育对外开放全面领导的体制机制研究较少,未形成系统论述,有待填补空白。

第二节　高校对外开放的发展历程

教育开放合作是世界一流大学保持核心竞争力的重要办学手段,也是当今世界一流大学的核心特质(周浩波和单春艳,2020)。由于不同的历史境遇,不同时期不同国家的高等教育开放形式、内容和特征存在一定的差异。各国高等教育国际化的推进都深受各国社会发展背景和全球发展形势变化的深刻影响,也与各国自身的历史文化背景、各国高校的大学治理体系、高校与政府的关系等有密切的联系,从而使各国高校走出了独具特色的国际化办学道路。

美国高等教育的三次国际化浪潮都体现了美国对国际事务的参与,美国的许多一流大学为谋求提高自身的核心竞争力,分别提出了国际化层面独特的战略目标。英国的高等教育国际化发展经历了以教会统辖、大学输出、随行美国、国家主导、市场引领、战略导向为特点的六个发展阶段,体现出国家主导性、布局层次性、整体外扩性、全球引领性四大特征(曾满超,王美欣,蔺乐,2009)。日本高等教育国际化发展呈现三大趋势:逐渐由重视发展数量到重视严把质量关;积极行动,大力吸引欧美等国家的留学生,亚洲的留学生数量在此后还会继续呈现增长趋势;日本有意同亚洲和中欧国家加强联系,拓展日本国际交流的广度和深度(王晓霞,2004)。德国高等教育国际化改革深受经济全球化、欧洲一体化等历史背景变化的影响,通过改革学位制度,实现德国学位制度与世界其他国家学位制度的衔接与一致,多渠道吸引境外优秀人才,在专业、课程、学制等方面进行变革,以利于高等教育国际化的实施与实现、调整留学生政策、打造"精英大学"等制度化措施改革,推进德国高等教育国际化(汪全胜,金玄武 2009)。截至 2015 年,全球有 37 个国家和地区实施了旨在提升大学国际竞争力的重点建设计划(涂端午,2019)。德国于 2004 年提出建设精英大学的理念,2006 年实施"卓越计划"。韩国于 2008 年开始"建设世界一流大学计划"。日本于 2014 年启动"超级国际化大学计划",设定了到 2020 年让 10 所日本大学进入世界百强的目标。俄罗斯于 2012 年启动"5‐100 计划",提出到 2020 年俄罗斯有不少于 5 所高校进入世界大学排名榜前 100 名的目标。由此可见,提升高校的国际竞争力,参与全球教育知识竞争,已成为世界大多数高校所共同追求的发展目标和趋势。

进入后新冠疫情时期,高等教育国际化被作为缓解国内经济压力、提升国家文化软实力的重要手段。各国纷纷出台一系列推进高等教育国际化的战略,以提升高等教育国际影响力。例如,德国的《联邦教育与研究部国际合作行动计划》、澳大利亚的《国际教育国家战略 2025》、英国的《国际教育:全球增长与繁荣战略地图》、加拿大的《国际教育战略:利用知识优势推动创新与繁荣》等都彰显了各国推进国际教育的决心。美国政府也意识到必须大力发展高等教育,培养高素质人才,才能持续保持国际领先地位。[①]

早在 1983 年,邓小平同志就提出"教育要面向现代化、面向世界、面向未来",如今的"双一流"战略赋予了这一命题更具时代意义的内涵。从早期的模仿国外大学模式,到引进国际先进教育理念和教育资源,再到与国外的高水平大学开展合作办学,进而向国外输出中国教育资源,我国高等教育国际化水平不断提高,影响力不断增强(陆小兵等,2018)。2018 年,教育部、财政部、发改委印发了《关于高等学校加快"双一流"建设的指导意见》,对高等教育国际化目标作出了更加具象的描述——我国要成为"世界高等教育的参与者、推动者和引领者"。这意味着,我国高

---

① 梅伟惠,经湛. 近十年美国高等教育改革及其核心特征[J]. 世界教育信息,2024(4).

等教育既要立足中国国情,也要借鉴世界优秀的教育发展成果,为我国高等教育的发展提供理论基础。同时,我国既要避免全盘否定西方先进思想理论的保守主义,也要防范新自由主义带来的强烈冲击以及由此导致的"西方崇拜"。在传统文化的基础上,吸收西方的现代思想,兼容并蓄,达到两者之间的平衡,实现我国高等教育从传统走向现代化。然而,自美国前总统特朗普推动"逆全球化"以及贸易保护主义以来,各国摩擦频繁。与此同时,以美国为代表的国家也不断改变对我国的高等教育合作政策并加强政策对抗性,比如取消富布莱特学者计划、公开驱逐受国家留学基金委资助的访学者、收紧对中国留学生的签证等。在此背景下,我国学者深入研究我国高校对外开放办学所面临的困境,以及是否应该和如何在高校对外开放办学中加强党的领导和建设。

伴随我国教育对外开放政策的演变,从与世界的关系看,教育对外开放的发展进程也从探索(1949—1977 年)、起步追赶(1978—2000 年),转变到全面参与(2001—2011 年)、走近中心(2012 年至今)(徐小洲,阚阅,冯建超,2020),经历了学着做、试着做,再到坚定做、做得好、做得强的发展历程。在演进特点上呈现出体制从封闭走向开放、规模从微小走向庞大、范围从局部走向全球、层次从单一走向多元、收获了大量的中国人才的特点(徐小洲,2019);在演进逻辑上表现为从规模到质量、从集权到简政放权、从单一到全方位、从"引进来"到"走出去"(张继桥,刘宝存,2019)。

我国教育对外开放历史悠久。《论语》有云,"有朋自远方来不亦说乎";隋唐之际,各国遣唐使来华学习。我国始终秉持兼容并蓄的姿态,采取对外开放的政策办教育。近代以来,我国现代高等教育对外开放服务国家发展、民族振兴之大局,培养了大批投身于挽救民族危亡的时代人才、奉献于社会主义建设的高端人才、亲历改革开放的优秀人才。尤其改革开放四十多年来,高等教育对外开放深入推进,对外开放人才培养迈向新高度。

纵观新中国成立以来高等教育对外开放的历史进程,可以分为探索奠基阶段、初创发展阶段、确立形成阶段、拓展规范阶段、完善提升阶段五个阶段(张继桥,刘宝存,2019)。

一、探索奠基阶段(1949—1977 年)

这一阶段,高等教育领域对外开放的重点是吸引在外留学生回国工作,1949年成立了"办理留学生回国事务委员会"。与苏联、东欧人民民主国家以及亚非民族独立国家等开展交流合作也是改革开放前我国高等教育对外开放的主要内容。这一阶段,我国教育全面学习苏联模式,派出和接收的留学生、文教专家基本以苏联为目的国和来源国。

二、初创发展阶段（1978—1991 年）

这一阶段，高等教育对外开放的重点是扩大留学生派出规模和来华留学生招生规模。1983 年，邓小平同志提出"教育要面向现代化、面向世界、面向未来"，1985 年《中共中央关于教育体制改革的决定》颁布，提出扩大高等学校的办学自主权，提出"高等院校有权利用自筹资金，开展国际的教育和学术交流"，为高校自主开展国际化办学提供了政策依据。20 世纪 90 年代，自费留学发展迅速，形成了"支持留学、鼓励回国、来去自由"的工作方针。来华留学工作也发展迅速。至 2000 年，来华留学生达 52 150 人，比 1990 年增长近 7 倍。自费留学成为来华留学的主要形式，自费留学生达 46 788 人，占来华留学生总数近 90%（付红，聂名华，徐田柏，2011）。

三、确立形成阶段（1992—2001 年）

1993 年，中共中央、国务院印发的《中国教育改革和发展纲要》明确提出"进一步扩大教育对外开放，加强国际交流与合作"。自 1995 年 9 月起施行的《中华人民共和国教育法》第八章专门就开展教育对外交流与合作作出了规定。自 1999 年 1 月起施行的《中华人民共和国高等教育法》提出"国家鼓励和支持高等教育事业的国际交流与合作"，进一步加强高校对外交流自主权，以立法形式确立了高等教育对外开放的合法性。

四、拓展规范阶段（2002—2011 年）

党和国家着重拓展高等教育对外开放内涵，规范高等教育对外开放办学。教育部在《2003—2007 年教育振兴行动计划》中提出，"把扩大教育对外开放、加强国际合作与交流作为国家教育战略的关键环节"，并且提出了与有关国家开展学历学位互认、加强与联合国教科文组织的合作、开展境外办学、加强孔子学院建设、教育援外等措施，细化了教育对外开放的内涵。2003 年，我国颁布首个合作办学行政法规——《中外合作办学条例》，以规范中外合作办学；对于来华留学生，教育部在 2003 年明确工作方针为"扩大规模、提高层次、保证质量、规范管理"，通过了《高等学校接受外国留学生管理规定》，推动了来华留学工作的规范化发展；2004 年 11 月，全球第一所孔子学院在韩国首尔建立，对外汉语教学工作在这一时期也得到快速发展。2010 年，教育部制定的《留学中国计划》明确提出"到 2020 年，使我国成为亚洲最大留学目的国"。这一阶段国家通过设立一系列项目和法规，很好地规范了高等教育对外开放政策体系。

五、完善提升阶段（2012 年至今）

国家着力构建高等教育对外开放新格局，强化顶层设计，完善政策体系。党的十八大以来，多项教育对外开放纲领性文件出台，教育对外开放迈入提质增效的新时代。2013 年，"一带一路"倡议的提出为高等教育对外开放创造了新的背景，为高等教育对外开放政策体系提供了新的框架和格局。习近平总书记在对 2014 年 12 月召开的全国留学工作会议作出的重要指示中强调，"新形势下，留学工作要适应国家发展大势和党和国家工作大局，统筹谋划出国留学和来华留学，综合运用国际国内两种资源，培养造就更多优秀人才，努力开创留学工作新局面，为实现'两个一百年'奋斗目标，实现中华民族伟大复兴的中国梦不断作出新的更大的贡献"。2015 年，国务院印发《统筹推进世界一流大学和一流学科建设总体方案》，启动"双一流"建设，对大学国际化建设的各方面提出了明确的指引：在提高中国大学在国际上的地位和影响力方面，要求积极响应国际教育规则的制定和调整，发表自己的独特见解，提出建设性意见，提升自身的话语权，争取在国际平台占有一席之地，树立良好中国大学形象。

2016 年 4 月中共中央办公厅、国务院办公厅印发的《关于做好新时期教育对外开放工作的若干意见》，是新中国成立以来党中央、国务院首次对教育对外开放进行全面指导的第一个纲领性文件。该文件对新时期包括高等教育对外开放在内的教育对外开放进行了顶层设计，为高等教育对外开放具体政策的制定提供了根本遵循（张继桥，刘宝存，2019）。该意见标志着我国对外开放事业进入"提质增效"的时期，提出到 2020 年尽可能地提升在国际平台的规则制定能力，进一步完善规则系统，更快地服务大众，满足高质量的教学需求，促进社会进步。可以说，在新时期，我国教育对外开放具有服务于教育改革和发展，特别是教育质量提升的基本特征，应主动服务于国家发展大战略，增强国人对世界的理解能力，提高参与重构世界治理秩序的能力（伍宸，2017）。其后，教育部制定《推进共建"一带一路"教育行动》，推动我国先后与 24 个"一带一路"沿线国家达成学历学位互认协议，以及 60 所高校在 23 个沿线国家开展境外办学。2016 年 6 月，中国正式加入《华盛顿协议》并成为第十八个会员国，由此中国高等教育对外开放向前迈出了一大步。这标志着中国工程教育质量标准实现了国际实质等效，工程教育质量保障体系得到了国际认可，工程教育质量达到了国际标准，中国高等教育真正成为国际规则的制定者，能够与美国、英国、加拿大、日本等高等教育发达国家平等对话。

2017 年 2 月，中共中央、国务院印发的《关于加强和改进新形势下高校思想政治工作的意见》将国际交流合作列为高校的"五大重要使命"之一。同年7月,中共中央办公厅、国务院办公厅印发《关于加强和改进中外人文交流工作的若干意见》,提出"以促进中外民心相通和文明互鉴为宗旨,创新高级别人文交流机制,改革各领域人文交流内容、形式、工作机制,将人文交流与合作理念融入对外交往各个领域"。同年11月,教育部中外人文交流中心设立,体现了党和国家对加强和改进中外人文交流的高度重视,凸显了人文交流作为我国大国外交重要支柱的独特地位。高等教育领域的国际交流与合作是人文交流的重要组成部分,在促进共建"一带一路"国家民心相通和文明互鉴方面发挥了不可替代的作用。

2018年国家印发《关于高等学校加快"双一流"建设的指导意见》。其中,教育对外开放成为"双一流"建设的重要"支点"(涂端午,2019)。党的十九大报告关于"推动人类命运共同体"的有关部署,赋予了高等教育对外开放的新使命。同年9月,教育部印发《来华留学生高等教育质量规范(试行)》,专门针对来华留学教育制定了质量规范,成为指导和规范高校开展来华留学教育的基本准则,为来华留学生教育质量保障体系的建设奠定了基础。同年11月,教育部印发《高校科技创新服务"一带一路"倡议行动计划》,旨在推进共建"一带一路"教育行动,充分发挥高校创新资源集聚、创新活动深入和国际交流活跃的优势,加强高校在服务"一带一路"建设中的创新引领和支撑作用。这两项高等教育专门领域规范性文件和行动计划的出台,标志着高等教育服务"一带一路"教育行动进入了新的发展阶段。

2019年2月,《中国教育现代化2035》将"开创教育对外开放新格局"作为推进教育现代化的十大战略任务之一进行了重点部署。它进一步倡导"构建人类命运共同体"的价值理念,强化了"一带一路"在教育对外开放和教育现代化建设中的突出地位。同年,中国高等教育学会发布《高等学校境外办学指南》,进一步规范高校境外办学。

2020年6月,教育部等八部门联合印发《关于加快和扩大新时代教育对外开放的意见》,提出在教育对外开放中贯彻全面深化改革的要求,把培养具有全球竞争力的人才摆在重要位置;明确推动教育对外开放实现高质量内涵式发展,积极向国际社会贡献教育治理中国方案的要求和目标;指明了教育对外开放要内外统筹、提质增效、主动引领、有序开放的发展要求和方向。同时,对新时代教育对外开放进行了重点部署。该文件的出台表明了我国坚持对外开放的决心,有力地推动了"一带一路"教育国际交流与合作的持续发展。

2023年4月,教育部与海南省人民政府共同印发《境外高等教育机构在海南自由贸易港办学暂行规定》,系统设计了境外高等教育机构在海南自由贸易港办学的基本规则,为境外高等教育机构在中国境内办学扩大了门户,标志着"一带一路"

教育行动不断做实、做细，在细分领域的各类管理机制和措施不断完善。

从具体内容来看，我国高校开放办学主要围绕以下领域展开：（1）人才培养。即在人才培养目标上，加快培养适应全球化的，有国际意识、国际交往能力、国际竞争能力的经济人才；加紧培养学生对"入世"后的适应性，实施"走出去"战略，并对人才素质、知识结构及技能标准作出新的调整。（2）教材和课程。即在课程体系设计方面，增加适应全球化的课程内容，注重国际经济问题的研究，选用国际上最先进的教材（包括直接使用原版教材），进行双语或英语教学，运用信息技术直接进行国际课程的学习，缩小某些应用类教材和课程与世界一流大学的差距。（3）科学研究。与各国先进大学广泛进行对等的学术合作和交流，产生一批具备国际影响力的学术成果。（4）学科建设。重点建设若干个能在国际产生影响的优势学科，其他学科实力得到普遍增强。（5）队伍建设。吸引并培育一大批具有国际竞争力和影响力的学术专家。（6）环境建设。建设各国学者和留学生青睐的教育服务环境，包括校区建设的硬环境和行政管理、教辅服务、后勤服务的软环境。（7）评价与认证。为适应跨国办学、教育资源的共享、人才的跨国流动和服务需要，在金融、保险、精算、会计、审计、咨询等方面逐步建立与国际接轨（或认可）的资格和质量认证标准及制度（如目前高校中的精算师、金融分析师等），同时，逐步建立和规范国际化的教育资格认证评价机构。（8）教育资源配置。抓住全球化条件下物质、资金、人力、信息等要素跨越国界流动给我们提供的机遇，利用国际教育资源办好中国的教育，包括吸引优秀留学人才，也包括充分利用可流动、可交易的网络资源。经济管理类教育的国际化对人才的素质教育也赋予了新的内涵，高度的社会责任感、完善的人格、民族自豪感和爱国主义精神等应是国际化教育不可或缺的内容。上述八个方面的核心是人才培养质量、学术研究水平、师资队伍结构与素质、管理服务体系的国际化水平提升。

党的十八大以来，习近平总书记在一系列国际国内重大场合宣示扩大教育对外开放，多次作出重要指示批示，饱含深情地给海外学子、留学归国人员、在华外国留学生、外国中小学生回信，为教育对外开放指明了方向，提供了根本遵循。中办、国办印发关于教育对外开放、中外人文交流的指导意见，国际合作与交流在我国教育事业中的地位和作用进一步凸显。一是开放总体布局不断优化。我国同 181 个建交国普遍开展了教育合作与交流，与 58 个国家和地区签署了学历学位互认协议，点面结合的区域教育合作机制不断完善。二是开放高地建设不断提速。支持粤港澳大湾区建设国际教育示范区，支持长三角地区打造国际合作教育样板区和国际人文交流汇聚地，支持海南自贸港建设国际教育创新岛，引导高校通过国际合作与交流推进"双一流"建设。三是改革促开放力度不断加大。开通"国家留学人才回国就业服务平台"。党的十八大以来,我国各类出国留学人员中超过八成完成学业后选择回国发展。与此同时,中外合作办学蓬勃开展,审批、管理、评估、退出机制不断完善。2020—2021学年,在册国际学生来自195个国家和地区,学历生占比达76％,比2012年提高35个百分点。四是人文交流格局不断完善。在人文交流机制框架下,形成了中美青年创客大赛、中俄同类大学联盟、中英中法百校交流、中南(非)职业教育联盟等教育品牌项目。五是参与全球教育治理不断深化。全面参与联合国教科文组织、二十国集团、金砖国家、亚太经合组织(APEC)、上海合作组织等多边机制框架下的教育合作,成功举办世界职业教育发展大会,积极筹办世界数字教育大会,搭建全球性高端教育合作平台,为全球教育治理贡献智慧和力量。[①]

　　总的来看,我国高校顺应时代发展洪流和教育对外开放的发展趋势,对外开放国际布局不断延伸、领域不断拓展、规模质量层次不断提高、管理服务体系不断完善、对经济社会发展的贡献持续增大(徐小洲,阚阅,冯建超,2020),从中国高等教育的实际和发展需求出发,借鉴国外优秀的国际化办学经验,走出了一条具有中国特色的教育对外开放之路。

第三节　新时代高校对外开放的机遇与挑战

　　在全球正在经历"百年未有之大变局"的背景下,2020年初以来的新冠疫情,极大地影响了人类经济社会发展秩序,对全球格局产生了前所未有的冲击。而作为现代社会重要组成部分的高等教育,自然也不可避免地面临着巨大挑战。高校必须认真分析高等教育未来发展的内外部环境变化,重点考虑未来一段时期的发展任务,并对可能面临的机遇和挑战积极作出应对。

一、高等教育对外开放办学的新趋势

　　宏观环境作为一般社会环境,是影响一切行业和组织的各种宏观力量。它大体可概括为以下四类,即政治与法律环境(Political Environment)、经济环境(Economic Environment)、社会和文化环境(Social Environment)、技术环境(Technological Environment),取各类的首字母合成PEST。可以运用PEST分析法对未来一段时间高等教育发展所处的宏观环境进行分析,重点考察和预测与

[①]　教育部国际合作与交流司："党的十八大以来教育国际合作与交流有关情况介绍",教育部"教育这十年1＋1系列发布会",2022 - 09 - 20。

高等教育未来发展有重大关系的环境因素变化。

未来一段时间,高等教育发展最大的挑战就在于外部的政治经济形势不容乐观,未来局势不明朗、不确定性较大,可以说"一切都在变"就是最鲜明的发展趋势。与此同时,疫情冲击过后的经济社会复苏需要较长一段时间,高等教育身处整个社会系统之中自然不能独善其身,而如何有效缓解办学经费压力,进一步提高自主办学能力,则是高校必须面对的关乎生存与发展的直接挑战。

(一)从政治与法律环境分析,国际政治局势的不确定性对我国高等教育进一步对外开放产生了一定限制,但建设高等教育强国的坚定目标和决心是推进我国高等教育发展的重要保障和强大基石

政治和法律环境,是指对高等教育发展具有实际与潜在影响的政治力量和有关的法律、法规等因素,当政治制度与体制、政府对高等教育发展的态度发生变化时,或当政府发布了对高等教育具有约束力的法律、法规,以及面对不断变化的全球形势,不同发展阶段的国家战略诉求变化时,各国高等教育对外开放政策也会产生调整改变。

1. 国际局势变动不定,意识形态冲突升级,对我国的教育对外开放产生客观限制

当今世界正处在大变革大调整之中。自 20 世纪 90 年代以来,全球格局面临大变革大转型,受全球化力量的影响,高等教育对外开放成为加深各国政治、经济、社会、文化等环节联系的纽带和实现国际合作的驱动力。当今,国际形势再度发生变革,不确定和不稳定已成为当代国际形势的两个表征,各国不得不对迅速变化、难以预测的局势作出反应。多中心国际秩序已然显现,逆全球化浪潮给高等教育国际化带来阻力,大国政治力量角逐、极右翼政党群体性崛起、地缘政治冲突加剧、全球气候变化等深刻影响了国际高等教育,政治、宗教、意识形态等冲突挑战了高等教育国际化促进和平、相互理解及全球参与的原始理念,一些国家高等教育政策逐渐呈现民族主义倾向,如限制留学生包括限制留学生所学学科正在成为美国政府的未来政策方向。① 国际力量对比呈现历史性变化,旧的平衡已被打破,在新的力量平衡构建过程中,大国关系走向出现了极大的不确定性。全球动荡源、风险点显著增多,将对全球地缘政治产生重大影响。可以说,中国的地缘政治风险增大、对抗性因素增多,外部的政治环境存在着不确定性。高等教育进一步"走出去",自

---

① 美国是中国留学生数量最多的国家——美国《门户开放报告》数据显示,中国已经连续 10 年成为赴美留学生最多的生源国。然而,在当前形势下,无法预料未来美国的对华留学生政策是否会更加不友好,甚至被当作"政治化工具"加以利用。

由开展国际交流与合作的国际环境可能并不宽松，或多或少会受到国际政治局势的客观限制。因而，以跨境流动为主要特征的传统国际化遭遇现实壁垒的前提下，在地国际化作为高等教育国际化的重要组成部分，越来越多地出现在各国高等教育国际化国家政策中。[①]

2. 建设教育强国是中华民族伟大复兴的基础工程，是推进我国高等教育持续发展的重要保障、强大动力和重要机遇

高等教育是一个国家发展水平和发展潜力的重要标志。党的十八大以来，以习近平同志为核心的党中央更加高度重视教育，全面加强党对教育工作的领导。中国特色社会主义进入新时代后，教育现代化和教育强国建设迈上新征程，高等教育更被赋予新的历史使命和时代任务——"今天，党和国家事业发展对高等教育的需要，对科学知识和优秀人才的需要，比以往任何时候都更为迫切。"[②]

在党中央、国务院的领导下，我国高等教育改革发展的顶层设计日趋完善，高等教育强国（以下简称"高教强国"）建设正站在新的起点上。2015 年，国务院印发《统筹推进世界一流大学和一流学科建设总体方案》，标志着高教强国建设已经进入从学术话语、局部政策全面上升为国家意志、国家战略的新阶段；而新时代本科教育工作会议的召开及一系列重要举措的出台，更标志着我国高等教育发展已经进入从搭建框架向整体施工转变的新阶段。[③] 特别是习近平总书记在 2018 年 9 月 10 日召开的全国教育大会上发表重要讲话，就加快推进教育现代化、建设教育强国、办好人民满意的教育作出全方位部署，就新时代教育改革发展提出一系列新理念、新思想、新观点，无疑是开辟了新时代中国特色社会主义教育发展道路。在新的起点上推进高教强国建设，是国家意志和国家战略的重要体现，我们必须以习近平新时代中国特色社会主义思想为指导，必须以更高的站位来重新认识高教强国建设的使命、任务、思路和重点。尤其是在当前国际格局复杂多变、国内外经济面临下行压力的不利形势下，我们更要保持战略定力和战略自信，不折不扣贯彻落实高教强国建设的系列部署要求，充分发挥出高等教育对经济社会发展的支撑和引领双重作用。

（二）从经济环境分析，全球经济增长温和，经济活动比预期的更具弹性，各经济体之间分化严重，高等教育发展的外部经济环境不容乐观

经济环境是指一个国家的社会经济制度、经济结构、产业结构、劳动力结构、资源状况、经济发展水平以及未来经济走势等。构成经济环境的关键因素包括 GDP

① 赵鹤. 高等教育国际化政策：类型重塑与深层逻辑——基于国际比较视角[J]. 中国高教研究，2023(6).
② 习近平. 在北京大学师生座谈会上的讲话[N]. 人民日报，2018 − 05 − 03.
③ 刘国瑞. 在新起点上推进高等教育强国建设[J]. 中国高教研究，2018(11).

的变化发展趋势、利率水平、通货膨胀程度及趋势、失业率、居民可支配收入水平等。经济环境状况如何将直接影响高等教育的办学广度和深度。

1. 全球经济在分化中保持韧性,高等教育对外开放的广度和深度将受到国际经济形势的较大影响

经济合作与发展组织认为,尽管增长仍然温和,但全球前景已经开始变得光明。货币条件收紧的影响仍在继续,特别是在住房和信贷市场,但事实证明,全球经济活动相对具有弹性,通胀下降速度快于最初预期,私营部门信心正在改善。劳动力市场的供需失衡正在缓解,失业率仍处于或接近历史低点。随着通胀放缓和贸易增长转为正值,实际收入开始改善。各国的发展继续分化,许多发达经济体(尤其是欧洲)的业绩疲软,但被美国和许多新兴市场经济体的强劲增长所抵消。[①]

国际货币基金组织(IMF)预测,2024 年和 2025 年世界经济将继续以 3.2% 的速度增长,与 2023 年相同。发达经济体的增长预计将从 2023 年的 1.6% 上升到 2024 年的 1.7% 和 2025 年的 1.8%(增长主要反映了欧元区从 2023 年的低增长中复苏),但新兴市场和发展中经济体的温和放缓将从 2023 年的 4.3% 温和放缓至 2024 年和 2025 年的 4.2%。对 5 年后全球经济增长的预测为 3.1%,处于几十年来的最低水平(2000—2019 年的历史年均增长率为 3.8%),反映了紧缩的货币政策和财政支持的撤回以及较低的潜在生产率增长。预计全球通胀率将从 2023 年的 6.8% 稳步下降到 2024 年的 5.9% 和 2025 年的 4.5%,发达经济体将比新兴市场和发展中经济体更早恢复通胀目标。预计核心通胀率将逐步下降。[②]

经济合作与发展组织等国际组织都对未来经济的风险因素作出了提示:(1)地缘政治风险仍然居高不下,地缘政治紧张局势仍然是近期的重大不利风险。(2)通货膨胀可能比预期的更持久。(3)金融市场仍然容易受突然重新定价的影响的可能性会增加,并且可能导致债券市场大幅调整。(4)政策收紧的滞后效应仍可能暴露出脆弱性:一些国家的债务和偿债成本居高不下,企业资产负债表可能面临越来越大的压力,拖欠(拖欠)和破产的增加可能导致银行和非银行金融机构的严重信用损失。在一些国家,住宅和商业房地产(CRE)价格下跌,尤其是写字楼以及相关的贷款偿还困难,已经给银行、房地产投资信托和其他非银行投资者的资产负债表带来了压力。(5)与发达经济体的政策利率差距缩小和债务上升是新兴市场的主要风险,这可能导致资本外流,并可能导致货币贬值,特别是如果发达经济体的利率保持在较高水平的时间超过预期的话。另外,在新兴市场经济体中,

---

① 经济合作与发展组织. 正在展开的复苏(An Unfolding Recovery)[R]. 经济展望,2024(5).
② 国际货币基金组织. 稳中求进:在分化中保持韧性(Steady but Slow:Resilience amid Divergence)[R]. 世界经济展望,2024(4).

私营部门债务高企且主要以外币计价,货币贬值还可能导致企业和家庭的偿债成本大幅增加。①

2. 尽管我国经济运行压力较大,但对于高等教育的高质量发展和高层次创新人才的需求将比以往任何时候都更为迫切

我国经济正处在转变发展方式、优化经济结构、转换增长动力的攻关期,面临着结构性、体制性、周期性问题相互交织所带来的困难和挑战,目前我国的经济运行面临较大压力。加之还要面对世界经济深度衰退、国际贸易和投资大幅萎缩、国际金融市场动荡、国际交往受限、经济全球化遭遇逆流、一些国家保护主义和单边主义盛行、地缘政治风险上升等不利局面,我们必须在一个更加不稳定不确定的世界中谋求发展。

但危和机总是同生并存的,克服了危即是机。线上消费、电商直播、5G 网络应用等这些近年来蓬勃发展的新业态,折射出中国经济的活力和韧性,也在前所未有的疫情考验面前孕育了新的机会。在当前及今后一段时间里,全面落实"六稳""六保"任务,加快疫后重振、灾后重建和高质量发展,无疑是中央经济工作的重中之重;面向未来,习近平总书记指出,经济工作的着力点是要把满足国内需求作为发展的出发点和落脚点,加快构建完整的内需体系,大力推进科技创新及其他各方面的创新,加快推进数字经济、智能制造、生命健康、新材料等战略性新兴产业建设,形成更多新的增长点、增长极。而这些都对高科技、高层次人才的培育和储备提出了更高更直接的需求,更离不开高质量的高等教育发展的强大支撑。经济形势越是复杂严峻,高等教育发展越是要保持战略定力、迎难而上,充分发挥人才培养和智力支持作用。

(三) 从社会与文化环境分析,人民群众对优质教育的需求日益增长,但高等教育发展也面临着前所未有的办学压力,高校的发展模式亟待优化转型

社会因素,一般是指社会成员的民族特征、文化传统、价值观念、宗教信仰、教育水平以及风俗习惯等。构成社会环境的要素包括人口规模、年龄结构、种族结构、收入分布、消费结构和水平、人口流动性等。结合当前的国内外社会形势分析,未来一段时期,影响高等教育事业发展的社会文化因素主要体现在以下方面。

1. 面对后疫情时代的发展,人民群众对国内优质教育的需求和期盼更为迫切,这对高等教育的高质量发展提出了现实要求

党的十九大作出了"我国社会主要矛盾已经转化为人民日益增长的美好生活

---

① 习近平. 在北京大学师生座谈会上的讲话[N]. 人民日报, 2018 - 05 - 03.

需要和不平衡不充分的发展之间的矛盾"的判断。教育事业是民生之首,人民日益增长的美好生活需要已经并且越来越多地表现在对美好教育的需求上。随着物质生活条件的改善和视野的开阔,"期盼有更好的教育"越来越广泛地成为人民对美好生活向往的重要内容,这不仅包括教育本身,而且包含着与教育相关的就业选择,以及通过教育追求未来更美好的生活。考虑到海外安全问题等因素,人们对于未来教育的投资规划可能在短期内发生改变,特别是对低龄留学和国际高中学生群体而言,转向国内教育可能成为优先选择。但是教育本身并没有改变,教育无国界,未来国际化人才仍然是全球化时代最急需的,美英等国依然提供着高质量的本科教育,所以想要更多地留住本国人才、更广泛地吸引外国学生自主来华深造,我们就必须提供高质量的优质教育,这是摆在我们面前的最直接、最现实的人民需求,更是必须完成的新时代中国教育改革和发展的重大战略任务。

2. 高等教育发展也面临真实的资源投入压力,对高校进一步提高自主办学能力提出了强烈要求

新冠疫情危机给世界各国大学带来的不仅仅是日常教学管理方式的改变,而且给高校造成了实质性"重创"——捐赠收入的大量减少,加上关闭校园后住宿费等社会服务收入损失,部分欧美大学的财务状况急剧恶化,甚至已采取裁员的方式来填补资金缺口;同时,疫情严重打击了高校的招生工作,生源的减少更是引起了更大的生存危机。美国教育委员会政府和公共事务高级副总裁特里·哈特尔表示:仅仅是春季学期的几个月内,全美高校就少了80亿美元的收入。而令人遗憾的是,因不堪巨大的资金压力,已有多所百年高校宣布破产,其中包括建校历史长达174年的麦克默里学院就宣布将在春季学期结束后永久关闭;超过百年的俄亥俄州富兰克林大学将关闭厄巴纳分校;等等。有留学服务平台统计,全美共有33所大学宣布永久关闭,涉及5 690名学生,并且这一数量还在不断增加。[①] 据报道,2024年以来,又一批美国高校近期陆续宣布停办:6月11日,威尔士学院(Wells College)官网首页高挂"关停通知",校方提醒在校生尽快办理秋季转学申请等相关手续;5月31日学期结束之日,伯明翰南方学院(Birmingham-Southern College)正式关停;超过百年历史的芳邦大学(Fontbonne University)宣布,将于2025年夏天正式关闭;东部门户社区学院(Eastern Gateway Community College)已宣布行将关门。2024年以来,平均每周有1所美国高校停办。据美国国家教育统计中心(NCES)报告,2023—2024学年共有161所院校关闭、合并或以其他方式失去联邦财政援助资格。[②]

---

① 多所百年高校永久关闭![N].光明日报,2020 - 08 - 03.
② 美国高校迎来"倒闭潮"[N].中国科学报,2024 - 09 - 23.

欧美大学绝大多数是私立大学，教育产业化的发展模式则是此次欧美高校深陷疫情冲击的危机根源所在，值得我们认真反思和警惕。而反观中国高校，受国际国内经济形势影响特别是新冠疫情的直接影响，国内大学同样面临着前所未有的办学压力——按照中央和教育部关于"过紧日子"的精神要求，各级政府都将勒紧裤腰带过日子，而高校经费也大幅度压减，加上学校的自有资金收入也极大可能出现大幅降低，给学校办学经费运行带来了前所未有的压力和挑战。由此，我国目前的高等教育资助模式中财政投入比例过高、高校筹资渠道过于单一、"高校发展过度依赖财政资金"的办学惰性进一步显现，而这也是我国高教强国建设中必须补齐的一块短板。

高等教育领域的国际竞争，取决于一国的经济发展水平与国家的核心竞争力，也取决于办学资源的多寡。当前财政性经费的大幅减少极大地影响了我国高校的办学，但在今后较长一段时间内，"过紧日子"甚至是"过苦日子"可能是我国高校的新常态。因此，高校应当积极化危机为转机，主动变革办学理念，既要保运行、保重点，更要谋发展。一方面要把资源用在学校发展的刀刃上，坚持勤俭办学，广泛开源节流，大力压减"三公经费"支出和不必要的公用支出，切实保障日常基本运行、教学科研、人员经费等刚性支出；另一方面则要进一步提高自主办学能力，深刻思考多元化筹资的方式方法，努力通过多元化筹资拓展增量办学资源，吸引方方面面的力量支持高教事业，真正推动高等教育内涵式发展。

（四）从技术环境分析，新技术的快速发展将会对高校的教育理念、组织形态、治理方式、培养模式等产生革命性冲击，高等教育与新技术融合发展的机遇和挑战并存

技术环境是指一个国家或地区的技术水平、技术政策及技术发展动向等，是行业或组织所处社会环境中的科技要素及与该要素相关的各种社会现象的集合。当前新一轮科技革命和产业变革正在蓬勃兴起，随着大数据、移动互联网、人工智能等新技术的快速发展，信息技术正以前所未有的力量推动人类生产生活认知的方式和习惯发生深度变革，而教育和学校也正处在形态变革的前夜。

从国际视野来看，美国密涅瓦大学的 O2O 式办学体制、牛津大学"区块链开放大学"、奇点大学等新型办学形式的出现，预示着信息技术开始在高等教育领域掀起一场"革命"，新型高校治理规则的出现已经成为不可逆转的趋势。而在我国，随着国家"双一流"建设战略的提出，以及教育信息化相关规划和系列政策的相继出台，深入推进教育信息化建设势在必行。2018 年，教育部正式启动《教育信息化 2.0 行动计划》并明确提出，要将教育信息化作为教育系统性变革的内生变量，支

撑引领教育现代化发展,推动教育理念更新、模式变革、体系重构。可见,教育信息化已经成为新时代加快教育现代化和教育强国建设,培育创新驱动发展的新的重要引擎。

随着信息技术的迭代、颠覆与重塑,高等教育与新技术的融合发展程度正在不断深化,高等教育正处于分化、重构和变革之中。作为疫情防控期间的应急之举,此次"史无前例、'世'无前例"的超大规模在线教育实践,已经充分显示了"互联网＋"的全面渗透、融合和赋能,这对于转变教育观念、加快变革教育教学具有革命性意义。高校必须直面挑战和机遇,主动适应新形势新变化,抢占未来发展之先机,从战略高度来抓好教育信息化建设布局。一方面,要深刻认识新技术可能对高等教育理念、教学环境、教育资源和教学方式等带来的深刻变革,积极谋划和实施教育教学模式创新,力争在人才培养中形成独有优势;另一方面,要充分运用信息化手段对传统的大学管理模式进行变革与创新,学习运用先进技术和创新方法,进一步提升服务与管理水平,重塑大学治理模式,进而开创高校治理现代化的全新局面。

二、新时代高校对外开放中党的领导和建设的新形势

当前,政治多极化与经济全球化反映了世界政治、经济曲折发展的大趋势,顺应时代潮流、不断加快开放是我们的必然选择。在这个过程中,西方敌对势力对我国实施"西化""分化"的战略不会改变,不同思想文化的碰撞不可避免,但是手段和方法更加隐蔽和多样,尤其是通过思想和文化渗透,冲击我国以马克思主义为指导的主流意识形态。与此同时,国际共产主义运动处于低潮以及经济水平上差距的客观存在,又容易让一些师生产生模糊认识和思想动摇,致使高校基层党组织建设面临着重大的挑战。正如 2019 年 1 月 21 日习近平总书记在"省部级主要领导干部坚持底线思维着力防范化解重大风险专题研讨班"开班式上的讲话所言,面对波谲云诡的国际形势、复杂敏感的周边环境、艰巨繁重的改革发展稳定任务,我们必须始终保持高度警惕,既要高度警惕"黑天鹅"事件,也要防范"灰犀牛"事件。

(一)新时代党的组织路线建设的新形势

2018 年 7 月,习近平总书记在全国组织工作会议上明确提出了新时代党的组织路线:"全面贯彻新时代中国特色社会主义思想,以组织体系建设为重点,着力培养忠诚干净担当的高素质干部,着力集聚爱国奉献的各方面优秀人才,坚持德才兼备、以德为先、任人唯贤,为坚持和加强党的全面领导、坚持和发展中国特色社会主义提供坚强组织保证。"新时代党的组织路线更加注重组织体系建设,不断增强党的政治领导力、思想引领力、群众组织力、社会号召力,把党员组织起来,把人才凝

聚起来,把群众动员起来,为实现党的十九大提出的宏伟目标团结奋斗。牢固树立大抓基层鲜明导向,持续整顿软弱涣散基层党组织,推动基层党组织全面进步、全面过硬,把各领域基层党组织建设成为宣传党的主张、贯彻党的决定、领导基层治理、团结动员群众、推动改革发展的坚强战斗堡垒。更加突出政治功能,以提升组织力为重点,要求党支部担负好直接教育党员、管理党员、监督党员和组织群众、宣传群众、凝聚群众、服务群众的职责,引导广大党员发挥先锋模范作用。

（二）新时代加强党的组织建设的新形势

近年来,中央陆续出台了《中国共产党支部工作条例(试行)》《普通高等学校学生党建工作标准》《加强新形势下高校教师党支部建设的意见》《关于加强高校院(系)党的建设工作的意见(试行)》《新时代基层党建质量提升工程的实施意见》《中共中央关于加强党的政治建设的意见》《中国共产党党员教育管理工作条例》等一系列基层党建的文件,明确了高校党委、院系党组织、师生党支部各个层面组织建设的工作标准。因此,高校必须在认真贯彻落实基层党建工作重要部署、加强基层组织建设、加强基层党组织领导班子建设、加强党员队伍建设、积极融入城市基层党建工作格局、强化基层党建支撑保障体系、推进党建理论研究和工作探索创新、健全基层党建工作责任落实机制上下真功,坚持以党的政治建设为统领,突出问题导向,深化改革创新,提高组织建设水平。

（三）新时代干部工作的新形势

近年来,中央陆续修订出台了《党政领导干部选拔任用工作条例》《党政领导干部考核工作条例》《全国干部教育培训规划(2023—2027年)》《关于进一步激励广大干部新时代新担当新作为的意见》《中国教育现代化2035》等一系列干部工作相关文件,把政治建设摆在首位,突出政治标准,用习近平新时代中国特色社会主义思想武装干部;明确要坚持新时期好干部标准,培养选拔充满激情、富于创造、勇于担当的高素质干部,严管与厚爱相结合、激励与约束并重,激发干部干事创业活力;统筹做好人才工作,集聚矢志爱国奉献、勇于创新创造的高素质人才;对标"政治上绝对可靠、对党绝对忠诚"要求,打造模范部门和专业队伍。

（四）新时代高等教育改革发展的新形势

2018年9月10日,习近平总书记在全国教育大会上提出,要扩大教育开放,同世界一流资源开展高水平合作办学。他强调,加强党对教育工作的全面领导,是办好教育的根本保证。高校要增强"四个意识"、坚定"四个自信",坚决做到"两个维护"，自觉在政治立场、政治方向、政治原则、政治道路上同党中央保持高度一致。有鉴于此，高校各级党组织要把抓好基层党建工作作为办学治校的基本功，把党的教育方针全面贯彻到学校工作各方面。思想政治工作是学校各项工作的生命线，各级党委、各级教育主管部门、学校党组织都必须将其紧紧抓在手上。要精心培养和组织一支会做思想政治工作的政工队伍，把思想政治工作做在日常、做到个人。

（五）新一轮科技革命和产业变革的新形势

人工智能、互联网＋、区块链等方兴未艾，创新发展和产业升级对人才的迫切需求前所未有，国家间的竞争日益体现为人才的竞争和教育的竞争。进入 21 世纪以来，随着全球化的发展，世界各地高校间的教师流动、学生交换、课程互认、学术交流等国际交流项目蓬勃发展。我国与国际组织、区域组织在文化、教育方面的互动日益频繁，在国际秩序、规则制定中的影响力蒸蒸日上。因此，教育界对外交流的需求日益增长，对交流形式的多样化提出了新要求。

三、在应对新挑战中不断开创高水平开放办学的新局面

增强我国教育的国际影响力，是开创教育对外开放新局面的关键要素，对建设高质量教育体系和建设教育强国至关重要。增强我国教育的国际影响力是一项系统工程，要构建全方位、多层次、复合型的互联互通网络，进一步加强与"一带一路"沿线国家的教育交流与合作，不断拓展和提升我国高等教育国际交流与合作的规模和质量，积极参与全球教育治理，为推动构建人类命运共同体作出新贡献。[①]

（一）打造高等教育开放办学新高地

高等教育发展最大的确定性和最重要的机遇就在于建设世界高等教育强国是国家的重大战略部署。随着教育对外开放进程的加快，打造教育对外开放新高地成为提升我国教育国际影响力的重要途径。打造开放办学新高地，既是"双循环"新发展格局下加快与扩大教育对外开放的战略性举措，也是扩大高校全球影响力的重要契机。根据《关于加快和扩大新时代教育对外开放的意见》的部署，教育部支持打造教育对外开放新高地，支持粤港澳大湾区建设国际教育示范区，支持长三角地区率先开放、先行先试，支持雄安新区打造教育开放新标杆，支持海南建设国际教育创新岛。我国高校应积极抓住教育对外开放新高地建设的契机，保持干事创业的朝气、争先进位的志气和攻坚克难的锐气，充分把握关键机遇期，用时间换

---

① 秦惠民，王名扬."一带一路"十周年：我国高等教育国际交流与合作的政策、成效与新格局[J].中国高等教育，2023(20).

取更大的发展空间,加快实施"双一流"建设,打造出一批真正的"高峰""高原",切实推动高等教育的内涵式发展,实现高等教育质量的整体提升。

(二) 积极培养高层次国际化人才

人才培养是高校开放办学的核心任务。世界秩序格局的激烈演变,科学技术和人工智能的更新迭代,不断重塑着人类文明的发展样态,呼唤具有全球视野和国际竞争力的高端国际化人才。要通过"引进来""送出去"方式来培养造就一批国际经贸、对外法治、国际传播、非通用语言、国际组织等领域的复合型国际化人才,进一步提升人力资源胜任力。高校应以服务国家发展为己任,站在中华民族伟大复兴的政治高度,加快培养国家急需的高层次国际化人才。

(三) 提高来华留学生教育质量

来华留学是我国参与国际高等教育跨境交流、满足全球教育市场差异性需求的主要方式,提供优质和具备国际竞争力的教育产品是我国在国际竞争中处于不败之地的关键。当前,留学生教育正处于从规模扩大到质量提升的关键时期。优化留学生结构、提高从招生到出口的全过程培养质量、创新人才培养模式、建立来华留学生教育质量保障机制是做强留学中国品牌的重点。要努力提高来华留学生的教育质量,培养出知华友华亲华的高素质人才,促进民心相通,增强我国高校的吸引力。

(四) 深化国际学术合作与交流

通过培育一流国际学者团队、创建高端国际学术会议、参与国际高层次学术项目、产出高水平学术成果、促进全球学术信息交流,构建一个多样化的学术合作和交流机制。聚焦人类发展进程中面临的共同问题,面向可持续发展目标,不断拓宽国际学术交流领域,打破制约知识、科技、人才等创新要素流动的壁垒,提升合作层次与质量,创新合作交流方式,共享学术研究成果红利。

(五) 加快实现教育教学和内部治理的体系重塑

在众多的变化和挑战面前,只有创新才能获得长足、稳健的发展。后疫情时代,高校要把握教育技术变革的重要契机,主动变革教学和管理理念,不断推进教育与时俱进,充分依托先进技术,加快教育创新应用研发,提升高等教育的信息化基础设施建设水平,构筑面向未来、适应挑战的大学新生态,在国际竞争中抢占新的制高点。

第三章
先行先试：扎实构建一流高校对外开放新体系

第一节　高校对外开放的发展历程

上海财经大学发端于南京，扎根于上海，而开放办学是学校与生俱来的办学基因。百余年前，学校的奠基人和开拓者就在探索将现代西方商学教育与中国国情相结合。1921 年，前辈先贤们审时度势，将学校由南京东迁至上海这座远东国际大都市，创办上海商科大学，秉持"用世界眼光办教育"的对外开放办学理念，积极探索培养本土化新型商学人才的道路。

创校校长郭秉文作为中国近代高等教育的先驱，其主张面向世界、融合中西、取长补短，延揽了一大批中西兼通、古今兼长的名师，形成了鲜明的对外开放办学特色。在国立上海商学院时期，学科专业设置、师资配备、教材选用等方面很早就开始与国际接轨。在上海商科大学时期，学校聘请了以归国欧美留学生为骨干的师资，以 1923—1924 年为例，学校教师共 18 人，其中 2 名系美籍教师，16 名华人教师中，11 人曾留学哈佛大学等海外名校，占比达 69%。学生管理也采用欧美体制，膳食、课余活动等均由学生自治会治理。学校还曾邀请美国伊利诺伊大学加纳博士、德国著名哲学家杜里舒博士、韦理博士演讲，并提出了用世界眼光办教育的理念。国际商学院协会在其《管理教育全球化报告》(2011 年)中指出，"有证据表明，在中国第一所按照西方现代商学院建立起来的大学就是 1921 年成立的上海商科大学"。

在新中国成立后至改革开放前，上海财经大学每年有计划选送教师至苏联学习，聘请苏联专家前来讲学，并于 1961 年接受了 16 名越南留学生。

改革开放以来，上海财经大学实施了四步走的发展战略。

一、转变观念，改革起步(1978—1995 年)

这一时期为国际交流、合作办学的初始阶段，重点是开展与国际组织机构的合作、项目培训以及从业资格培训。1978 年复校初期，学校就与世界银行等国际机构建立合作关系。会计学科采纳了以美国会计课程为代表的课程体系，出版了新体系的教材，引领和带动了校内其他专业以及全国财经院校会计学专业的课程体系改革。财政学科、应用统计学科和营销学科等很早引入了国际范式和教材体系，走出了一条改革引领发展之路。

1981 年初，经上海市前市长汪道涵先生的举荐，世界银行经济发展学院在上海地区为数众多的高等院校中，甄选上海财经大学为世界银行在华投资项目培训合作的主要伙伴。1981 年 3 月财政部和上海市政府决定，由上海财经大学筹建成立"上海国际经济管理学院"，作为世界银行经济发展学院与我国第一个合作的培训机构。从 1981 年至 1990 年，双方合作举办了 24 期培训班，由中外教授专家共同授课，共培训了 922 名包括中央政府高中级官员、上海市地方政府中级官员、银行职员、高校教师和各类项目管理专业人士在内的各类人才。这期间，学校为培训项目翻译了逾 700 种（约 500 万字）由世界银行提供的教学材料，整理编写和出版了《世界银行的项目管理》《城市项目管理的评估手册》《农业项目的评估手册》《项目评估用复利表和贴现表》等教材和实用手册。项目管理培训班的成功举办对于世界银行在华投资项目的准备、评估和执行，以及提高经济管理效率等诸方面，起到了良好的作用，并为全面促进我国经济建设和发展，培养了一批财经类的管理骨干。

自 1983 年开始，学校先后与国外科研机构、学术单位完成合作科研近百项，包括：与美国加州大学洛杉矶分校合作的"中美会计制度比较研究"；与日本一桥大学合作的"中日统计调查比较研究"；与日本中央大学合作的"中日会计比较研究""浦东经济发展政策研究"；与日本大阪市立大学合作的"东亚合资企业经营研究"以及与澳大利亚麦科理大学合作的"中国中小企业经济研究"等。1995 年 5 月在国务院学位办和财政部的支持下，在学校召开了"MBA"案例教学国际研讨会，来自全国 50 所兄弟院校的 89 名代表，以及美国西弗吉尼亚州立大学、纽约州立大学的专家教授出席了研讨会。

学校著名教授娄尔行先生曾两次受命作为中国代表，出席联合国"国际会计和报告准则"政府间专家工作会议，树立了中国会计在国际上的地位。1989 年娄教授出席联合国在苏联召开的"计划经济国家特区经济问题国际研讨会"，他的报告被列为联合国论文专集。谢树森教授是由世界银行主持的 1989 年赫尔辛基"计划经济和国际金融体制"学术会议的主题发言人。前校长汤云为教授多次代表我国会计界的知名学者应邀作为主题发言人参加"美国会计学会"年会。一批中青年教师赴美国、英国、澳大利亚、瑞士、日本等国出席高层次的国际学术会议，他们的学术论文得到了国际学术界同行的首肯。

1985 年 10 月,学校与美国明尼苏达大学管理学院签订了第一个合作交流协议。自此以后,学校先后与美国、加拿大、澳大利亚、新西兰、日本、法国、英国、荷兰、瑞士、芬兰、越南、韩国、俄罗斯、菲律宾等 20 个以上的国家和地区的近 50 所高校和机构建立了合作交流关系。1993 年学校开始招收港澳台学生,1994 年开始正式对外招收留学生(包括专业进修、汉语学习等),1996 年起正式招收攻读本科学位的外国学生。

以胡寄窗、娄尔行、黄树颜、谢树森、席克正、李葆坤、马家骅等教授为代表的一大批从海外留学回国的学者,早年留学于国际著名的高等学府,有较好的国际背景,在 20 世纪 80 年代初就率先尝试使用国外先进的财经类教材,积极传播国外先进的专业知识,在教材建设、学科建设中形成了上财自身特色。1989 年开始,上海财经大学与上海外国语大学合作培养国际会计人才,引进了一系列会计学专业课程的国外原版英语教材,授课语言为英语。

20 世纪 90 年代,学校与国际经济组织的合作又有了新的发展。1992 年与联合国计划开发署跨国研究中心合作培训跨国经营人才;1992 年,率先与英国公认会计师公会(ACCA)合作,开始了国际从业资格的培训;1995 年受国际货币基金组织和世界银行委托,举办了为期 3 个月的“市场经济与财务分析”培训班,为亚洲 11 个国家的经济转轨培养高级管理干部;1995 年 10 月受财政部委托,在世界银行的支持和协作下,举办了由全国财政系统厅局级官员参加的“财政法制建设高级研讨班”。

二、学习借鉴、消化吸收(1996—2003 年)

1996 年 1 月,学校通过“211 工程”部门预审,跻身于国家重点建设的百所高校行列以后,进入了实质性的国际化办学阶段,其主要标志有三项,即中外合作办学、留学生教育与双语师资培养。中外合作办学为学校的国际化办学开拓了广阔的渠道、打下了坚实的基础,而留学生教育与双语师资培养则是对中外合作办学进行了深化和提升,凭借学校的特色和优势,利用国际教育资源,既培养了本国学生,又培养了外国学生,造就了更贴近国际市场需求的经济管理人才,从而沿着国际化的办学道路大踏步前进。学校研究生出国交流的规模也日趋扩大,他们积极参加国际经济管理理论研讨会(ISC)等国际学术会议。

1998 年学校开始设点招收攻读博士学位的留学生。学历学位生比例逐年增加,呈现出以日本、韩国留学生为主体,生源逐渐向欧洲、非洲、大洋洲、美洲等国家扩展的局面。自 1993 至 2004 年春季,累计已培养国(境)外留学生,包括交流学生超过 3 500 名，共招收学历学位教育层次的留学生 551 名，其中博士生 4 名、硕士生 141 名、本科生 406 名。自 2003 年起，学校被列为教育部招收"中国政府奖学金公费留学生"的大学之一，这是学校留学生教育工作的重要成果，也是学校留学生教育新一轮发展的重要标志。

为了培养具有国际竞争力的人才，学校注重教师队伍的培养和建设，1998 年，学校和复旦大学、上海交通大学、上海海运学院，与荷兰伊拉斯姆斯大学共同建立了中荷教育研究中心，为中心成员及教师赴欧洲进修深造和共同研究提供了条件。从 1999 年 3 月开始启动了双语师资培养项目。截至 2004 年 5 月，已派出超过 60 名教师，分别成功地送往了美国、英国、荷兰、澳大利亚、加拿大等十余所著名大学进行深造，在学校学科建设、合作科研等方面取得了可喜的成果。部分教师归国之后开设了一批较高质量的双语课程，通过使用原版教材、多媒体课件和案例教学法，受到学生的广泛欢迎，同时为今后大规模开设双语课程作出了有益的尝试。

学校先后与英国、美国、澳大利亚等国建立了 10 个项目的国际从业资格培训。2000 年 7 月始，学校与英国文化教育委员会合作举办了 6 期"中国金融项目"培训班，参与培训的人员来自银行、证券、保险等金融界的中高级管理主管达 240 人次。通过精心设计的理论课程学习和海外金融行业相关公司的实习，他们了解了国际金融公司项目开发和运作的情况及国际惯例，并且先后成为中国金融行业的精英。

2000 年学校《"十五"发展计划》首次明确提出"一流三化"的发展目标，建立现代化、国际化、信息化发展框架。2003 年学校《总体发展战略规划》进一步将国际化与现代化、信息化一起作为支撑学校发展的三大发展路径，提出将"积极扩大对外交流，实施国际化发展战略"作为总体发展战略的重要举措。

三、顶层设计、全面推进（2004—2015 年）

2003 年，国家开始实施《2003—2007 年教育振兴行动计划》，全面落实科教兴国战略和人才强国战略，加快教育改革与发展。上海市从建设国际化大都市的目标出发，抓住教育部批准上海在全国率先实施教育综合改革的契机，全面实施《上海教育三年行动计划》，通过持续努力，把上海基本建成亚太区域教育中心。学校抓住战略机遇，全面推进"十五"后期和"十一五"前期发展战略规划的各项工作，实现办学条件、办学规格和办学水平的跨越式发展，以初步建成现代化、国际化、信息化发展框架的一流社会主义大学的成绩，迎接 2007 年建校 90 周年和教育部本科教学工作水平评估。作为学校"一流三化"发展框架的重要组成部分，实施国际化办学战略是顺应世界教育发展趋势、实现新一轮发展的必然选择。作为中国高等财经教育的首善之校，上海财经大学实施国际化办学战略是传承和发扬"厚德博学、经济匡时"优良办学传统的需要,是顺应世界教育发展趋势、加快发展与国际化大都市相匹配的国际化财经教育的需要,是继续保持和发展比较优势、增强核心竞争力的需要。

为此,学校研究室牵头制定了《国际化办学发展纲要》,就全方位推进国际化办学的系统方略作出了谋划。

(一)国际化办学的总体目标

经过未来一段时期的持续努力,全面提升学校的国际竞争力,确保学校整体办学水平在国内财经院校中处于领先地位,部分学科达到或接近国际先进水平,人才培养质量达到具备应付未来挑战,参加国际竞争所必需的综合素质和知识结构的需要。

(二)国际化办学的基本内涵

学校的国际化办学,就是通过实施国际化发展战略,使全体师生树立起适应经济全球化和国际化大都市需要的教育理念,关注、了解和把握世界高等财经教育发展的主流趋势和规律,从国际视野确立学校的办学目标,以国际标准衡量学校的办学水平,按照国际通行的范式,以人为本,依法治校,规范管理,使学校能够拥有国际认同的教育水平、教学质量和学术水准,全面提升学校的办学质量。

学校国际化办学的内容主要集中在以下六个方面:(1)人才培养的国际化。达到国际承认的教育水平和教育质量,能与其他国际化大学的学位等值、学历互认。(2)科研活动国际化。与各国先进大学广泛进行对等的学术合作和交流,产生一批具备国际影响力的学术成果。(3)学科建设国际化。重点建设2~3个能在国际产生影响的优势学科,使其他学科的实力得到普遍增强。(4)队伍建设国际化。吸引并产生一批国际财经专家和教育管理专家。(5)资源利用国际化。在国际范围内有效地利用物质、资金、人力、信息等要素资源。(6)环境建设国际化。建设各国学者和留学生青睐的教育服务环境,包括校区建设的硬环境和行政管理、教辅服务、后勤服务的软环境。上述六个方面国际化的核心是人才培养质量、学术研究水平、师资队伍结构与素质、管理服务体系的国际化。

(三)国际化办学的主要任务

学校致力于完成以下5项主要的国际化办学任务。

一是树立国际化办学理念。通过实施国际化办学战略,全校师生将逐步树立起以下理念和意识:一是以人为本,二是依法治校,三是全球意识,四是开放意识,五是创新意识。

二是营造国际化办学氛围。通过各种途径和措施,在坚持社会主义办学方向和学校办学特色的前提下，努力为全体师生创造一种真正融入全球意识和多元文化的教育环境。

三是实施国际化培养方案。从满足学生的国际化素养培育、知识传授与技能训练的需要出发，设置并实施国际化的人才培养方案。

四是拓宽国际化办学途径。拓宽国际合作与交流的范围，丰富国际合作与交流的形式，提升国际合作与交流的层次，加大利用优质国际教育资源的力度。

五是构建国际化办学体制。以国际先进大学的办学体制为借鉴，结合国情要求，全面推进校院两级管理体制改革。学校的管理重心由校机关职能处室下移至学院，学院实行实体化运作，学校主要通过制定与实施发展规划、制定与实施制度规章、筹措与分配办学经费、监督与评估办学质量等手段对学院实施宏观管理，学院在学校的宏观调控下承担明确的责任和义务，享有相应的权力和利益，真正成为充满生机和活力的具有突出学术管理职能、兼顾教学、科研、社会服务和国际合作交流的新型学术型组织。该方案明确了学校国际化办学的主要指标。

（四）国际化办学的思路

以实施"三个一"工程来切实落实学校国际化办学在院系一级的目标、载体和抓手。每个院系选择一所国际一流大学的相关院系作为比对和努力的坐标系；每个院系与一所以上国（境）外知名大学的相关院系建立实质性的合作和交流关系；每个院系有一个以上国际合作教学或研究项目。

首先，各院系瞄准一所国际一流大学的相关院系和学科，进行全面认真比对，找出差距，从院系实际出发，制定努力方向、具体目标、实施途径和对策举措。

其次，各院系至少要与一所国际知名的国（境）外大学的院系开展实质性的全方位合作。以此为基础，不断发展新的合作伙伴，拓展新的合作领域。

最后，每个院系通过举办中外合作项目，积极学习和借鉴国（境）外合作方的先进办学经验，提升院系的办学水平。学校将重点开展校与校之间跨学科和跨院系的重大国际合作与交流，重点加强国际化办学中的宏观规划、政策制定、考核评估、信息服务、协调督查、对外开拓等项职能。

（五）国际化办学的主要举措

一是学生招生、培养与就业的国际化。根据加快培养适应经济全球化、具有国际意识、国际交往能力、国际竞争能力的国际通用型人才的培养目标要求，对学生素质、知识结构及技能标准进行分类及综合设计。

二是科学研究的国际化。引导和鼓励教师按国际学术规范从事科学研究，在国际学术期刊上发表高水平学术论文。设立国际学术交流基金。资助教师、研究生参加高水准的国际学术会议,在学校主办的学术期刊中设立外文学术文章栏目,启动优势学科国际化研究项目,鼓励将现有的重点研究基地和实验室办成向国际开放的研究平台,吸引国际知名学者驻地研究,研究生培养与国际通行体系融合。

三是学科建设的国际化。以院系为主体,每个院系瞄准一所国际一流大学的相关院系,进行比对建设。

四是师资队伍与管理队伍的国际化。逐步提高师资队伍中具有在国(境)外学习或工作经历的教师和外籍教师的比例,加强现有师资的国(境)外进修工作,实施全英语(双语)教学教师海外培训计划,设立流动特聘教师岗位,用于聘请国(境)外杰出学者来校学术休假、讲学授课、指导研究生、进行合作研究,探索国际优秀学术团队的整体引进,有选择地聘请国(境)外知名大学的著名学者或高级管理人员来校担任院长(系主任)或职能部门负责人。

五是校园文化建设的国际化。实施学校形象塑造工程,加大宣传力度,扩大学校的国际知名度,新校区建设过程中,充分体现以人为本的理念,体现人文关怀。积极创造条件,多为学生提供一些学习讨论和交流的公共场所。

六是行政管理、教辅服务、后勤服务及资源配置的国际化。推进校院两级管理体制改革,优化学校及院系的治理结构,加快学校现代化建设;以提高运营效率为目标,积极借鉴国际知名大学的运营机制,推进行政管理、教辅服务、后勤服务的国际化建设;优化学校教育存量资源的配置,积极有效配置国内国际两种教育资源,扩大教育增量资源的投入。

"十二五"时期,学校发展定位和目标进一步明确为"国际知名的具有鲜明财经特色的高水平研究型大学"。2015 年学校召开人才培养对外开放工作会议,制定了推进学校培养具有国际视野人才的实施意见。

四、重点突破、快速提升(2016 年至今)

2016 年学校《"十三五"发展规划纲要》提出全面实施"上财国际"战略,即"上财国际"战略 1.0 版。通过创新合作模式、拓宽合作渠道、加强资源统筹,大力推进全方位、实质性的国际合作,建立高质量的国际化人才培养体系,提升高层次国际师资延揽能力,打造高水平全球学术合作平台,进一步提升学校的国际影响力和竞争力。

(一)以国际视野推进教育教学改革

学校继续瞄准英国伦敦政治经济学院,长期跟踪其整体发展模式和建设经验;各院(部、所)继续瞄准相应的国际知名大学的相关学院,进行对标建设。力争完成商学 AACSB、EQUIS 认证，以及 MPA 项目的 NASPAA 认证工作，并推动会计、金融等专业申请参与相关的国际认证。倡导和鼓励有条件的本科专业引入国际评估机制，聘请国际专业机构或国际同行专家，采用国际惯例和通行标准，对本科专业建设水平和质量进行评估，并参考评估结果开展教学改革和加强专业建设。到"十三五"末期，学校经济学、商学领域的本科专业应完成一次国际评估。

（二）全面提升国际合作与交流的层次与水平

提升优化合作伙伴层次，加快推动建立与国际一流大学联合办学项目，打造具有社会影响力的中外合作办学品牌，积极拓展专业学位国际联合培养项目，着力做好国际组织人才培养项目和国际示范学院建设。拓展合作渠道，为师生创造更多、更高水平的国际合作与交流机会，大力支持师生参加高水平国际学术会议，鼓励和支持教师以及管理人员赴海外高水平大学进修、培训。海外游学的本科生比例达40%以上；海外访学的研究生比例达 20%以上；拥有半年以上海外进修、访问、合作研究经历的教师比例达到 80%以上。构筑学生海外实习平台，为学生创造更多海外实习的机会。推进全英语课程体系建设计划，鼓励学院按专业、成体系地建设全英语课程，每年建设 1～2 个国际化精品课程群和 5～8 门全英文课程，到"十三五"末期建成 2 个全英语本科专业，新增 3 个全英语授课研究生专业。加快国际联合课程项目建设，打造具有国际知名度的暑期项目，引入优质慕课课程与开发上财精品网络共享课程并举，优化国际化课程体系。以"一带一路"倡议等为契机，积极发展留学生教育，保持留学生规模适度稳步发展，着力提高留学生教育质量，打造"留学上财"品牌。探索建立国际合作研究中心、国际联合实验室等科研平台，建立有利于开展高水平国际合作研究的长效机制。鼓励各院（部、所）和教师与国际名校、国际名师建立和发展长期的学术交流合作关系。

（三）加快国际合作与交流的战略性布局

聚焦国际顶尖大学，开展顶级伙伴行动计划，主动出击、循序渐进，努力推进与世界一流大学的联系，力争与顶尖高校签订校际合作协议，开展实质性的合作，形成覆盖主要国家和地区的国际合作网络。寻求与世界名校、著名科研院所和国际评估机构的实质性科研合作，形成相互融通、各取所长的国际学术交流合作新格局，开展高水平科学联合攻关。

（四）营造良好的国际化环境

构建国际化校院两级工作领导体制，进一步明晰校部与院（部、所）两级的责权,加强顶层设计和战略部署。广泛争取各类资金、项目支持,建立国际化发展的财务支撑体系。塑造国际化校园形象,营造国际化文化活动环境。进一步推进国际化服务和保障体系建设。推进教育教学、课程管理的双语机制,逐步提高教育教学的国际化服务能力。建设开放包容的校园文化,改进和完善留学生管理与服务体系,努力营造留学生与本土学生和谐相处、充分交流、共同发展的校园氛围。构建国际化的行政基础设施,为国际化活动提供良好的服务和保障。以学院国际化项目主管为切入点,完善国际化队伍建设。加强职员培训,提高专业能力和综合素养,努力提升国际化教育服务水平。统筹学校海外资源,提升国际化办学水平,扩大国际影响力。

2019 年学校第八次党代会报告提出,"努力建设鲜明财经特色世界一流大学,为实现中华民族伟大复兴的中国梦作出卓越贡献"。为此,学校设定了新时期的发展目标:到 2023 年,立体式对外开放办学体系基本构建,国际国内合作交流打开新局面;到 2035 年,立体式对外开放办学体系基本健全,广泛而紧密的国际国内合作网络基本形成;到 21 世纪中叶,以卓越的中国特色财经学科教育体系融入全球高等教育,学校整体实力跻身世界同类型高校前列。同年,学校召开了教育对外开放大会,制定了推进学校教育对外开放工作的实施意见。

2020 年学校发布了《上海财经大学"上财国际 2.0"行动计划》,实施以构建立体式开放办学体系为目标的"上财国际 2.0"战略,从优化国(境)外合作布局、提升中外合作办学伙伴层次、打造中外人文交流项目上财品牌、构筑教育对外开放新高地、提升人才培养全球胜任力、推进国际认证与国际评估、丰富全英语课程资源、提升留学生培养质量、引育并举精准引才、提高非教学科研系列人员国际交往能力、强化科研创新能力、深化科研评价机制改革、推进智库国际合作、增强学科国际竞争力、推进院(部、所)国际合作伙伴计划、建设中外融通开放校园等领域和环节进行了谋划部署。

第二节　实践探索的阶段性成效与认识体会

经过一百多年以来尤其是改革开放以来的探索实践,学校对外开放办学取得了明显成效。学校不断加强对外开放顶层设计,充实教育对外开放内容,凝聚全校师生共识,打开教育对外开放新局面,推动教育对外开放事业取得重要进展。学校以师资队伍全球化配置为基础,全面推进人才培养全球化,构筑全球一流伙伴网络,提升学校人才培养国际竞争力,"留学上财"品牌建设成效显著,多元文化校园初步建成。

一、开放办学的阶段性成效

（一）加强完善学校顶层设计，形成持续有效的教育对外开放战略

学校自创校之初即秉持"用世界眼光办教育"的对外开放办学理念，历经百年，尤其在改革开放之后，在每一个重要的发展时期，学校始终坚持将对外开放办学作为改革发展的重要路径，通过不断因时制宜地加强完善教育对外开放工作的顶层设计，"十五"规划提出了"一流三化"发展框架，2004 年制定了《国际化办学发展纲要》，全面实施全方位推进方略，"十二五"期间学校将目标发展定位为"国际知名的具有鲜明财经特色的高水平研究型大学"，"十三五"期间提出并实施"上财国际"战略 1.0 版，再到 2019 年学校第八次党代会提出的"建设鲜明财经特色世界一流大学"，2020 年启动并实施"上财国际"战略 2.0 版，为教育开放工作提供了主线统一、持续有效的发展战略，为学校在教育对外开放工作中取得重点突破与整体提升，获得国内外广泛认可奠定了政策基础。

（二）积极布局国际交流合作，构建全方位立体式的一流合作网络

学校扎根中国，以世界一流大学为对标，积极借鉴目标学校的办学经验，全面推进校院两级管理体制改革，充分发挥学院、学者、学生的主体作用。学校开展"顶级伙伴行动计划"，与世界一流大学开展深度实质性合作，构建了全方位立体式的一流合作伙伴网络。截至 2023 年 4 月，学校已与近 50 个国家和地区的 265 所大学或机构签订了 759 份合作协议。合作院校包括美国的康奈尔大学、加州大学伯克利分校，以及英国的剑桥大学、伦敦政治经济学院等。此外，学校还与世界银行、亚洲开发银行和新开发银行等国际组织建立了良好的合作关系。基于上述一流合作伙伴网络，学校不断引进优质教育资源，为学院、学者、学生参与国际交流与合作搭建优质平台，有效地助力学校"双一流"建设不断前进。

（三）校院融合取得重点突破，打造对标一流研究的引智工作平台

引智工作是上海财经大学开放办学战略的重要支撑。学校坚持开展引智综合改革，推动相关工作的内涵式发展，着力推动学校与学院的深度融合，在国家重点项目方面不断取得可喜的突破，打造了一系列对标一流研究的引智工作平台。2015 年学校商学院入选"高校国际化示范学院推进计划"，学校成为全国唯一一所入选的人文社科类大学。学校不断深化国际化示范学院建设，借鉴适合国情的国际先进教学、科研、管理模式，推动教育综合改革与发展，助力"中国特色，世界水

平"一流学科建设。学校"经济学前沿理论与方法学科创新引智基地""会计改革与发展创新引智基地""金融学前沿理论与方法学科创新引智基地"相继入选"高等学校学科创新引智计划",汇聚了一批海外学术大师,逐步形成高水平研究团队。"双一流"建设取得突破性进展,学科国际竞争力和影响力快速提升。经济学与商学、社会科学、工程学均进入基本科学指标数据库全球前 1%,在其他世界公认排行榜上也取得显著进展。

（四）创新采取引培并举模式,建立世界一流师资队伍与管理团队

经过长期的努力探索和执着实践,学校创新采取引培并举模式,借鉴国际一流研究型大学的师资管理经验,创新人才工作体制机制,探索融入国际、立足国情、符合校情、关心社情的师资队伍建设模式,构建了以"常任轨"（Tenure Track）为核心、以海外院长为引领、以特聘教授为支撑的三位一体的国际化师资队伍框架,健全"以用为本、注重绩效、高端引领、批量跟进,引得进、用得好、留得住、流得动"的良性机制。基于国际化示范学院建设,引进一流管理团队,管理和其他专技人员队伍国际化建设成效初显。2011 年学校入选中央"海外高层次人才创新创业基地",学校人才工作得到中央相关部门的充分肯定;国际化高水平师资队伍初步建成,卓有成效地先后引进 10 名知名学者担任部分学院的名誉院长,学校先后共有逾 360 名教师进入"常任轨",同时聘请了 50 位以上国际知名的专家学者担任学校特聘教授;通过"111 基地"引入了一批海外学术大师,逐步形成一批具有国际显示度与竞争力的高水平研究团队。学校鼓励教师出国进修或参与高水平国际学术交流活动,非"常任轨"教师中,累计具有半年以上海外学习经历的教师在全部教师中占比 46.8%。学校持续推动管理人员和其他专技队伍国际化建设,为学校国际化建设提供了有力支撑。以国际化示范学院建设为抓手,探索引进世界一流管理团队。57 位教师参加了"高等教育行政管理人员出国研修项目",另有辅导员、图书资料专业技术人员等各系列每年定期派出批量人员出国培训。

（五）发挥优势服务国家战略,培养具有全球视野的卓越财经人才

学校充分发挥地处上海的地理优势与学科优势,对接国家战略,服务社会发展,以参与国际认证为契机,以国际评估促进人才培养体系建设,打造学生参与海外学习的优质交流平台,推动建立长效的质量保障体系,持续提高创新型且具有国际视野的人才的培养质量。学校积极搭建了中外合作办学、国（境）外学习、联合培养、暑期国际课程等优质交流平台,在合作育人方面取得了丰硕的成果,学校目前为本科学生提供的国（境）外学习机会占当届学生数的 55.5% 以上,选修暑期国际

课程学生达年均 1 500 人次。学校先后通过了英国工商管理硕士协会认证、美国国际商学院协会认证、欧洲质量发展认证体系认证、美国公共政策分析与管理学会认证等国际认证，构建了人才培养质量保障体系。

学生国际竞争力不断加强，国际组织人才项目成效显著。毕业生境外升学比率持续提升，学生在就业市场上竞争力不断增强，每年选择国（境）外升学、到外资企业工作的毕业生占当届学生总数的五成以上。留学生教育以打造"留学上财"品牌为目标，努力服务国家大局，对接人文外交战略，培养知华友华的优秀青年人才成效显著，初步实现来华留学生教育全过程、全链条、多方位、多层次协同管理机制和体制。推进全英语课程体系建设，提升留学生培养质量。学校已建成全英语硕士项目 5 个（金融学、法学、公共管理、工商管理、国际金融与区域合作），全英语博士专业 1 个（经济法学）。学历学位生占比 69％，生源国别数超过 100 个国家。相继与爱沙尼亚塔林大学、英国伦敦玛丽女王大学合作承办孔子学院，推进了学校国际合作，扩大了中外人文交流。

二、实践探索中形成的认识与体会

经过百年来发展尤其是"十三五"以来的开拓创新，学校全面实施"上财国际"战略，在原有对外开放办学工作的基础上不断加强国际交流合作工作的顶层设计，凝聚全校师生共识，以师资队伍全球化配置为基础，全面推进人才培养全球化，构筑世界一流大学合作网络，提升人才培养国际竞争力，显著增强学科国际竞争力，切实推进学校治理能力现代化，初步构建了"扎根中国，对接世界一流大学，覆盖学校、学院、学者、学术、学生的全方位立体式教育对外开放新体系"。

（一）坚持"基因"传承，不断推动教育对外开放事业发展

学校自创办之日起，一直扎根中国，以开阔的国际视野和开放的胸怀学习借鉴世界高等教育，特别是世界一流高等商科教育的办学理念和办学模式。在不断的探索和实践中，国际化基因根植于学校的系科设置、师资选聘、课程开设、教材选用，以及管理体制与机制等各个方面，为建设具有上财特色的国际化办学之路打下了重要的基础。改革开放以来，学校在党的全面领导下，始终坚持以实施国际化战略作为学校创建高水平研究型大学的重要路径，不断拓展国际合作交流的深度和广度，建立全方位、多层次、宽领域的对外开放新格局。在学校百年发展的历史进程中，我们发现国际化办学是上财传承不辍的基因，而学校取得的改革开放成果、获得的国内外的社会认同都得益于学校选择了国际化发展的道路，并采取了正确的国际化战略。

（二）坚持正确方向，切实做好教育对外开放顶层设计

顶层推动是中国改革的宝贵经验。只有在顶层设计过程中坚持正确方向才能保证教育对外开放事业不断发展，不断取得成果。党的全面领导是学校教育对外开放事业发展的根本保证。党委树立党建与事业发展深度融合的工作理念，在对外开放办学中强化党委在"把方向、管大局、抓班子、带队伍、做决策、保落实"中的领导作用。回顾学校制定并不断完善教育对外开放工作的顶层设计的历程：2000年学校《"十五"发展计划》首次明确提出"一流三化"的发展目标；2003年《总体发展战略规划》进一步将国际化与现代化、信息化一起作为支撑学校发展的三大发展路径；2004年《国际化办学发展纲要》制定了全方位推进国际化办学的系统方略；"十二五"时期，学校发展定位和目标进一步明确为"国际知名的具有鲜明财经特色的高水平研究型大学"；2015年制定了推进学校培养具有国际视野人才的实施意见；2016年《"十三五"发展规划纲要》提出全面实施"上财国际"战略；2019年学校第八次党代会报告提出，"努力建设鲜明财经特色世界一流大学，为实现中华民族伟大复兴的中国梦作出卓越贡献"，并且在同年制定了推进学校教育对外开放工作的实施意见；2020年发布了《上海财经大学"上财国际2.0"行动计划》。通过教育对外开放支撑中国的世界一流大学和学科建设，在顶层设计过程中都必须加强党对高校的全面领导、加强和改进高校党的建设。

（三）坚持放眼世界，建设具有国际显示度的师资队伍

师资队伍水平是学校教育对外开放水平的重要体现。学校始终坚持扎根中国，放眼世界，以国家教育体制改革试点项目"探索开放环境下高校师资队伍建设模式"为抓手，按照"创新机制、国际竞争、以用为本、高端引领、整体推进"的总体思路，坚持爱才惜才，完善引才、聚才、用才机制，形成以具有国际视野和国际化办学能力的管理层为引领、以"常任轨"教师为重点、以海外特聘教授为支撑的国际化师资队伍，构建了富有上财特色的师资队伍建设模式，汇聚了一批具有国际视野、熟悉国际规则、具有国际学术影响力的优秀青年教师，形成了一支具有国际显示度和竞争力的师资队伍，助力学科国际竞争力不断提升，同时助力学校的国际国内影响力不断提升。

（四）坚持立德树人，培养具有国际竞争力的卓越人才

全面提升人才培养国际化水平，是深化教育教学综合改革、着力提高人才培养质量的内在要求，是适应国家新一轮开放战略、培养具有全球视野和民族精神，富有创造力、决断力和组织力的卓越财经人才的迫切需要。立德树人的成效是检验

学校一切工作的根本标准，也是检验学校教育对外开放工作水平的根本标准。学校一直将人才培养作为教育对外开放的中心工作，一直致力于借助一流学科建设来推动专业改革，借助引进高端海外人才等来带动教学国际化改革，在培养全球视野、具有国际竞争力的财经创新人才方面积极探索，着力培养德智体美劳全面发展的社会主义建设者和接班人，形成具有国际竞争力的人才培养上财方案。

第三节 未来挑战与发展思路

随着高等教育发展进入新时代，学校对外开放工作也面临一系列新挑战。面向未来，学校需要以习近平新时代中国特色社会主义思想为指导，坚持对外开放不动摇，主动加强与世界各国高校的互鉴、互容和互通，坚持稳中求进工作总基调，形成全方位、多层次、宽领域的学校教育对外开放新格局，推动教育对外开放更好服务党和国家外交工作大局，更好服务教育强国建设，更好服务鲜明财经特色世界一流大学建设。

一、未来开放办学的挑战

（一）新形势要求进一步优化顶层设计

随着学校持续不懈地推进开放办学战略，国际交流合作项目建设多头并进，不断取得新的成绩，迈上新的台阶。然而长期以来学校对外开放战略的整体设计以学生学习交流为主，一些师生对学校教育对外开放的意义认识不足，需要系统梳理学校国际交流与合作整体存在的瓶颈问题，如国际交流与合作缺少新亮点与标志性项目，缺少深化和扩大教育对外开放新的有力抓手。在国家整体推进教育对外开放、提升学科内涵发展的大背景下，学校对外开放的顶层设计与整体布局需要作出新设计和相应调整。

（二）国际合作与交流平台急需升级

学校现有的国际合作平台，如"国际化示范学院"、"111基地"、中外合作办学项目等有待进一步加强建设。尽管学校的合作伙伴遍布世界各地，但仍缺少更多关系密切的深度合作伙伴，与一些学校的合作尚停留在交换学生等某个方面，广泛意义的中外人文交流平台尚有待建立。

（三）人才培养的国际化水平与体系尚需完善

培养拔尖创新人才、国际组织人才、来华杰出人才双向留学的相关机制需要完善和提升。迫切需要结合实际,最大化激发本土学生赴国(境)外学习的意愿,多维度完善学生评价体系,加速境内外学生融合培养。全英语课程建设尚不成体系。留学生人才培养质量有待提高;来华留学生两级管理体制机制需要进一步理顺落地。

(四) 与高水平全球化的师资队伍存在差距

学校对外开放过程中的人才工作格局已基本建成,但尚有待提升和完善;各类人才计划如何在发现、遴选、服务、管理等方面加以提升改进有待进一步研究解决;如何引进具有国际影响力的高层次人才成为需要破解的难题,与全球接轨的师资管理和服务能力也有待进一步提升。

(五)科学研究的核心国际影响力需进一步加强

学校教师高水平发文数有待进一步提高,国际学术影响力有待进一步加强。教师在国际组织中任职、在国际期刊担任主编或编委、在国外大学或科研机构担任顾问、咨询专家的人数有待增加,学术话语权有待提升。具有标志性的国际合作平台、项目,以及高显示度的英文期刊、有影响力的国际合作联合实验室等国际科研平台、国际合作科研项目有待进一步培育;具有国际影响力的学术会议和智库品牌有待进一步打造。

(六)组织保障能力需持续提升

对外开放管理体制建设有待加强,资源保障机制有待完善。政治过硬、理想坚定、能力突出、结构合理的开放办学管理队伍有待进一步构建。对外开放管理信息化平台建设有待加强。

二、进一步发展的基本思路

(一)教育对外开放中坚持的基本原则

1. 坚持正确方向

坚持社会主义办学方向,为党育人,为国育才,在管党治党和办学治校各项工作中坚决贯彻党的路线、方针、政策。切实加强党对学校教育对外开放事业的全面领导,更好发挥学校党委"把方向、管大局、做决策、保落实"的重要作用。

2. 坚持以人为本

坚持人才强校战略,以学科带头人队伍建设为引领,加快形成规模、质量、结构相协调的人才体系。以立德树人为根本任务,着力培养具有坚定理想信念、民族精神和全球视野，富有创造力、决断力、组织力及坚韧力的卓越财经人才。

3. 坚持内外统筹

积极开拓国外优质教学资源，系统谋划和整体推进学校对外开放工作，构建覆盖学校、学院、学者、学术、学生的立体式开放办学体系，以开放促改革，以开放促发展。

4. 坚持提质增效

以全球视野推动学校改革，着力破除制约学校事业发展的体制机制障碍，加强评估监测，推动学校对外开放高质量、内涵式、可持续发展。主动对接国际学术评价、评估标准，争做世界高等财经教育的推动者和引领者，持续提升学校国际影响力。

（二）厘清教育对外开放中的基本思路

1. 对接国家战略，深入参与"一带一路"教育领域合作

习近平总书记指出，"一带一路"倡议实施以来，"一带一路"建设参与国弘扬丝绸之路精神，开展智力丝绸之路、健康丝绸之路等建设，在科学、教育、文化、卫生、民间交往等各领域广泛开展合作，为"一带一路"建设夯实民意基础，筑牢社会根基。各类丝绸之路文化年、旅游年、艺术节、影视桥、研讨会、智库对话等人文合作项目百花纷呈，人们往来频繁，在交流中拉近了心与心的距离。随着"一带一路"建设不断深入，带给高等教育的机遇也越来越多。《教育部等八部门关于加快和扩大新时代教育对外开放的意见》提出，打造"一带一路"教育行动升级版，扩大教育国际公共产品供给，深化与重要国际组织合作，推动实施联合国《2030年可持续发展议程》教育目标；建立中国特色国际课程开发推广体系，优化汉语国际传播，支持更多国家开展汉语教学。对此，需要围绕"一带一路"建设的实际需求，在顶层设计、合作联盟建立、合作办学、协同创新、人文交流等方面进行积极探索和实践，为扩大教育对外开放奠定基础。学校发展要坚持教育国际化的办学方略，提升高等教育国际影响力，把着眼世界标准、区域行动作为发展战略，助力我国高等教育实现强国梦。

2. 结合学校实际，深化国际合作内涵

根据全面开放的整体布局，大力推进教育系统全方位开放，形成教育对外开放的整体合力。借助覆盖学校、学院、学者、学术的立体式对外开放办学体系，系统谋划和整体推进学校开放办学工作，制定和建立战略规划的体制机制、协调机制，激发校院两级在开放办学中的能动性，推动学院建立"项目、人才、平台"三位一体的深度合作模式。通过创新合作模式、拓宽合作渠道、加强资源统筹，大力推进全方

位、实质性的国际合作,建立高质量的国际化人才培养体系,提升高层次国际师资延揽能力,打造高水平全球学术合作平台,进一步提升学校的国际影响力和竞争力。

一是稳步推进学科建设与科研合作全球化。持续推进与世界一流学科的实质性合作,采取分层次战略合作策略,针对不同层次高校展开不同内涵的合作。大力培养国别和区域研究人才与国际组织人才,提升我国的全球治理能力。做好国别和区域研究人才与国际组织人才培养的中长期规划,加快建设一批高水平国别与区域研究及国际组织研究基地和人才培养基地,构建跨学科的国别与区域研究人才和国际组织人才的学科专业以及人才培养体系。推进国际科研合作平台建设,培育一批国际联合实验室、研究中心、学科创新引智基地。推进智库国际化建设,定期举办一系列有影响力的国际论坛,构建国际学术交流平台,共同创造优质科研成果,全面提升科研水平。

二是加强师资队伍国际化建设。师资队伍建设是大学的关键,也是大学核心竞争力的体现。加大海内外优质人才的引进力度,加强领军人物的队伍建设,建立健全高层次人才专家库。优化海外师资引进制度和考核机制,切实服务师资队伍建设需求。依托以"国际化示范学院"、高等学校学科创新引智基地("111 基地")等国家级引智项目为基础的引智平台,稳步提升教师国际化水平。

三是推动学生出国出境学习与交流,进一步优化结构调整。继续优化中外合作办学、联合培养、暑期国际课程等优质交流平台的建设,推进全英语课程体系建设,扩大国际组织人才培养规模。在已有的合作基础上,创新学生参与海外学习的模式,提供适合不同交流需求的中、短、长期交流项目,最大化激发本土学生赴国(境)外学习的意愿,多维度完善学生评价体系,加速境内外学生融合培养。

四是持续增强学术国际影响力,提升国际合作交流的层次、频次和水平。开展顶级伙伴行动计划,与更多世界顶级高校建立实质性、紧密型战略合作关系,形成覆盖主要国家和地区的国际合作网络。优化提升中外合作伙伴层次,打造具有社会影响力的中外合作办学品牌。以"国际化示范学院"建设为抓手,建立健全学院国际化评价指标体系和管理模式。深度参与相关大学联盟的运行与建设,尝试建立世界财经大学联盟。

3. 苦练内功,助力国际化校园文化建设

营造国际化校园环境,建设多元文化共存的国际化校园。促进校园文化建设,打造国际化氛围校园。通过举办国际文化节、国际文艺演出等丰富校园生活和文化建设,建立民乐团等文艺团体的定期交流机制。以举办国际赛事为抓手,加强校园国际化基础设施建设。大力改善校园软硬件环境,以满足不同国别、文化的人才工作、学习、生活和交往的需求。

　　提升适应全球化发展的管理与服务水平，加大保障力度，为学校国际化建设保驾护航。建立与学校世界一流大学建设相适应的管理与服务体系，面向全校教职员工有计划、有步骤地开展国际化能力培训。推进学校管理制度、服务系统和学校主页的英语版建设，借鉴国际知名学府的校园建设理念，培养一支政治过硬、能力与学校对外开放事业发展相匹配、格局大以及眼光远的外事工作队伍，落实管理机构、人员编制和经费等保障措施，统筹各类资源，完善投入机制。

第四章
立德树人：大力深化一流人才培养内涵建设

    千秋伟业，人才为先。习近平总书记在同北京师范大学师生代表座谈时指出："当今世界的综合国力竞争，说到底是人才竞争，人才越来越成为推动经济社会发展的战略性资源，教育的基础性、先导性、全局性地位和作用更加突出。"[①]他还强调："'两个一百年'奋斗目标的实现、中华民族伟大复兴中国梦的实现，归根到底靠人才、靠教育。"[②]在新发展格局的背景下，高等教育对外开放人才培养更是具有新的时代使命和任务。教育作为中国特色社会主义事业的重要组成部分，高等教育对外开放是我国教育对外开放的核心组成部分，也是我国改革开放的有机组成部分。对照新时代新形势新要求，高等教育对外开放人才培养为提高我国国际竞争力作贡献，要以更加开放、积极的姿态融入世界高等教育进步潮流，开发各种优质教育资源，汲取国际先进教育理念，吸收人类优秀文明成果，提高教育教学水平和人才培养质量，进一步实现我国高等教育内涵式发展。2020 年 6 月，《教育部等八部门关于加快和扩大新时代教育对外开放的意见》印发，把培养具有全球竞争力的人才摆在重要位置，着力破除体制机制障碍，培养德智体美劳全面发展且具有国际视野的新时代青年。

第一节　国际化人才培养的内在要求

一、高等学校最基本的任务是人才培养

    人才培养是教育的核心使命。习近平总书记指出："古今中外，关于教育和办学，思想流派繁多，理论观点各异，但在教育必须培养社会发展所需要的人这一点

[①]　习近平. 做党和人民满意的好老师——同北京师范大学师生代表座谈时的讲话[N]. 人民日报，2014 - 09 - 10.

[②]　习近平. 做党和人民满意的好老师——同北京师范大学师生代表座谈时的讲话[N]. 人民日报，2014 - 09 - 10.

上是有共识的。"①人才并非单纯的智力超群、知识丰厚,还要具备成熟的心智和坚定的信念。就此而言,教育的本质是通过传授知识、提高品格、启迪智慧,培养促进社会发展的人才,即教育具有促进个体发展和增强社会认同的双重功能。习近平总书记站在人类社会发展的高度,提出"教育决定着人类的今天,也决定着人类的未来"的论断②。

立德树人是高等学校立身之本。习近平总书记指出:"大学是立德树人、培养人才的地方,是青年人学习知识、增长才干、放飞梦想的地方。"③高等教育培养高素质、高层次人才,其优化社会人才结构、促进文化发展进步的社会功能更加突出,因而高等教育必须坚持正确的政治方向。习近平总书记给中国石油大学(北京)克拉玛依校区毕业生回信,寄语广大高校毕业生"把个人的理想追求融入党和国家事业之中,为党、为祖国、为人民多作贡献"④。在新时代,高校人才培养的主基调就是,扎根中国大地办大学,为人民服务,为中国共产党治国理政服务,为巩固和发展中国特色社会主义制度服务,为改革开放和社会主义现代化建设服务。

二、国际化人才培养是国家建设和经济社会发展的需要

1898 年 7 月 3 日京师大学堂创办,标志着中国近代国立高等教育的开端。其办学方针遵循"中学为体,西学为用"原则培养人才,目的是"乃欲培植非常之才,以备他日特达之用"。可以说,我国高等教育之肇始,就以服务国家、民族发展之需要,对外开放培养人才。新中国成立之初,百业待兴。高等教育对外开放适应社会主义建设之亟须,重点吸引在外留学生回国工作。有统计数据显示,截至 1950 年 12 月,我国在欧洲与北美国家的留学生有 5 096 人。从新中国成立至 1957 年初,国家先后吸收安排 2 500 名以上留学生回国工作。而鉴于当时的国际形势,高等教育全面学习苏联高等教育管理体系和制度,引进苏联专家、教材等教育资源,并向苏联大规模派遣留学生;与东欧人民民主国家以及亚非民族独立国家开展留学教育,尤其是来华留学教育。⑤ 党的十一届三中全会召开前夕,时任中共中央副主席的邓小平同志在 1978 年 3 月 18 日全国科学技术大会开幕式上指出:"任何一个民族、一个国家,都需要学习别的民族、别的国家的长处,学习人家的先进科学技

① 习近平.习近平在北京大学师生座谈会上的讲话[N].人民日报,2018-05-03.
② 清华大学苏世民学者项目启动仪式在京举行[N].人民日报,2013-04-22.
③ 习近平.习近平在北京大学师生座谈会上的讲话[N].人民日报,2018-05-03.
④ 习近平.习近平回信寄语广大高校毕业生把个人的理想追求融入党和国家事业之中 为党为祖国为人民多作贡献[N].人民日报,2020-07-09.
⑤ 张继桥,刘宝存.新中国成立七十年来高等教育对外开放政策的历史演进与基本经验[J].高等教育研究,2019(8).

术。"①1978 年 6 月 23 日,邓小平在听取教育部关于清华大学工作汇报时,作出扩大派遣留学生的重要指示。他指出:"我赞成留学生的数量增大,主要搞自然科学""要成千成万地派,不是只派十个八个""要千方百计加快步伐,路子要越走越宽。"②这一指示着眼于党和国家工作的大局,着眼于民族的现实需要和长远发展,开启了新时期高等教育对外开放人才培养的新篇章,更重要的是,由此吹响了对外开放的先声号角。

三、国际化人才培养是世界百年未有之大变局下实现民族复兴的必然要求

伴随着近代中国从站起来、富起来到强起来的伟大征程,新时代高校人才培养需要以更开放、积极的姿态融入世界高等教育进步潮流,汇聚世界智慧、服务国家战略、传承民族精神、贡献人类文明。当今世界各国共同组成人类命运共同体,各国人民休戚与共、命运相连。扩大和加快高等教育对外开放,提高人才培养质量,是高等教育历史使命使然。习近平总书记强调:"战胜人类发展面临的各种挑战,需要各国人民同舟共济、携手努力。教育应该顺此大势,通过更加密切的互动交流,促进对人类各种知识和文化的认知,对各民族现实奋斗和未来愿景的体认,以促进各国学生增进相互了解、树立世界眼光、激发创新灵感,确立为人类和平与发展贡献智慧和力量的远大志向。"③ 2016 年,中共中央办公厅、国务院办公厅印发《关于做好新时期教育对外开放工作的若干意见》,其中指出,高等教育加快和扩大对外开放应聚焦在人才培养上,"加快培养拔尖创新人才、非通用语种人才、国际组织人才、国别和区域研究人才、来华杰出人才五类人才"④。教育部原部长陈宝生同志在 2019 年全国教育工作会议上的讲话中指出,"新时代的教育对外开放,是全面、全方位的,是宽领域、大力度的",对接国家科技创新亟须,鼓励留学生学有所成、报效祖国;对接"双一流"建设,支持国内高校紧跟世界科技前沿,把质量高、符合需要的资源"引进来"⑤。教育部部长怀进鹏在高水平教育对外交流合作座谈会上表示,坚持高水平教育对外合作交流,是中国教育坚定不移的方针,也是实现教育强国必须坚持并不断开拓的重要方向⑥。可以说,新时代高等教育对外开放人

① 邓小平文选:第 2 卷[M].北京:人民出版社,1994:91.
② 李滔.中华留学教育史录(1949 年以后)[M].北京:高等教育出版社,2000:365.
③ 清华大学苏世民学者项目启动仪式在京举行[N].人民日报,2013-04-22.
④ 开创更有质量更高水平的教育对外开放新局面[N].人民日报,2016-04-30.
⑤ 陈宝生.落实 落实 再落实——在 2019 年全国教育工作会议上的讲话[N].中国教育报,2019-01-31.
⑥ 高水平教育对外交流合作座谈会举行,教育部部长怀进鹏考察港中大(深圳)肯定十年办学成果[N].澎湃,2024-03-19.

才培养是适应全球化发展要求的必然趋势，是实现教育强国战略目标的关键举措，是增强研究型大学国际竞争力的必然选择，更是提升高层次人才国际竞争力的有效途径。

四、加快培养国际化人才是新时代使命之使然

高等教育承担着培养高级专门人才、发展科学技术文化、促进社会主义现代化建设的重大任务。当今世界正经历百年未有之大变局，当今中国正处于实现"两个一百年"奋斗目标的关键期。不拒细流，方为江海。面对错综复杂的国际形势，实现中华民族伟大复兴，必然要求扩大教育对外开放，加强同世界各国的互容、互鉴、互通，提升我国教育的世界影响力。高等教育要以更高远的历史站位、更宽广的国际视野、更深邃的战略眼光，加快和扩大对外开放，不断使教育教学水平、人才培养质量同党和国家事业发展要求相适应、同人民群众期待相契合、同我国综合国力和国际地位相匹配。这是新时代高等教育肩负的历史使命。

习近平总书记在 2018 年全国教育大会上明确指出："要大力培养掌握党和国家方针政策、具有全球视野、通晓国际规则、熟练运用外语、精通中外谈判和沟通的国际化人才，有针对性地培养'一带一路'等对外急需的懂外语的各类专业技术和管理人才，有计划地培养选拔优秀人才到国际组织任职。"①这是新时代高等学校尤其"双一流"建设高校义不容辞的责任担当，也是加快和扩大高等教育对外开放的必然要求。2020 年 6 月印发的《教育部等八部门关于加快和扩大新时代教育对外开放的意见》，对新时代教育对外开放进行了重点部署，明确提出把培养具有全球竞争力的人才摆在重要位置，培养德智体美劳全面发展且具有国际视野的新时代青少年。

五、党的领导与人才培养深度融合是高等教育对外开放的必然要求

经过改革开放四十多年来的发展积累，高校国际化人才培养由量的扩张转向质的飞跃。习近平总书记在全国教育大会上强调："要聚焦世界科技前沿和国内薄弱、空白、紧缺学科专业，同世界一流资源开展高水平合作办学，把质量高、符合需要的引进来。要打造更具国际竞争力的留学教育，将我国建设成全球主要留学中心和世界杰出青年向往的留学目的地，吸引海外顶尖人才来华留学，培养未来全球精英。"②为此，需要着力破除制约高等教育对外开放人才培养的体制机制障碍。2017 年 5 月中共中央办公厅、国务院办公厅印发的《关于深化教育体制机制改革

---

① 习近平. 习近平谈治国理政：第 3 卷[M]. 北京：外文出版社，2020：351.
② 习近平. 习近平谈治国理政：第 3 卷[M]. 北京：外文出版社，2020：351.

的意见》提出,健全促进高等教育内涵发展的体制机制,创新人才培养机制,"继承我国优秀教育传统,立足我国国情,遵循教育规律,吸收世界先进办学治学经验,坚定不移走中国特色社会主义教育发展道路"。

走中国特色社会主义教育发展道路离不开党的坚强领导。中国共产党领导是中国特色社会主义最本质的特征,是中国特色社会主义制度的最大优势。统筹国内国际两个大局,新时代高等教育对外开放人才培养提质增效,要坚持党管办学方向、党管改革,充分发挥党委总揽全局、协调各方的领导核心作用,健全党委统一领导、党政齐抓共管、部门各负其责的体制机制。《教育部等八部门关于加快和扩大新时代教育对外开放的意见》强调在党委统一领导下,坚持稳中求进工作总基调,切实维护国家安全和教育主权,依法依规做好教育涉外活动监管,有效防范化解风险,打造教育对外开放新高地,为全球教育治理贡献中国方案。

党的十九大报告指出:"建设教育强国是中华民族伟大复兴的基础工程,必须把教育事业放在优先位置,深化教育改革,加快教育现代化,办好人民满意的教育。"[1]党的二十大报告指出:"加快建设世界重要人才中心和创新高地,着力形成人才国际竞争的比较优势,把各方面优秀人才集聚到党和人民事业中来"。[2]中华民族伟大复兴的历史进程在百年未有之大变局的全球背景下进行,加快和扩大新时代高等教育对外开放人才既迫在眉睫,又恰逢其时。教育是培养人的活动,培养什么人,是教育的首要问题。习近平总书记在全国教育大会上强调指出:"我国是中国共产党领导的社会主义国家,这就决定了我们的教育必须把培养社会主义建设者和接班人作为根本任务,培养一代又一代拥护中国共产党领导和我国社会主义制度、立志为中国特色社会主义事业奋斗终身的有用人才。"[3]这是教育工作的根本任务、教育现代化的方向目标,也是高等教育对外开放人才培养的本质规定和内在要求。

第二节　国际化人才培养的实践

艰难困苦,玉汝于成。上海财经大学的发展史是一部百折不挠、波澜壮阔的奋

---

① 习近平.决胜全面建成小康社会夺取新时代中国特色社会主义伟大胜利——在中国共产党第十九次全国代表大会上的报告[R].求是,2017(21).
② 习近平.高举中国特色社会主义伟大旗帜 为全面建设社会主义现代化国家而团结奋斗——在中国共产党第二十次全国代表大会上的报告[R].北京:人民出版社,2022.
③ 习近平.坚持中国特色社会主义教育发展道路 培养德智体美劳全面发展的社会主义建设者和接班人[N].人民日报,2018-09-11.

斗史。学校渊源于 1917 年南京高等师范学校创办的商科,1921 年商科扩充改组并迁址上海,成立上海商科大学。"国内有商科大学,自本校始。"①1932 年,学校定名国立上海商学院,开启独立办学之路,时为国内唯一的国立商科类本科高校。作为中国近代高等财经教育的拓荒者,学校应"振兴民族商业、培养商业人才"的时代需求而生,其后屡仆屡起,九易其名、十易其址,却依然弦歌不辍、矢志不渝,始终与国家、民族的发展风雨同舟、荣辱与共。抗战期间,校舍曾两度被毁。新中国成立后,学校改名为上海财政经济学院。历经合并、复建、停办等曲折,学校于 1978 年复建,1985 年升格为大学,更名为上海财经大学。1996 年学校进入"211 工程"建设行列,2007 年跻身国家建设高水平大学项目行列。2017 年建校百年之际,学校入选国家"双一流"建设高校。2019 年,学校召开第八次党代会,全面开启鲜明财经特色世界一流大学建设新征程。在传承百年的历程中,上海财经大学一直走在高校国际化人才培养的前列。

一、上海财经大学国际化人才培养的探索历程

(一) 秉承开放理念,开启国际化人才培养的探索

建校早期,时任校长郭秉文在《中国的商业教育》(Commercial Education of China)一文中告诉人们:"上海商科大学必将为国家繁荣和国际合作做出自己应有的贡献!"②学校之创办,为早期艰难起步的民族工商业培养了一批商学人才和专业精英。1932 年,国立上海商学院首任院长徐佩锟指出:"就毕业生之成绩言,已获美满之效果,其服务之精神,与夫学识才力,各界早就定评,颇堪欣慰。"③早期毕业生许本怡、褚葆一等,先后走出国门继续求学,并学成归来,报效祖国。褚葆一被誉为中国世界经济学研究领域的泰斗级人物。新中国成立后的上海财经学院,人才培养服务国家建设所亟须。1953—1955 年,相当一部分学生提前 1 年毕业,走上国家建设岗位。1954 年暑期毕业生服从统一分配的有 918 人,有 95% 是因国家需要而离开上海,财会系会计专业、财经系、贸易系、工管系工管科等毕业生全部外调。开放办学并非仅局限于海外。20 世纪 50 年代初全国高校院系调整,二十余所高校的商学院或财经系科相继并入当时的上海财政经济学院。不同学缘背景、各有学派专长的专家学者汇聚一处,时为华东地区唯一的综合性的财经类高等学校。

---

① 上海财经大学校志编审委员会. 上海财经大学 90 年(1917—2007)[M]. 上海:上海财经大学出版社,2007:49.

② 郭秉文. 中国的商业教育,上海财经大学校志编审委员会. 上海财经大学 90 年(1917—2007). 上海:上海财经大学出版社,2007:50.

③ 上海财经大学校志编审委员会. 上海财经大学 90 年(1917—2007)[M]. 上海:上海财经大学出版社,2007:9.

（二）顺应时代潮流,创新国际化人才培养的举措

1978 年复校后,上海财经大学得改革开放风气之先,深入探寻高水平、有特色的对外开放办学之路。为逐步缩小与世界一流经济学和商学学科的差距,学校对标北美高校排名前列的经济学和商学,借鉴和引入其师资管理机制、学术评价标准、人才培养模式、办学规范和管理办法等。1985 年 10 月,学校与明尼苏达管理学院签订第一份合作交流协议。1992 年,开始与英国特许公认会计师公会(The Association of Chartered Certified Accountants,ACCA)开展合作,设立 ACCA 社会班培训中心,改革本科专业核心课程体系(由 5 门扩充为 8 门)。自 1993 年以来,学校相继与日本长崎大学、美国密歇根州立大学、美国福特汉姆大学、澳大利亚国立大学、澳大利亚麦考瑞大学、新加坡管理大学、中国香港中文大学等国际知名大学建立合作关系,并与 ACCA、英国皇家特许管理会计师公会(CIMA)、澳大利亚会计师公会(CPA Australia)、中国香港会计师公会(HKICPA)、美国管理会计师协会(IMA)、澳大利亚国家会计师协会(NIA)长期保持合作关系。其中,ACCA 的 12 门培训课程被纳入本科教学,且开创性地将国际职业资格与学历教育相结合,树立起会计学本科教育国际化的标杆。2000 年 11 月,经教育部批准,学校成为在香港举办研究生教育的第一家内地高校;翌年 10 月,学校与香港金融管理学院合作在港开设的培养金融学博士、会计学硕士和工商管理硕士(MBA)的研究生教学点正式开学。2007 年 1 月,学校正式启动 2007 年"国家建设高水平大学公派研究生出国留学项目"。同年 9 月,学校被教育部、财政部批准列入"优势学科创新平台"项目,跻身国家建设高水平大学项目行列。

（三）服务国家战略,提升国际化人才培养的质量

进入新时代,上海财经大学全面构建对外开放人才培养体系,以参与国际认证为契机,以国际评估促进人才培养体系建设,打造优质交流平台,持续提高创新型具有国际视野人才的培养质量。2012 年 11 月,学校商学院获得英国工商管理硕士协会(AMBA)5 年期 AMBNA 国际认证;2015 年 6 月,学校被列入教育部、国家外国专家局第二批"高校国际化示范学院推进计划"试点院校;2016 年 5 月,学校国际会计(ACCA)参与上海市教委组织的评估,被确定为"中外合作办学示范性项目";同年 11 月,学校经济学院"经济学前沿理论与方法学科创新引智基地"入选教育部、国家外国专家局"高等学校学科创新引智平台('111'计划)"。"国际化示范学院"和"111 计划"的获批标志着学校开放办学工作迈向了一个新台阶。[①] 截至

---

① 《上海财经大学志》编纂委员会.上海财经大学志(1917—2017)[M].上海：上海财经大学出版社,2017:17.

2023年3月31日,学校已与265所大学或机构签订合作协议。合作项目涉及多个领域,通过多种渠道、多种形式与合作伙伴开展合作。学校与世界银行、亚洲开发银行和新开发银行等国际组织建立了良好的合作关系。在国内学校与政府、企业、其他高校的交流合作也同步展开,先后与上海外国语大学、复旦大学、新疆财经大学等多所高校合作开展人才培养,与上海市有关区政府、浙江省金华市、山东省青岛市等开展合作办学,与上海市财政系统、税务系统等多家单位建立合作关系。

创校时的国际视野,新中国成立后的使命担当,新时代的锐意进取,使上海财经大学一直走在高等教育对外开放人才培养的前列,为党和国家培养了一批又一批的高层次优秀人才。1996年,时任上海市委副书记陈至立同志强调:"财大对上海三个中心建设,立下了不可磨灭的功勋。上海缺不了财大!"①1997年5月1日,时任中共中央政治局委员、国务院总理李鹏题词:"面向二十一世纪培养优秀财经人才。"同年7月18日,时任中共中央总书记、国家主席江泽民同志为学校题词:"面向新世纪把上海财经大学建设成为具有一流水平的社会主义大学。"可以说,上海财经大学国际化人才培养的历程不仅是近代以来高等教育对外开放人才培养历史进程中的一个缩影,而且是我国商科教育和人才培养对外开放的一个经典案例。

二、在国际化人才培养中坚定正确的政治方向

致天下之治者在人才,成天下之才者在教化。上海财经大学始终秉承"厚德博学、经济匡时"的校训,主动面向国家需求主战场,对接教育对外开放、"一带一路"建设等国家重大发展战略,开设国际组织人才培养基地班(金融学、国际商务、法学硕士),开设国际暑期学校,落实海外实习基地,提高学生海外学习实习比例,持续扩大和加快对外开放人才培养,不断提高人才培养的国际竞争力。而在一系列的人才培养举措中,学校将党的领导贯彻始终,经过多年的实践探索,形成了独具特色的国际化人才培养体系。

(一)坚持以"四个服务"来确定对外开放人才培养目标和方向

"财经要发展,人才是关键。"②学校国际化人才培养始终围绕坚持为人民服务、为中国共产党治国理政服务、为巩固和发展中国特色社会主义制度服务、为改革开放和社会主义现代化建设服务(简称"四个服务")。

创校初期,学校倡导"以诚为训、以德为高、三育并举"。上海商科大学首任校

① 上海财经大学校志编审委员会.上海财经大学90年(1917—2007)[M].上海:上海财经大学出版社,2007:30.
② 著名社会学家、人类学家,费孝通先生"贺上海财经大学七十五年校庆"题词,1992年11月。

长郭秉文、首任教务长马寅初致力于推广包括哥伦比亚大学在内的美国现代大学商学教育,探索将现代西方商学教育与中国国情相结合,培养本土化新型商学人才。1921 年迁址上海的上海商科大学,全球延揽贤才共襄盛举。这本身就是对开放的追求与诠释,是对高等财经教育对外开放人才培养的初步尝试。其成果是显著的。如 1933 年毕业于国立上海商学院会计学的许立怡,先后前往美国、英国继续求学,并于 1937 年回国任教,1946 年回母校任教。新中国成立后的上海财政经济学院,更是直接立足于一切为着建设祖国,"培养为国家社会主义建设服务的体格健全、热爱祖国、具有一定马克思列宁主义水平和具有一定经济理论与专业知识的高级经济理论人才及企业管理人才"[1]。"文化大革命前的 17 年,为经济战线的各个部门、高等学校和经济研究单位培养、输送了上万名干部,这些同志遍布祖国各地,担负着经济建设的重任。"[2]

1979 年 1 月,时任院长姚耐在学校复校后首届开学典礼上强调:重建后的财经学院"必须在培养目标、专业设置、课程内容等方面,都要从'四个现代化'出发来进行规划和安排"[3]。学校把人才培养作为出发点和归宿,顺应改革开放的潮流,在全国财经院校中最早建立起比较完整的从学士到博士的人才培养体系;服务社会主义现代化建设之需要,培养企业家型人才和应用型、复合型、外向型之人才。

1985 年 5 月,中共中央颁布的《加快教育体制改革的决定》提出:"加快财经、政法、管理等类薄弱系科和专业的发展。"同年 9 月,财政部批复同意上海财经学院更名为上海财经大学。学校顺应社会需要,以"经济学基础人才和企业家的摇篮"为人才培养目标,坚持理论联系实际,培养学生的求真务实精神;密切与社会联系,努力为国家经济建设服务。截至 2000 年 5 月,"复校以来,已为国家培养和输送了各类专门人才 3 万余名,其中本科生 1.2 万余人,硕士 1580 人,博士 109 人"[4]。

21 世纪以来,学校借鉴全球高等教育先进理念和办学经验,引导鼓励"中国问题、国际范式"的原创性高质量科学研究,积极引进海外优质教育资源,搭建双向交流平台,构建多层次、多类型的对外开放人才培养体系。2002 年 7 月,亚太国际商业教育与研究协会(亚太地区商学院联合会)经过投票表决同意上海财经大学加入该组织的申请,上海财经大学为该组织来自中国内地的第一所高校。"十二五"时

① 上海财经大学校志编审委员会. 上海财经大学 90 年(1917—2007)[M]. 上海:上海财经大学出版社,2007:78(上海财政经济学院概况及系科专业设置简况表).
② 上海财经大学校志编审委员会. 上海财经大学 90 年(1917—2007)[M]. 上海:上海财经大学出版社,2007:87(姚耐在上海财经学院复校后首届开学典礼上的讲话).
③ 上海财经大学校志编审委员会. 上海财经大学 90 年(1917—2007)[M]. 上海:上海财经大学出版社,2007:87(姚耐在上海财经学院复校后首届开学典礼上的讲话).
④ 上海财经大学校志编审委员会. 上海财经大学 90 年(1917—2007)[M]. 上海:上海财经大学出版社,2007:121(上海财经大学本科教学工作优秀评价汇报).

期(2010—2015年)，学校发展定位和目标进一步明确为"国际知名的具有鲜明财经特色的高水平研究型大学"，将坚持对外开放战略作为创造学校品牌、提升学校国际竞争力的重要路径。2011年，学校入选中央"海外高层次人才创新创业基地"。学校于2012年开始实施"服务国家财税事业"和"服务上海发展"两个行动计划，分别对接国家和上海市改革发展需要，围绕财税改革、产业结构调整、自贸试验区建设、上海国际金融中心建设、上海未来30年发展战略等一系列重大问题开展研究。2013—2014年，先后有3个智库入选上海高校智库：公共政策与治理研究院(2013年)、中国产业发展研究院(2013年)、上海国际金融中心研究院(2014年)。[①] 2014年5月，经教育部核准正式发布的《上海财经大学章程》将"立德树人，培养具有全球视野和民族精神，富有创造力、决断力及组织力的卓越财经人才"作为学校的使命。至2017年建校百年之际，学校已与全球40个以上的国家和地区的逾200所高校和国际机构建立合作关系，内容涉及框架合作、学术交流、合作科研、联合教学、学生交换、海外实习、暑期项目等诸多方面。

2019年5月，学校召开第八次党代会，提出努力建设鲜明财经特色世界一流大学。同年12月，召开教育对外开放大会，制定推进教育对外开放工作的实施意见。2020年7月，发布《"上财国际2.0"行动计划》，实施以构建立体式开放办学体系为目标的"上财国际2.0"战略，大力构建对外开放人才培养新格局，构筑一流人才高地、打造"留学上财"品牌，提升科学研究与社会服务的国际影响力，培养具有全球胜任力的卓越财经人才。

学校国际化人才培养的"四个服务"目标定位，具体落实在人才培养理念之中。例如，经济类专业秉承"国际化与本土化相融合的高层次创新人才"的培养理念，会计类专业秉承"国际化、本土化、专业化"的人才培养理念，公共经济与管理学院秉承"复合型、应用型、外向型和创新型"的人才培养理念，金融学院秉承"具有国际视野的开放性金融人才"的培养理念，商学院秉承"通晓国际经贸规则的复合型、外向型、创新型人才"的培养理念，信息管理与工程学院秉承"具有国际化视野的计算机＋财经复合型人才"的培养理念，统计学院秉承"统计素养、国际视野、人文精神、创新精神"的人才培养理念，法学院秉承"中国立场、国际视野、法经融合"的人才培养理念，人文学院秉承"适应国家发展战略需要和全球化竞争的卓越新闻、社会学人才"的培养理念，外语学院秉承"具有跨文化沟通能力、协作创新能力，通晓财经知识"的人才培养理念等。

围绕"四个服务"的目标定位，学校对外开放，为党和国家培养了一批又一批的

---

① 《上海财经大学志》编纂委员会.上海财经大学志(1917—2017)[M].上海：上海财经大学出版社,2017：17.

高层次优秀人才。毕业生国(境)外升学比例持续提升,每年选择国(境)外升学、外资企业就业的毕业生占当届学生总数的五成以上。以统计与管理学院为例,该院2021届本科毕业生中就有30人出国深造,海外录取的院校包括哥伦比亚大学、耶鲁大学、纽约大学、圣路易斯华盛顿大学、杜克大学、香港大学、新加坡国立大学等国际知名高校。2013—2019年,共计培养"一带一路"沿线71个国家的3 313名留学生,占当期长期生培养人数的55.07%;主动承接中外人文交流机制项目,累计培养中外人文交流机制项目来华留学生70人;相继与爱沙尼亚塔林大学、英国伦敦玛丽女王大学合作承办孔子学院。

综上所述,上海财经大学对外开放人才培养,目标定位于党和国家发展需要,与中华民族独立、社会主义建设、改革开放相伴相随;措施落实在教育教学的过程之中,为民族复兴和人民幸福作出了卓越的贡献。《上海财经大学2023年度就业质量报告》显示,上海财经大学毕业生就业以金融行业为首选,其次为教育科研机构和政府事业机关,分布于31个行业;对校友职业发展状况调查的结果显示,毕业20年及以上的学生,超过50%担任高层或拥有高级职称。这不仅是其人才培养质量的体现,更是其围绕服务国家和人民培养人才的成果显现。

(二)建设兼具家国情怀、使命担当和国际视野的师资队伍

有了目标,就要有人来实现目标。学校国际化人才培养秉持国际视野和中国情怀,推进师资队伍、科学研究、管理服务全方位对外开放改革。早在1923—1924学年,为适应商学人才培养的需要,上海商科大学16名中国教员中,就有11人毕业于哈佛大学、哥伦比亚大学、宾夕法尼亚大学等国际知名高校。AACSB在其《管理教育全球化报告》(2011年)中指出:"有证据表明,在中国第一所按照西方现代商学院建立起来的大学就是1921年成立的上海商科大学。"

用世界眼光办教育,代代传承,塑造了学校国际化人才培养的历史基因。1956—1966年,先后有12个外国代表团到校访问。2004年,学校启动以队伍国际化联动学科科研国际化的系列海外招聘进程,先后引进10名海外知名学者担任部分学院的院长,引进200位以上的海归教师。为此,学校按照国际通行学术评价规则,推行"常任轨"教师聘用模式及相关配套制度改革。同时,建立"国内轨"和"常任轨"互通机制,促进海内外优秀人才融合发展。本着"不求所有,但求所用"的原则,建立开放式灵活柔性的人才引进体制,聘请八十余位国际知名的专家学者担任学校特聘教授。

一流水准的师资队伍建设,在科学研究领域营造了高等教育对外开放人才培养的整体学术氛围。为了给引进的海外人才创造良好学术环境和条件,学校对既

有诸多制度做了适应性改造和创新。比如,规定引进的海外青年教师可以担任博士生导师或参与指导博士生;定期或不定期出国出境进行国际学术交流与合作;促进海归院长、特聘教授与校内教师的交流,紧跟学科研究发展前沿开展教育教学和科学研究;选派教师赴国外知名高校进行国际学术合作及校际交流,以国际交流促人才培养,以优秀人才铸科研成果。芝加哥大学克里斯托弗·莱恩(Christopher Ryan)博士曾五次造访信息管理与工程学院,并感慨道:"我觉得这里就像一个世界课堂,能够吸引来自世界各地的优秀学者,并且能够吸引许多才华横溢的学生。"

在大力引进海内外高端人才,积极营造包容开放的学术氛围的同时,学校注重党的领导与师资队伍建设相融合。2018 年,校党委精心打造党建品牌,推出"书记下午茶"系列活动——邀请海归教师与校领导喝茶谈心,同饮下午茶、畅聊身边事、说说心里话,近距离聆听心声,面对面商讨学校改革发展大计。在轻松漫谈中,校领导与一线教师深入交流党的建设、教师发展、人才培养、课程思政和教学保障等内容,激发了海归教师干事创业、作为担当的热情,提高了海归教师的凝聚力和向心力。时任教育部部长陈宝生同志表示,"下午茶"虽然喝的是茶,但碰撞出来的是思想的火花,学科交叉就是在喝下午茶的时候实现的,"下午茶"喝起来、谈起来、交流起来,是很好的做法。

"三寸粉笔,三尺讲台系国运;一颗丹心,一生秉烛铸民魂。"这是习近平总书记 2014 年 9 月 9 日与北京师范大学师生共度第三十个教师节讲话时引用的一段话,体现了总书记对教师的高度评价。在党的集中统一领导下,学校在国际化人才培养中建立起一支言传身教、行为世范的优秀教师队伍。例如,公管学院黄天华教授安于清贫 30 年,撰写巨著《中国税收制度史》《中国财政制度史》,填补了国内该领域的空白。他用"一个人、一辈子、一部书",深刻诠释了习近平总书记提出的"板凳要坐十年冷,文章不写一句空"的坚守执着,实现了"中国的财政史一定要由中国人来写"的学术报国梦。又如,陆品燕教授舍弃微软亚洲研究院主管研究员的高薪岗位,于 2015 年 12 月全职加盟学校,领衔组建理论计算机科学研究中心,2019 年获颁第八届世界华人数学家大会 ICCM 数学银奖、入选"2019 年度 ACM 杰出科学家"。陆品燕说:"作为一所以财经、金融为特色的学校,财大给我的第一印象就是非常务实,……但随着接触,越来越感受强烈的是财大又有一种强烈的对理想主义的向往,是一种低调但有韧性的理想主义。"

（三）设计扎根中国大地且对标国际一流学科前沿的人才培养方案

有"四个服务"的目标定位和高素质师资队伍,还要有着眼于扎根中国大地又对标国际一流学科前沿的切实可行的人才培养方案。1978 年,复校初期的学校与世界银行等国际机构建立合作关系。1992 年，会计学科编撰了与国际接轨的第三套会计教材系列丛书，引领和带动了校内其他专业以及全国财经院校会计学专业的课程体系改革。财政学科、应用统计学科和营销学科等，也较早引入了国际范式和教材体系，走出了一条引领国际化人才培养的创新发展之路。

为持续扩大国际化人才培养，学校比照世界一流大学培养方案，革新课程设置，对接国际先进课程体系，加强双语课程建设。自 2012 年以来立项建设 61 门本科生全英语课程，23 门本科课程通过"上海高校示范性全英语教学课程建设"项目验收；留学预科根据苏格兰学历管理委员会（SQA）对 HND 项目专业课的教改要求，调整教材、教辅、教学内容，项目质量获得评审专家的高度肯定与好评。学院各显神通：经济学院"硕博连读"方案实施"专、精、尖"课程改革，用 10 门基础课程训练学生扎实的经济理论基础；金融学院的"金融实验班"采用国际通行的金融学专业课程设置方式，统一 6 门核心课，打通专业选修课；统计与管理学院的本、硕、博培养计划和教学大纲，完全接轨北美一流统计学科的人才培养方案和教学大纲；会计学院以沃顿商学院会计专业的本科课程为参照系，全面改革本科生培养方案；等等。

与此同时，学校将国际交流与合作作为国际化人才培养的实现途径。1996 年经教育部批准，商学院开办"上海财大-美国 Webster 大学 MBA 合作办学"项目，为国内最早开办的中外合作学位教育项目之一，也是至今唯一获得过国家级教学成果奖的中外合作教育项目。2016 年，该项目获得第二届"上海市示范性中外合作办学机构（项目）"提名表扬，是此次评估中唯一进入榜单的国际 MBA 项目。该项目开展至今已培养超过 2 000 名优秀毕业生，为国家经济发展作出了重大贡献。法学院先后与多所海外高校和法学院建立联系，其中包含法学专业但不限于法学专业的合作院校 40 所，专门针对法学专业的合作院校 15 所；与香港城市大学、德国法兰克福歌德大学、美国缅因大学、美国蒙大拿大学等法学院签订学生交换协议，逐步形成以比较法教育为核心，英美法证书班、双博士和双硕士、博士生与硕士留学生、暑期班等形式的较为全面的对外开放人才培养体系。统计与管理学院与世界经济学排名前十的名校——法国图卢斯经济学院达成互相交流培养统计学人才的合作协议，自 2015 年起互派本科生学习专业课程。

"纸上得来终觉浅，绝知此事要躬行。"（宋·陆游《冬夜读书示子聿》）马寅初于1934 年为上海商学院毕业生纪念刊题词"经济匡时"，孙冶方为上海财政经济学院1950 级毕业生题词"跑出学校门，到实际工作中再去学习"。面向社会、求真务实的办学理念是学校人才培养的传统和特色。2008 年学校实施"千村调查"项目，以"三农"问题为研究对象，师生们走千村、访万户、读中国，用脚步丈量祖国大地，把调研报告写在祖国大地上。该项目连续开展 17 年，已成为全国"高校思政工作精品项目"。2008—2024 年,27 218 名上财学子走访全国 31 个省市 13 635 个村庄和 189 175 家农户,完成调查问卷 27 万份。

"千村调查"17 载薪火相传,用青春诠释初心使命,实现了高等教育人才培养对标国际一流而又扎根中国大地的完美衔接。学校数以千万计的中外学子,践行"厚德博学,经济匡时"的校训精神,在社会实践、调查研究中受教育、长知识、增才干,学以致用,奉献社会。2008 年首期"千村调查"优秀调研报告一等奖获得者、厦门大学嘉庚学院黄冠教授回忆参与"千村调查"的经历时表示,"千村调查"足迹遍布大江南北,经世济国情怀纵横祖国大地。2019 年 12 月,时任教育部部长陈宝生同志莅临学校参观"千村调查"展示馆,充分肯定"千村调查"取得的成果,认为项目特色鲜明,积极发挥了育人实效。2024 年学校印发"千村调查 3.0 方案",传承"走千村、访万户、读中国"的核心理念,创新调查方式方法,扎实推进国情教育、科研育人、劳动教育、社会实践、文化涵育"五位一体"人才培养新模式建设,切实提升"千村调查"在增强学生的家国情怀、社会责任感、科学精神、实践能力、劳动意识和创新思维方面的作用,为乡村振兴作出上财人的新贡献。2024 年 10 月,教育部部长怀进鹏同志莅临学校参观"千村调查"展示馆,再次对上海财经大学持续 17 年开展"千村调查"社会实践给予充分肯定。

(四) 彰显中华优秀传统文化与多元文化融合的文化体验

知识的学习同时是文化的传承,国际化人才培养既是弘扬中华优秀传统文化的举措,又是中外优秀文明成果的交融汇聚的过程。而这种多元文化体验实践体现在中外合作人才培养、交流交换学习、重要国际组织实习任职等高等教育对外开放办学的学习实践的诸多方面。跨国联合培养是高等教育对外开放人才培养的必然趋势,也是世界一流大学人才培养通用的方式。

学校共有 3 个学院设立中外合作本科专业,每年招生 200 人左右。其人才培养采用国外高校相关的原版教材、选派优秀教师授课,以保证课程教学的国际水准。而在研究生培养方面,从 20 世纪 90 年代中期至今,学校多个学院先后与国(境)外高校建立联合培养博士生的长期合作关系,在教育教学、学术研究、论文指导等环节合作培养优秀人才;与英国伦敦玛丽女王大学、美国乔治华盛顿大学、福特汉姆大学、新加坡管理大学等高校建立硕士 1+1+1 学位合作项目。在加大中外联合培养优秀人才的同时,学校大力拓展海外资源,通过"暑期国际课程""海外名校交换生项目""海外名校寒暑假短期研修项目"等高质量项目活动,提升学生国际学习体验,拓宽学生视野。

国际化人才培养是为更好对接国家战略。学校人才培养注重发挥鲜明财经特色,搭建国际化人才培养实践平台,服务国家和地方经济社会发展。"上海之所以会被选中作为这所学校的最佳所在地,正因为它将能够为之提供有关实际训练和与现实工商业进行接触的机会。"①1981 年初,经时任上海市市长汪道涵同志推荐,世界银行经济发展学院(EDI)甄选上海财经学院为世界银行在华投资项目培训合作主要伙伴。1981 年,学校开始与联合国开发计划署(UNDP)开展合作;1995 年,与国际货币基金组织开展合作。2004 年,学校和德国法兰克福财经管理大学共同创办上海国际银行金融学院。2015 年,学校开设"国际组织人才培养项目",聚焦培养胜任国际组织工作的高端金融、商务、法律专业人才。该项目已选拔近 200 名学生完成国(境)外学习实习,并有数位毕业生先后入职联合国等国际组织。"行之力则知愈进,知之深则行愈达。"(南宋·张栻《论语解·序》)正如软库中华金融服务有限公司董事会主席曹国琪校友感慨:"1991 年我赴欧共体(现改称'欧盟')经济和金融事务委员会国际货币处实习,1992 年,我目睹了索罗斯 3 天内狙击英镑,使得英国政府 10 亿英镑蒸发的事实,这对我产生了莫大的触动。"②

学校还打造了明德·经世大讲堂、科学人文大讲堂、春晖大讲堂、西部支教与支边项目、大学生创新与创业实践项目等一系列具有中国色彩、体现中国精神、彰显中国智慧的活动。部分院系(所)也结合自己的专业特点积极开展具有自己风格与特色的育人项目。法学院启动"上财法学院法律援助中心",先后开通上海消费者保护热线、上海劳动法热线、上海环境法热线、外国人来华居住与投资咨询热线(全英文热线电话),建立起覆盖多领域的立体化法律援助网。这些平台与项目在培养具有鲜明财经特色的经世济国的人才方面起到了很好的成效,在本科生、研究生与留学生教育中留下了中国智慧的烙印和中国精神的风貌。

融汇中西、学以致用的学习实践过程,也是中华优秀传统文化与多元文化交融汇聚的过程。在国际化人才培养中传承和弘扬中华优秀传统文化,是扩大和加快高等教育对外开放办学的历史使命之一,也是国际化人才培养的应有之义。学校国际化人才培养的文化体验彰显着中华优秀传统文化与多元文化融合,展示出高度的文化自信与浓厚的中国风采。学校广泛开展各类国际文体活动,以体育文化节、国际文化节为平台载体,引入国际级、国家级高水平文化体育活动,举办国际文化交流活动、建立长三角高校大学生国标舞联盟,打造多元文化交融的开放校园,让中外学子在活动中增进交流,在合作中增进友谊,在了解中增进融合,以兼容并蓄的胸襟和气度展现出高度的文化自信;围绕"一带一路"开展中俄文化交流日、中

① 上海财经大学校志编审委员会.上海财经大学 90 年(1917—2007)[M].上海:上海财经大学出版社,2007:50(中国的商业教育,郭秉文).
② 本书编写组.上海财经大学百名校友访谈录[M].上海:上海财经大学出版社,2017:205.

哈文化交流日、中外文化知识竞赛、"上财青年说"等项目,组织留学生参加中华才艺展演、中华诗文诵读、红色经典诵读、中国故事演讲比赛、中国视角摄影大赛等活动,在多元文化的交融汇聚中,以中华优秀传统文化涵养社会主义核心价值观,多个角度促进来华留学生深入了解中国、感受中国、融入中国,增强其对中华民族的内在情感,使之与中国大地息息相关、与中国人民心心相连。

（五）开展融入本土情愫又具世界担当的留学生教育

国际化人才培养既有"走出去"学习,又有"引进来"培养。学校来华留学生培养,以服务党和国家工作大局为宗旨,坚持"围绕中心、服务大局,以我为主、兼容并蓄,提升水平、内涵发展,平等合作、保障安全"的工作原则,全面落实《关于做好新时期教育对外开放工作的若干意见》、"留学中国计划"及《推进共建"一带一路"教育行动》,讲好中国故事、传播中国文化、传递中国声音,培养知华友华的青年才俊。

早在1964年,学校迎来第一批来自越南的留学生。1993年,学校经贸外语系招收外国留学生学习汉语。1999年,学校成立留学生办公室,专门从事留学生教育管理工作,后改为留学生部。2001年,学校成立国际文化交流学院,招收中国政府奖学金留学生和自费留学生;同年设立对外汉语本科专业,2006年设立"语言学及应用语言学"硕士点。国际文化交流学院现拥有汉语国际教育本科、语言学及应用语言学硕士点、汉语国际教育专业硕士学位点以及国际商务汉语教学与资源开发基地(上海)。上海财经大学孔子学院工作办公室也挂靠国际文化交流学院。2021年,该学院共有来自96个国家的长期留学生1 038人次,两个硕士点的中国学生共计125人。

在长期的来华留学生人才培养工作中,学校发挥党组织的领导力与执行力,从专业化分工回归到整体性协同。以国际文化交流学院为留学生教育管理工作主体,按照教育部、外交部、公安部联合下发的《学校招收和培养国际学生管理办法》以及教育部《来华留学生高等教育质量规范(试行)》等文件要求,开展来华留学生培养工作;以各教学单位和教务处、学生处、国际处、团委等相关部门为依托,遵循教育规律、结合专业特点,在育人目标的落实、育人过程的监控、育人效果的保障等方面协同联动,推动了来华留学生人才培养内涵式发展。

在来华留学生培养实践中,国际文化交流学院以"七大工程"为抓手全面加强来华留学生中国文化浸润式教育。一是课程浸润建设工程。甄选教材,灵活修订培养方案,以具有中国特色的课程推进中国文化的教育和传播。二是中国情怀养成工程。营造多元校园文化,升华内在情感,培养文化认同,兼顾公益与志愿服务,加强实践育人的实效。三是多元团队配套工程。从师资队伍、管理队伍、后勤保障队伍入手，为来华留学生配备强有力的多元团队。四是教学资源开发工程。建设全英文专业与课程体系、国家级商务汉语基地，推动中华商务语言文化与国外优秀文化广泛交流和相互借鉴。五是孔子学院海外传播工程。六是社会影响扩大工程。学校以举办重大活动为契机，加大对外宣传力度；以志愿服务为平台，扩大社会影响力；以高端项目建设为核心，拓展国际高端资源；以留学生校友建设为抓手，扩大海内外知名度和影响力。七是体制机制保障工程。从体制、机制与制度方面为来华留学生教育提供综合保障：学业质量上，一视同仁、严格要求；学习生活上，关心帮助、增进友谊。

"七大工程"将中国特色、国际接轨、与时俱进的宗旨贯彻落实在来华留学生人才培养中，取得了来华留学生培养工作的突出成果。学校商学院入选国家外国专家局与教育部联合推出的"高校国际化示范学院推进计划"第二批试点学院，是其中唯一一所人文社科类高校的学院，其在读本科留学生基本保持在 250 人以上，留学生主要来自韩国、日本、泰国、哈萨克斯坦、俄罗斯等国。法学院积极推进全英文硕博士项目，着力培养知华友华的卓越财经法律人才，2012 年设法学专业全英文硕士研究生（LLM），生源遍布五大洲十数国，面向留学生开设全英文课程数量已经达到 20 门以上，2014 年设法学院专业全英文博士项目（PhD），开始招收法律金融学专业博士生。

来华留学生对中国实际的了解和对中华文化的认同，归根到底建立在其自身的成长成才上。学校高质量开展来华留学生教育，培养了一大批知华友华的国际知名人士。Rashydy Msaraka（坦桑尼亚人，求学时任坦桑尼亚革命政府商务部法律总顾问）对中国各领域改革有浓厚兴趣，积极向本国介绍中国改革经验；并钟情于中国传统文化，将《孙子兵法》翻译为坦桑尼亚文。Keonol Asing Kiliant Hong（老挝人，现任老挝人民革命党总书记兼国家主席秘书）为老挝加入 WTO、参与东盟经济一体化和全球化进程、增强中老经贸合作等作出了重要贡献。Ummy Mahad（坦桑尼亚人，坦桑尼亚政府司法与宪法事务部法律顾问）在该国近年来的经济、财政和社会改革中负责为政府部门起草和审查文件，为该国立法借鉴中国经验作出了贡献。Alejandro F. Cordero（哥斯达黎加人）在校期间成绩优异，在中拉法律论坛、亚拉法律论坛中负责接待哥斯达黎加驻华大使及夫人并任翻译，毕业后被美国加州大学伯克利分校法学院录取，攻读博士学位。

综上所述，学校国际化人才培养之所以取得了显著成效，归根到底是因为将党的领导融入了国际化人才培养的全过程，围绕立德树人根本任务，以习近平新时代中国特色社会主义思想为根本遵循，培养坚持"四个服务"的优秀人才，建设兼具家国情怀、使命担当和国际视野的师资队伍，设计着眼于扎根中国大地又对标国际一流学科前沿的人才培养方案,提供彰显文化自信与中国风采的文化体验,开展融入本土情愫又具有世界担当的来华留学生教育,为新时代加强党的领导与国际化人才培养深度融合做了有益的探索和创新。

第三节　新时代国际化人才培养面临的 新挑战和新机遇

一、国际化人才培养的新趋势

每个时代有每个时代的使命和任务,与之相应产生不同发展阶段的鲜明特征和发展趋势。高等教育也有其自身发展规律、阶段、特征和趋势。随着中国特色社会主义进入新时代,高等教育对外开放办学经过长期实践积累,呈现出内涵式发展的必然趋势。习近平总书记指出:"我国高等教育办学规模和年毕业人数已居世界首位,但规模扩张并不意味着质量和效益增长,走内涵式发展道路是我国高等教育发展的必由之路。"①这也是党和国家对高校国际化人才培养提出的新要求。《教育部等八部门关于加快和扩大新时代教育对外开放的意见》指出,教育对外开放是教育现代化的鲜明特征和重要推动力,要以习近平新时代中国特色社会主义思想为指导,坚持教育对外开放不动摇,主动加强同世界各国的互鉴、互容、互通,形成更全方位、更宽领域、更多层次、更加主动的教育对外开放局面,加快培养具有全球视野的高层次国际化人才。

(一)构建高等教育对外开放的新格局,不断提高人才培养质量

"国势之强由于人,人材之成出于学。"(清·张之洞《创设储才学堂折》)教育对外开放是改革开放的有机组成部分,高校国际化人才培养率先吹响改革开放的号角,是改革开放的先行者、受益者、助力者。在构建以国内大循环为主、双循环相互促进新发展格局中,高校国际化人才培养要以我为主,融入世界教育体系,围绕国家建设、时代发展的需要,坚持"加快"和"扩大"的原则、"提质"和"增效"的原则、"稳步"和"有序"的原则,与国际一流院校和重要国际组织开展强强合作或强项合作。既要引进境外优质教育资源,拓展出国留学空间,满足学生高质量国际化教育的需求;更要做强"留学中国"品牌,提高来华留学培养的教育质量和管理水平,大力构建全方位、宽领域、多层次、更主动的高等教育对外开放办学格局,着力培养既

---

① 习近平在北京大学师生座谈会上的讲话[N].人民日报,2018-05-03.

有中国情怀又融通世界的德智体美劳全面发展的社会主义建设者和接班人。

（二）提升人才培养的国际竞争力，深度参与高等教育全球治理

面对新时代主要矛盾的变化和错综复杂的外部环境，高校国际化人才培养要把培养具有全球竞争力的人才摆在重要位置，主动对接国家战略，加快培养国家战略急需的优秀人才，为实现党中央确定的目标任务添砖加瓦。这必然要求在高校国际化人才培养的全过程和各方面，加强党的全面领导，优化整体布局、防范化解风险，从而深化拓展与世界各国在教育领域的互利合作和交流互鉴，借鉴世界经验，建设高水平示范性中外合作办学机构和项目，扩大教育国际公共产品供给，提升我国高校国际化人才的国际竞争力，满足人民群众对优质教育资源的需求；同时，深度参与高等教育全球治理，开展中外学分互认、学位互授联授，提升教育对外开放贡献度和影响力，积极服务"一带一路"倡议，为推动构建人类命运共同体贡献力量。

（三）发挥高校国际化人才培养的主体作用，推动文明交融互鉴

世界的未来属于年轻一代。习近平总书记一直身体力行致力于推动世界青年互联互通，并寄语世界青年：推动不同文明和谐共生。习近平总书记强调："全球青年有理想、有担当，人类就有希望，推进人类和平与发展的崇高事业就有源源不断的强大力量。"①他指出："各国青年应该通过教育树立世界眼光、增强合作意识，共同开创人类社会美好未来。"②习近平总书记多次向世界青年发出的"中国邀请函"，展现出中国政府与人民的精神志气，提振了中华民族的文化自信。高校国际化人才培养既是科学知识的创新发展，也是多元文化的交融互鉴。要充分发挥其在人文交流中的基础性、广泛性和持久性功能和优势，注重继承中弘扬文化传统、变革中坚守核心价值、发展中吸收时代精神，创新自身发展模式，打造中外人文交流品牌项目，深化中外交流合作，拓宽师生国际视野，提升跨文化沟通能力，开创开放包容的人文交流新局面，加强同世界各国的互容、互通，促进文化认同、文明互鉴。

综上所述，党的教育方针是培养社会主义建设者和接班人，高校国际化人才培养围绕服务党和国家需要，走过了百折不挠、波澜壮阔的百年历程。进入新时代，高校国际化人才培养更要坚守为党育人、为国育才的初心使命，立德树人，面对国

---

① 习近平. 习近平主席在联合国教科文组织第九届青年论坛开幕式上的贺词[N]. 人民日报，2015 - 10 - 27.
② 习近平. 习近平致首届清华大学苏世民书院开学典礼的贺信[N]. 人民日报，2016 - 09 - 11.

内新时代主要矛盾的变化,着力培养国家战略急需的优秀卓越人才,为实现党和国家的战略任务提供强大的人才资源和智力支撑;面对错综复杂的外部发展环境,加快培养具有全球视野的高层次国际化人才,为推动构建人类命运共同体贡献力量。

二、国际化人才培养面临的新要求

教育是民族复兴的基础,高等教育人才培养是基础中的基础。近代中国积贫积弱,一大批先进知识分子为了救亡图存,先后学习西方器物、制度、思想。然而实践证明:一味学习、借鉴、模仿,不能救中国。高校国际化人才培养也不能一味学习、借鉴、模仿。这不仅是因为一味"跟跑"只能追赶而无法超越,而且因为随着中国和平崛起和高等教育快速发展,以"普世价值"为轴心的西方社会思潮的侵扰不断加强,一味"跟跑"会受其影响而迷失方向、偏离"正道"。

党的十八大以来,高等教育对外开放办学蓝图清晰、布局宽广,高校国际化人才培养目标明确、成效显著。当前,我国已成为世界最大的国际学生生源国和亚洲最大的留学目的地国,中外合作办学蓬勃发展,国际中文教育方兴未艾。然而,发展总会遇到不同的形势与难题,高校国际化人才培养也是如此。习近平总书记在庆祝改革开放 40 周年大会上指出:"我们现在所处的,是一个船到中流浪更急、人到半山路更陡的时候,是一个愈进愈难、愈进愈险而又不进则退、非进不可的时候。"①进入新的发展阶段,高校国际化人才培养要时刻保持警醒,增强忧患意识、紧迫意识、警醒意识、使命意识,加强党的全面领导,牢牢把握立德树人主动权,育新机、开新局。

(一) 人才培养质量面临新任务

教育兴则国家兴,教育强则国家强。1998 年高等教育改革,开启了高等教育大众化进程,毛入学率从 1998 年的 9.8%,到提高到 2011 年的 26.9%。2019 年,我国高等教育毛入学率越过 50% 的关键节点,高等教育人才培养从精英化到大众化,"转段"普及化。2023 年中国高等教育毛入学率已达到 60.2%。与此同时,在一定程度上存在人才培养市场化、同质化的倾向。"为什么我们的学校总是培养不出杰出人才?"2005 年的"钱学森之问",直指高等教育人才培养同质化之弊病。钱学森感叹:"现在中国没有完全发展起来,一个重要原因是没有一所大学能够按照培养科学技术发明创造人才的模式去办学,没有自己独特的创新的东西,老是'冒'不出杰出人才。"

---

① 余谓之. 勇做新时代的"劲草真金"[N]. 人民日报,2019 - 08 - 30.

第一,高校国际化人才培养承担着新时代推进科技文化创新发展的使命。科技是国之利器,国家赖之以强,企业赖之以赢,人民生活赖之以好。2018 年 7 月,美国单方面挑起的贸易科技摩擦持续至今,凭借其科技霸权在核心技术上"卡脖子",打压中国高科技企业,遏制中国和平崛起,把利己主义、单边主义、霸凌主义推行到极致。铭记这次"苦痛",必须承认:要在科技创新方面走在世界前列,还需要更加努力。尤其是创新型科技人才结构性不足的矛盾突出,世界级科技大师缺乏,领军人才、尖子人才不足,工程技术人才培养同生产和创新实践脱节等方面的问题,对高校国际化人才培养质量提出了更高的要求。习近平总书记强调:"要完善创新人才培养模式,强化科学精神和创造性思维培养,加强科教融合、校企联合等模式,培养造就一大批熟悉市场运作、具备科技背景的创新创业人才,培养造就一大批青年科技人才。"①

第二,高校国际化人才培养面临着新时代加强思想政治教育工作的任务。知识就是力量,人才就是未来。高校国际化人才培养是多层次的双向过程。就培养坚持"四个服务"的高层次优秀研究型人才而言,有一个"出去"学习知识和"回来"报效祖国的双向过程。随着我国经济社会和高等教育事业的发展,越来越多出国(境)留学人员选择学成后回国工作生活。数据显示:自改革开放到 2021 年底,我国各类出国留学人员数量在 800 万左右,学成回国留学人员数量为 550 万左右。其中,2023 年中国出国留学人员约为 54.45 万人,而各类留学回国人员约为 27.29万人。这表明中国每年都有大量学生选择出国留学并在学成后回国。② 尽管如此,仍有数据显示,越是国内顶尖学校出国留学的学生回国的概率越小。甚至出现占尽国家资源、出卖国家利益的行为。有研究成果显示,1998—2013 年,"15 年间,博士学位获得者的回流比例明显下降,从 1998 年的 67.1% 下降到 2013 年的7.4%"③。这必然要求新时代加快和扩大高校国际化人才培养,必须把思想政治教育摆在基础位置,厚植青年学生的家国情怀和道德品质。

"功以才成,业由才广。"(东晋·习凿齿《襄阳记》)习近平总书记指出:"全部科技史都证明,谁拥有了一流创新人才、拥有了一流科学家,谁就能在科技创新中占据优势。"④当前,我国的教育总体水平处于世界中上水平,高校国际化人才培养既借鉴了国际经验,也在为世界提供中国智慧和方案。如何培养汇聚世界智慧、服务

① 习近平. 为建设世界科技强国而奋斗——在全国科技创新大会、两院院士大会、中国科协第九次全国代表大会上的讲话[N]. 人民日报,2016 - 06 - 01.
② 数据来源于国家统计局:国家数据,详见 https://data.stats.gov.cn/。
③ 魏华颖. 15 年(1998—2013)来中国海外留学归国人员特征变化探析[J]. 领导科学,2015(29).
④ 习近平. 在中国科学院第十九次院士大会、中国工程院第十四次院士大会上的讲话[M]//习近平谈治国理政:第 3 卷. 北京:外文出版社,2020:253.

国家战略的高层次优秀人才,已经成为新时代加快和扩大高校国际化人才培养提质增效的核心问题。

(二)教育教学水平面临新形势

人才培养是教学相长的过程。高校国际化人才培养提质增效需要不断提高教育教学水平,而教育教学水平的提高需要高素质、高水平的师资队伍来成就,教师队伍建设又受到教育资源分配的制约。高校国际化人才培养要提高教育教学水平,存在国际化资源的供给与在高校之间、高校内部、二级部门之间分配不平衡的问题。尤其是高校之间在优秀师资人才上的竞争(东中西部高校之间的竞争、沿海城市高校之间的竞争),对高校师资队伍稳定性的破坏,影响了高校国际化人才培养的教育教学水平。而国外高校对优秀生源的争夺也越来越白热化,有些优秀生源直接以移民海外为目的选择国(境)外留学。

如何统筹协调校内外各方关系,促进国际化资源的合理分配和有效供给,提高教育教学水平? 如何提高国际化资源的管理水平,发挥国际化资源利用的最大价值和最大效率,提高人才培养质量? 这些都是高校国际化人才培养提高教育教学水平所面临的问题。为此,新时代高校国际化开放人才培养必须深化办学体制和教育管理改革,优化国际化教育资源供给,调整高校区域布局、学科结构和专业设置,健全学科专业动态调整机制,激发教育事业发展生机活力,加快一流大学和一流学科建设,着重培养创新型、复合型、应用型人才。

此外,高校国际化人才培养提高教育教学水平,需要丰富的国际化资源来建设人才培养的有效载体,包括课程、教材、设备、场地、校园环境、文化软实力等诸多方面。如何调整与优化课程体系,淘汰不适应时代发展的课程,新设具有国际前沿知识的国际课程,实现国际课程引入与本土化锻造相统一? 如何探索课程建设的应变机制,在专业教育中拓宽专业的适用范围与领域,在选修课中增加跨文化、跨学科、跨地域的课程,完成课程体系建设从与国际接轨到实现本土化与国际化融合的转变? 诸如此类问题同样是高校国际化人才培养提高教育教学水平所要解决的问题。

(三)意识形态建设面临新挑战

"制出将来之少年中国者,则中国少年之责任也。"(梁启超《少年中国说》)青年一代有理想、有本领、有担当,国家就有前途、民族就有希望。2019 年 3 月 18 日,习近平总书记在学校思想政治理论课教师座谈会上强调:"我们党立志于中华民族千秋伟业,必须培养一代又一代拥护中国共产党领导和我国社会主义制度、立志为中国特色社会主义事业奋斗终身的有用人才。"①然而,各种敌对势力和反华势力也把目光投向了青少年。美国前国务卿杜勒斯就曾把和平演变中国的希望寄托在第三代、第四代人身上。特别是随着经济全球化进程的加快,西方社会加紧对我国高等学校人才培养开展思想渗透、文化渗透、价值渗透、宗教渗透、非政府组织渗透和网络渗透等,意识形态领域面临的形势和斗争更加复杂。这直接影响青年学生的世界观、人生观、价值观的形成,进而影响其理想信念养成,也不同程度地影响学科建设、课堂教学、人员交流、项目合作等。对此,必须把坚持马克思主义在意识形态领域的指导地位和坚持党的领导贯穿在高校国际化人才培养的全过程,正如习近平总书记所说,青年学生要"矢志追求更有高度、更有境界、更有品位的人生"②。

当前,全球经济、政治、文化和科学技术面临前所未有的大交流、大碰撞、大冲突、大磨合、大融通。中西主流文化的碰撞遭遇大国综合实力的竞争,高校国际化人才培养的意识形态建设面临新挑战。后现代主义思潮宣扬解构一切、怀疑一切,消费主义思潮主张活在当下、娱乐至死,在文化精神和思想层面拖累青年学生的进步。而随着学术研究走向国际前沿、中外合作愈加密切,各学科越发强调自身的独特性。甚至存在将国际化等同于西方化、美国化的倾向,过度追捧、盲目推崇西方的学术评价标准和荣誉授予机制。面对标榜学术自由的"外衣"下的诸多蕴含西方价值判断的学术评价标准和荣誉授予机制,如不加以辨识和纠正,就会迷失、扭曲学术判断。习近平总书记在哲学社会科学工作座谈会上指出,"实际工作中,在有的领域中马克思主义被边缘化、空泛化、标签化,在一些学科中'失语'、教材中'失踪'、论坛上'失声'"③,如果不加应对,则其后果体现在高校国际化人才培养上将会是国家情怀的缺失、道德品质的堕落、理想信念的沦丧。

尽管改革开放四十多年的发展奇迹已经宣告西方"和平演变"的破产,但是西方敌对势力从未放弃对社会主义事业的侵扰、渗透和破坏。从国际环境看,不同社会制度、不同意识形态的斗争长期存在,而高校处在意识形态工作的前沿阵地。在西强我弱的国际话语格局中,在高校国际化人才培养的实践进程中,各类西方社会思潮涌入大学校园,潜在地影响着中外师生的思想观念、理想信念。当初的苏联解体、东欧剧变犹在眼前,形形色色的所谓颜色革命近在咫尺。为制造香港"乱局",幕后黑手伸入校园,"把莘莘学子作为'政治燃料',把校园作为'极端思想'的'温

---

① 习近平. 在学校思想政治理论课教师座谈会上的讲话[M]//习近平谈治国理政:第3卷. 北京:外文出版社,2020:328-329.
② 坚持中国特色世界一流大学建设目标方向 为服务国家富强民族复兴人民幸福贡献力量[N]. 人民日报,2021-04-20.
③ 习近平. 在哲学社会科学工作座谈会上的讲话[M]//习近平谈治国理政:第2卷. 北京:外文出版社,2017:328.

床'和'黑暴'的'训练基地'","其用心何其歹毒！其行为何其卑劣！"①面对复杂的国际国内形势,高校意识形态建设并没有随之上升到同等高度和地位,一些高校还停留在把意识形态教育等同于一般德育的层面。如何以马克思主义的价值引领和思想引领坚定"四个自信",已是制约高校国际化人才培养质量的突出问题。

（四）加强党的领导要抓住新机遇

尽管产生上述现象和问题的诱因是多方面的,但是最根本的原因是高校国际化人才培养过程中党的领导的弱化。高校国际化人才培养可以借鉴国外有益做法,但必须扎根中国大地,毫不动摇地坚持和巩固马克思主义指导地位,坚持加强党的全面领导,完善风险防控体系,在危机中育新机、于变局中开新局。当前,高校国际化人才培养既有马克思主义和 21 世纪的马克思主义——习近平新时代中国特色社会主义思想的科学理论指导,又积累了一百多年来对外开放办学的实践经验,还有世界第二大经济体的物质基础,面对新时代的新形势、新挑战,同样具有育新机、开新局的优势和条件。

第一,进入新时代,中华民族迎来了从站起来、富起来到强起来的伟大飞跃,党和国家事业发展对高等教育的需要、对科学知识和优秀人才的需要,比以往任何时候都更为迫切。广大青年学生生逢其时,也重任在肩——肩负着国家和民族的希望。这是青年学生的青春责任和时代使命,也是加快和扩大高校国际化开放人才培养的历史机遇。

第二,伴随着经济社会发展进步,知识更新不断加快,社会分工日益细化,新技术、新模式、新业态层出不穷,对高层次优秀人才的需求越来越强烈。由此指明了高校国际化人才培养的重点领域:在事关未来国际竞争格局的高科技领域,实现关键核心技术自主创新,卧薪尝胆、艰苦奋斗,自力更生、奋起直追,为国效力、为党分忧,为人民服务。这既对青年学生的能力素质提出了新的更高要求,也为其施展才华、竞展风采搭建了广阔的社会舞台。

第三,实现"两个一百年"的奋斗目标,推动"一带一路"建设,需要毫不动摇地坚持高等教育对外开放办学,促进文明交融互鉴。这是高校国际化人才培养提质增效的使命,也是其发展机遇。当前,我国深度参与教育全球治理,"积极参与国际教育规则制定,提出 2030 教育可持续发展指标'中国方案'"②。这为高校国际化人才培养打造"留学中国"品牌营造了有利的国际环境。

---

① 禾立.斩断黑手,救救孩子[N].人民日报,2020-06-21.
② 陈宝生.落实 落实 再落实——在 2019 年全国教育工作会议上的讲话[N].中国教育报,2019-01-31.

第四,加快和扩大高校国际化人才培养既是服务党和国家发展战略的需要,也是办好人民满意的教育的需要。2023年,我国各种形式的高等教育在学总规模为4 763.19万人,比上年增加108.11万人,增长2.32%。其中,当年研究生教育招生130.17万人,普通、职业本专科招生1 042.22万人。① 我国高等教育快速完成了从精英化到大众化的进程,实现了从大众化到普及化的历史性转变。人民群众日益增长的对优质国际教育资源的需要与高等教育人才培养发展不充分、不平衡之间的矛盾更加突出。拓宽出国(境)留学渠道,办人民满意的教育,为加快和扩大高校国际化人才培养提供了巨大的发展空间。

第五,我国高等教育经过一百多年的发展和积累,教育教学质量、学术研究成果、来华留学生教育质量和管理水平、人才培养数量和质量、参与全球教育治理的程度和深度等诸多方面成果丰硕,奠定了扩大和加快高校国际化人才培养提质增效的基础。

总之,新时代高校国际化人才培养的挑战和机遇并存,而抓住机遇、化危为机的关键在于:坚持党的领导与高校国际化人才培养深度融合,加快和扩大高校国际化人才培养提质增效。习近平总书记指出:"高等教育经历了量的快速扩张,质的提升矛盾越来越突出;教育重知识、轻素质状况尚未得到根本扭转,教风、学风亟待进一步净化;党对教育领域的领导和党的建设、思想政治工作亟待加强。解决这些问题,迫切需要深化教育体制改革。"② 面对错综复杂的国际形势、艰巨繁重的改革发展稳定任务,党的领导是高等教育改革发展的根基,必须建立健全加强党的领导与高校国际化人才培养深度融合的机制体制。

构建加强党的领导与高校国际化人才培养深度融合的机制,绝非单纯的意识形态宣教和泛泛的部署动员,而是深刻学习和把握习近平总书记关于教育的系列讲话的精神实质,按照教育部党组对高等教育人才培养的要求,把党的教育方针和决策部署贯彻落实到高校国际化人才培养的全过程,遵循思想政治工作规律,遵循教书育人规律,遵循学生成长规律,培养德智体美劳全面发展的社会主义建设者和接班人。

第四节　创新一流国际化人才培养的新探索

习近平总书记指出:"古今中外,每个国家都是按照自己的政治要求来培养人

---

① 教育部发展规划司. 2023年全国教育事业发展基本情况[R]. 2024 - 03 - 01.
② 习近平. 习近平谈治国理政:第3卷[M]. 北京:外文出版社,2020:347.

的,世界一流大学都是在服务自己国家发展中成长起来的。我国社会主义教育就是要培养社会主义建设者和接班人。"①分析和研判高校国际化人才培养的内涵体系和发展趋势,回顾和总结高校国际化人才培养的艰难历程,直面新时代高校国际化人才培养的新挑战,加强党对高等教育对外开放工作的全面领导,要围绕立德树人的人才培养根本任务,凝心聚力,扩大和加快高校国际化人才培养提质增效。学校党委在既有对外开放办学实践基础上,牢牢把握"培养什么人、怎样培养人、为谁培养人"的根本问题,严紧压实意识形态主体责任,搭建书记面对面系列平台,开展"上财国际2.0"行动,实施思政理论课综合改革3.0方案,升级"千村调查3.0版",深入探索构建加强党的全面领导与高等教育对外开放人才培养深度融合的体制机制。

一、坚持教育对外开放与立德树人同向同行——以顶层设计为核心

建设社会主义现代化强国,必然要求扩大和加快高校国际化人才培养;而教育是社会对人们思想的知识灌输和行为指导,高校国际化人才培养面临的意识形态新挑战,又必然要求加强党的领导。因此,加强党的领导与高校国际化人才培养深度融合要坚持加快和扩大对外开放人才培养与立德树人的根本任务同向同行,将立德树人融入血脉,内化于心,外见于行。

(一) 优化顶层设计

"求木之长者,必固其根本;欲流之远者,必浚其泉源。"(出自唐·魏征《谏太宗十思疏》)我国高校以公办为主,党和国家是高校办学的根本力量,高校国际化人才培养脱离党的领导必定是无源之水,无本之木。高校国际化人才培养要达到办学力量和办学效果的统一,需要以科学合理的顶层设计培养"四个服务"的优秀人才。2019年12月在学校对外开放大会上,校党委提出,优化顶层设计,实施"上财国际2.0"战略;2020年7月,学校党委常委会审议通过《上海财经大学"上财国际2.0"行动计划》强调:把党的全面领导贯穿学校教育对外开放全过程,更好发挥学校党委"把方向、管大局、做决策、保落实"的重要作用,主动对接国际新兴学科与交叉学科,对标国际一流专业,优化培养方案,统一学分质量标准,构建对外开放新格局,培养具有全球胜任力的各类人才。

(二) 厚植家国情怀

立德树人不是一时一事的应景之策、应急之举,而是代代传承贡献国家、服务

---

① 习近平. 习近平在北京大学师生座谈会上的讲话[N]. 人民日报,2018-05-03.

人民的情怀,以长期的教导和熏染,养成学生优秀之品格。马克思主义指导思想、中国共产党的领导、中国特色社会主义道路是历史和人民的最终选择,高校国际化人才培养偏离服务党和国家战略的方向,必将因违背人民意志、违背历史发展规律而难以达成预期效果。创校之初,郭秉文治校时强调,"养成对于国家负责任之国民,为意想中之人格"。1954 年,时任上海财政经济学院党委书记姚耐致语毕业生,"一切为着建设祖国"。进入新时代,面对新形势,高校国际化人才培养坚持为党育人、为国育才,全面提升质量和水平,更要传承和厚植家国情怀。学校第八次党代会报告指出:"自觉地、坚定地培养社会发展、知识积累、文化传承、国家存续、制度运行所需要的优秀人才。"

(三)践行初心使命

构建党的领导与高校国际化人才培养深度融合机制,必须明确:谁在办学?为谁办学? 高校国际化人才培养只有加强党的全面领导,才能扎根中国大地,培养"四个服务"的优秀人才。2021 年 4 月,习近平总书记考察清华大学指出:"当代中国青年是与新时代同向同行、共同前进的一代,生逢盛世,肩负重任。"①加强党对高校国际化人才培养的领导,要以习近平新时代中国特色社会主义思想为指导,培养坚定跟党走、奋进新时代的"四个服务"的优秀人才。学校党委积极号召中外毕业生学习扎实本领,投身祖国一线,在国家最需要的重点行业和关键领域铸经济匡时魂。

二、坚持服务党和国家与奋斗青春同心同曲——以思政教育为根本

高校开放办学重在人才培养,对外开放是人才培养的措施和过程。实现党的领导与高校国际化人才培养的深度融合,必须充分发挥长期以来我国高等教育坚持的理论知识学习与思想政治教育相结合的优势。直面高校国际化人才培养的意识形态之争和人才培养同质化之弊,思想政治教育是高等学校捍卫马克思主义指导思想最主要的路径,也是其提高人才培养质量和层次的重要举措。加强党的领导与高校国际化人才培养深度融合,要坚持把思想政治教育工作贯穿于对外开放人才培养教育教学全过程,培养青年学生的国家意识、道路意识、道义精神,引领学生坚定政治方向、树立远大理想。

(一)建立党委书记、校长带头抓思政课机制

高校是坚持党的领导的坚强阵地和培养社会主义建设者和接班人的坚强阵

---

① 习近平.坚持中国特色世界一流大学建设目标方向 为服务国家富强民族复兴人民幸福贡献力量[N].人民日报,2021 - 04 - 20.

地,而高校要成为这两个"坚强阵地",关键在于牢牢掌握意识形态工作的领导权,基础在于牢牢掌握高校思想政治工作的主导权。这是加强党的领导与高校国际化人才培养深度融合的切入点之一,也是高校国际化人才培养完成从"跟跑"到"并行"再到"领跑"转换的关键举措。因为人既是目的又是手段,青年学生做学问先要学会做人。在贯穿资本逻辑的现代社会,高校国际化人才培养的对象——青年学生极易受到资本精神的侵蚀和西方社会思潮的侵扰。厚植高校国际化人才培养的根基必须创新改革思想政治教育,保持对外开放人才培养方向和效果始终与人民意志相同、与人类命运相通。这是贯穿习近平新时代中国特色社会主义思想的价值追求,也是党的坚强领导下的高校国际化人才培养所肩负的使命任务。

思政课是落实立德树人根本任务的关键课程。学校深入贯彻落实习近平新时代中国特色社会主义思想和党的十九大精神,贯彻落实习近平总书记在学校思想政治理论课教师座谈会上的重要讲话精神,创新思政工作新模式,搭建"书记下午茶""我与书记面对面""书记备课会""书记讲习所"等书记谈心系列平台,构建新时代思政育人新体系,把思政工作做到师生的心坎上,将党的领导深度融入高校国际化开放人才培养实践。截至 2022 年 12 月底,学校累计举办活动 946 场,覆盖超12.7 万人次,真正把思政工作做到师生心坎上。

2023 年 8 月,学校党委常委会审议通过的《上海财经大学思想政治理论课综合改革 3.0 方案(2023—2025)》提出:进一步完善思政课综合改革领导小组工作机制。由校党委书记担任组长、主管校长担任副组长的上海财经大学思政课综合改革领导小组加强谋划"大思政课"的工作格局,指导各项改革举措的推进,协调部署全校各部门对方案的落实。领导小组定期向校党委常委会汇报工作,校党委定期开展对各部门工作推进情况的巡察和督查。

(二)建立思政教育与人文素养贯通的机制

思想政治教育不是枯燥的说教,而是要切实解决困扰青年学生的实际问题:如何实现人生的意义和价值? 这就要推进思政教育与通识教育的融合。尤其在加快和扩大高等教育对外开放的新时代,思政教育与通识教育的无缝融合是加强党的领导与高校国际化人才培养深度融合的有效机制。这种融合机制能够使青年学生以扎实的人文素养、宽广的知识面、较强的外语应用能力和跨文化交流能力、国际视野和创新意识、强烈的民族责任感、良好的合作沟通的能力等,深刻理解思想政治教育所讲的历史规律和世界格局、社会理想与人生价值,准确把握形势与政策,牢固树立科学的世界观、人生观和价值观。唯有如此,才能完成新时代高校国际化人才培养的使命。

作为国内历史最悠久的高等财经院校,学校素有通识教育的传统。早在 1932 年,国立上海商学院就将"以精神训练,培养健全之人格,建立忠实之学风,为实施此项方针之基本步骤"确定为商科教育的使命。2014 年,学校出台通识教育改革方案,截至 2020 年初,建设和改造通识选修课程 160 门,其中"哲学思辨与伦理规范"课程 16 门(占 10%),"社会分析与公民素养"课程 36 门(占 25%)。值得称道的是,上海财经大学创新打通艺术教育、通识教育和思政教育,开设涵盖音乐、戏剧、电视、电影、戏曲、舞蹈、绘画等内容的多门艺术类通识课程,创办学生合唱团、舞蹈团、民乐团、话剧团,建立大学生人文素质教育基地。2009 年,第二届全国大学生艺术展演活动在南京举办,学校学生民乐团战胜来自全国各地的高校学生民乐团,获得了器乐类一等奖,并在民乐合奏组别中排名第一。学生合唱团也曾多次应邀前往人民大会堂、上海大剧院、上海音乐厅、上海外滩陈毅广场等地演出。2014 年 11 月 17 日,原中共中央政治局常委、国务院副总理李岚清莅临上海财经大学,作了题为"知识分子与文化修养"的专题讲座,畅谈他对音乐、篆刻、绘画等艺术的理解与热爱、对传承与发扬中华优秀传统文化的思索与感悟。李岚清同志现场用俄语演唱《莫斯科郊外的晚上》,并寄语全校师生在提升对传统文化、高雅艺术的兴趣中,培养情操、提高人格、发展专业、提升智慧。

(三)建立思政教育与专业技能贯通的机制

"才者,德之资也;德者,才之帅也。"(北宋·司马光《资治通鉴·周纪》)专业知识教育教学要与思想政治教育有机结合,尤其财经专业高端人才要怀揣经世济民的家国情怀。因此,推进思政教育课程与专业教育课程有机结合,发挥所有课堂的育人功能,也是加强党的领导与高校国际化人才培养深度融合的关键所在。"因为财经院校培养出来的学生主要是从事经营管理的,如果缺乏正确的政治观点,就不可能忠实地执行党的政策和国家财经纪律,就会贻误工作,甚至触犯党纪国法;如果没有过硬的本领,就做不了管理工作,就有可能给经济工作造成'差之毫厘,失之千里'的严重损失。"[1]

习近平总书记在全国高校思想政治工作会议上强调:"要用好课堂教学这个主渠道,思想政治理论课要坚持在改进中加强""其他各门课都要守好一段渠、种好责任田,使各类课程与思想政治理论课同向同行,形成协同效应。"学术研究无禁区,课堂讲授有纪律。加强党的领导与高校国际化人才培养深度融合,具体到教育教学实践中要讲政治、守规矩,把专业知识学习与服务国家贯通起来、与构建人类命

---

[1] 上海财经学院:加速发展 探索新路[M]//上海财经大学校志编审委员会. 上海财经大学 90 年(1917—2007). 上海:上海财经大学出版社,2007:92.

运共同体结合起来。承厚德博学之志,传经济匡时之魂。作为国内财经类高校的先行者和探索者,学校国际化人才培养始终紧跟时代步伐,注重企业精神和民族精神的培养,强调为国家和社会服务的责任与担当。具体到人才培养方案上,主干专业教学计划均安排了与思政教育直接相关的专业必修课或选修课,实现了专业知识教育与国情教育、财经伦理教育的有机结合。

(四)建立双语课程中植入思政元素的机制

2018 年教育部《关于加快建设高水平本科教育全面提高人才培养能力的意见》第九条指出,着力推动高校全面加强课程思政建设,做好整体设计,根据不同专业人才培养特点和专业能力素质要求,科学合理设计思想政治教育内容。高等教育扩大和加快对外开放必然要大力建设双语课程,这是增强国际合作与交流的重要举措。而坚持在党的领导下推进双语课程的思政建设,既是党的领导与高校国际化开放人才培养的深度融合,也是培养具有国际竞争力的高素质人才的内在需求。

语言的背后是文学,文学的背后是文化,文化的背后是文明。怎样在双语课程中植入思政元素?加强双语课程的课程思政建设,既是促进中外文化交流、文明互鉴的重要渠道,也是提高教育教学水平和人才培养质量的重要举措。学校于 2002 年颁布了《关于使用外语及双语教学课程的若干规定》,于 2012 年发布了《关于推进本科全英语课程建设的通知》,其中强调,坚持加强党的领导,推进双语或外语教学,培养学生跨文化交流融通能力。一是所有外语课程均安排课外阅读任务,从国外最具有影响力的媒体上精选国家领导人和著名学者关于中国问题的演讲、讲话、深度报道以及研究文章,供学生阅读,培养学生以中外两种视角客观公允地看待中外政治、经济、社会和文化现象。二是所有外语课程均突出以学生为中心的授课方式,组织学生参与课堂讨论和辩论,通过外语讨论和辩论培养学生用外语讲述中国故事的意识与能力。

总之,思想政治教育并非我国高校所独有,但是将思想政治教育中的立德树人落脚到"四个服务"则是我国高等教育人才培养的特色。它使高校国际化人才培养服务人民幸福、贡献人类文明,因而能够打造具有中国特色、世界水平的对外开放教育品牌,能够培养既扎根中国又融通世界的具有全球胜任力的各类人才。

三、坚持人才培养质量与文明互鉴同向而行

"国之交在于民相亲,民相亲在于心相通。"(《韩非子·说林上》)民心相通的深层基础是文化,关键在教育。高校国际化人才培养是中华优秀传统文化和其他人

类优秀文明成果交流互鉴的过程,而全球政治经济文化和科学技术的交流、碰撞、冲突和融通,更加凸显其文化认同功能。加强党的领导与高校国际化人才培养深度融合,要抓住其促进多元文明交流互鉴的功能,以"我"为主,弘扬中华优秀传统文化、丰富发展中国化马克思主义,实现提升人才培养质量和促进文明互鉴同向同道。

(一) 推进"四史"教育融入课堂

历史不是事件的简单总汇,而是人民创造历史的伟大进程。学习党史、新中国史、改革开放史、社会主义发展史,要抓住贯穿其中的主旋律,将"四史"教育融入课程教学,巩固马克思主义指导思想的地位,坚定"四个自信"。学校的《思想政治理论课综合改革 3.0 方案(2023—2025)》提出,打造具有上财特色的思政教育课程群。以习近平经济思想研究为抓手,推进习近平新时代中国特色社会主义思想的学理化、体系化、专题化研究,以研促教,推动理论话语向教学话语转化,面向全校经济管理类学科本科生开设"习近平经济思想概论"课程,协同政治经济学学科建设和课程建设,彰显学校马克思主义理论学科的财经学科底蕴和思政育人特色。学校经济学院持续开设《资本论》经典解读课程。自 2005 年起,有计划地为本硕博学生开设不同层次的《资本论》原著研读课程;2016 年,面向全校开设《资本论》与经济学思维通识课程,通过解读经典抓好马克思主义理论教育。而且经济学院相关课程讲授都会把中国特色社会主义政治经济学特别是习近平新时代中国特色社会主义经济思想贯穿其中,有的课程还将其以专门章节和单列学时来讲解,单列专题讲解不少于 6 个课时。

(二) 创新"四史"教育形式内容

"四史"教育不是就历史谈历史,而是以史为鉴,用习近平新时代中国特色社会主义思想铸魂育人,厚植高校国际化人才的爱国主义情怀和共产主义信念。校党委始终以高度的政治自觉、思想自觉和行动自觉,把加强党对学校工作全面领导作为一切工作的出发点和落脚点,践行党建与事业发展深度融合的工作理念,敢闯善创、真抓实干,努力以高水平党建引领学校对外开放事业高质量发展。2020 年 6 月,由中共上海市教育卫生工作委员会、共青团上海市委员会与中共上海财经大学委员会共同主办,中共上海财经大学委员会承办的"潮涌东方,光耀中华——迎接建党一百周年,红色经典进校园"系列活动正式开启。"红色经典进校园"以"品经典,学四史,守初心"为主题,将以一年的跨度系统展现上海红色艺术的经典,全景式展现建党百年历程中的苦难与辉煌,通过欣赏红色经典高雅艺术的形式,创新爱国主义教育的有效载体,搭建"四史"学习教育的生动平台,切实引领高校师生厚植家国情怀,坚定理想信念,提升艺术素养,弘扬时代精神。

(三) 搭建"四史"教育实践平台

习近平总书记指出:"中华民族五千多年的文明史,中国人民近代以来一百七十多年的斗争史,中国共产党九十多年的奋斗史,中华人民共和国六十多年的发展史,都是人民书写的历史。"[①]"四史"教育要有效利用红色资源,符合高校国际化人才培养促进多文化交流互鉴的本质规定。学校立足于用好沪上丰富的红色资源,在突出实践特色上下功夫、在结合上做文章,在高校国际化人才培养中传承红色基因,促进文化认同和文明互鉴。组织中外学生一起参观世博会博物馆,通过唤起对上海世博会的美好回忆,让中外学生共同感知城市变迁和科技创新的魅力,感知浦东开发开放和改革开放以来的中国乃至全球的发展进程。

必须说明的是,以"我"为主,促进中外文化交流互鉴,弘扬中华优秀传统文化、丰富发展中国化马克思主义,不是与西方国家争夺国际话语权,而是站在人类整体生存与发展的高度,寻求人类共同利益和共同价值。习近平总书记指出:"优秀传统文化是一个国家、一个民族传承和发展的根本,如果丢掉了,就割断了精神命脉。"[②]而传承和弘扬中华优秀传统文化,就必须毫不动摇坚持马克思主义指导思想,推进马克思主义中国化、大众化、时代化。习近平总书记强调:"我们要坚持用马克思主义观察时代、解读时代、引领时代,用鲜活丰富的当代中国实践来推动马克思主义发展,用宽广视野吸收人类创造的一切优秀文明成果。"[③]

四、坚持师资队伍和人才培养双向同轨同频——以为党育人为中心

高校国际化人才培养是"进来"和"出去"的双向过程,参与这一双向过程的主体有三个:师资队伍、来华留学生群体、出国(境)学习群体。直面新时代高校国际化人才培养的新任务、新形势、新挑战,学校党委抓住提升教育教学水平和人才培养质量两个关键环节,以为党育人、为国育才为中心任务,积极推动师资队伍和人才培养双向同轨同频共振,构建加强党的领导与高校国际化人才培养深度融合的机制。

---

① 习近平.在纪念毛泽东同志诞辰 120 周年座谈会上的讲话[N].人民日报,2013 - 12 - 27.
② 习近平.在纪念孔子诞辰 2565 周年国际学术研讨会暨国际儒学联合会第五届会员大会开幕会上的讲话[M]//习近平谈治国理政:第 2 卷.北京:外文出版社,2017:313.
③ 习近平.在纪念马克思诞辰 200 周年大会上的讲话[M]//习近平谈治国理政:第 3 卷.北京:外文出版社,2020:76.

（一）海外优秀师资"引进来"和"用得好"有机统一

人才培养质量取决于师资水平。培养一流人才，需要一流师资；培养政治立场坚定、理想信念坚定的一流人才，需要具有政治意识、严守政治规矩的一流师资。唯有如此，才能将党的领导与人才培养深度融合。构建加强党的领导与高校国际化人才培养深度融合的机制，要坚持德才兼备，引进高质量海外师资，建设政治素质过硬、业务能力精湛、育人水平高超的高素质教师队伍。高等教育对外开放办学既要大力引进海内外高端人才，也要对引进的师资进行德、能、勤、绩的全方位考察，使之在"授业"的同时能"解惑"，"解惑"的同时能"传道"。在师资队伍建设上，学校将师德师风作为评价教师队伍素质的第一标准，明德、育德、树德、立德，加强教师思政与师德师风建设，制定《关于进一步加强教师思想政治工作及师德师风建设的实施意见》，积极引导全校教师做"四有"好老师；严格落实《新时代高校教师职业行为十项准则》，坚守红线底线，制定《师德失范行为处理办法（试行）》，对师德失范行为零容忍，实行"一票否决"。校党委要求学校各级党组织和党员教师在建设鲜明财经特色世界一流大学的新征程中，提高站位、正视问题、科学规划、主动作为，对准实质靶向，筑牢思想基础、压实主体责任，推进师德师风建设向纵深发展，与一流教师队伍建设同向同行。

（二）出国留学人员"走出去"与"学得好"有机统一

加强党的领导与高校国际化人才培养深度融合归根到底是要提高人才培养质量，而人才培养质量以教育教学水平为基础。为此，学校国际化人才培养要坚持党的坚强领导，整合课堂内外、校园内外、国境内外的教育教学资源，积极搭建"五个课堂"：

一是瞄准教室，优化第一课堂，奠定理论基础。教材是课程教学内容和教学方法的重要载体，也是学生掌握知识与能力的主要来源。学校围绕课程思政建设，明确教材审核政治标尺。2018 年 5 月，学校制定并发布《教材建设与管理办法》，成立校、院两级的教材委员会，坚持以政治标准对教材使用加强审核。教师是课堂教学的主体，承载着传播知识、传播思想、传播真理，塑造灵魂、塑造新人的时代重任。2014 年，学校推行本科生导师制，全方位多层次育人。以统计与管理学院为例，学生要向导师汇报个人主要收获、学习计划完成情况、学习生活重点以及其他感悟、感触；导师则根据学生的汇报，对学生的学习生活提供建设性意见、建议。

二是跨越校园，创新第二课堂，丰富人文素养。学校在国际化人才培养中历来注重实践教育。2018 年 6 月修订的《本科生第二课堂（实践教育）学分认定及实施办法》将实践教育分为七类内容，且将其纳入学生培养计划并计算学分。这七类分别是：实践与志愿服务类、学联与社团活动类、学术报告与讲座类、学科与文体竞赛类、创新创业与科研类、国（境）外访学游学类和形势与政策专题讲座。在来华留学生培养上，第二课堂开设相关专业课程辅导班和答疑工作坊，帮助其解决学业困难。而来华留学生实践教学则以国际学生联合会、留学生社团、艺术团为抓手，着重培养其中国情怀；同时兼顾留学生公益与志愿服务，多渠道全方位打造留学生志愿者服务项目，促进其融入社区、融入中国，助力知华友华高端人才培养。

三是面向社会，搭建第三课堂，厚植中国情怀。科学没有国界，但科学家有自己的祖国。学校结合专业特色，主动对接国家战略，大力实施具有全球胜任力的各类人才培养工程，培养拔尖创新人才、国际组织人才等国家急需人才，建设有体系、全流程的国际组织专业后备人才培养模式和基地。学校《思想政治理论课综合改革 3.0 方案（2023—2025）》提出，构建思政课实践教学体系。鼓励各门思政课开展实践教学，并相应认定学生的学分和指导教师的工作量。发挥好优秀实践教学参与人员和实践教学成果的长效育人功能。开门办思政思想课，推动思政课实践教学与学生实践活动、志愿活动结合，发挥"千村调查"、智库育人平台等上财品牌作用，探索思政课实践教学与党建相结合的新模式，厚植青年学生的家国情怀、责任担当、思想品德和知识技能，展现新时代中国青年、上财学子的精神风貌。

四是畅通渠道，拓展第四课堂，提供高端舞台。学生出国留学的准备过程和学习过程，既是科学知识的探索碰撞，也是中外文化的交流融合。为此，学校大力实施高校国际化人才培养新格局构建工程，进一步优化国（境）外合作布局，引入高水平中外合作办学伙伴，与世界名校共建非独立法人中外合作办学机构，打造全球一流人才培养平台；建设具有品牌效应的各类交流项目，升级孔子学院建设，打通学生国（境）外实习、学习、升学、就业的通道，以更包容的态度、更灵活的方式，打造更高端的中外合作交流平台。如在 2020 年 12 月，学校主办首届长三角国际论坛，邀请 2011 年诺贝尔经济学奖获得者托马斯·萨金特（Thomas J. Sargent）、2014 年诺贝尔经济学奖获得者让·梯若尔（Jean Tirole）、北京大学博雅讲席教授林毅夫、中国工商银行行长谷澍、美国西北大学凯洛格管理学院讲席教授杰妮斯·艾博丽（Janice Eberly）等国内外知名专家学者发表主旨演讲，搭建高校国际化人才培养高端平台，开展基于中国现实问题的国际化高水平研究。

五是紧盯网络，开辟第五课堂，提升思想境界。在"人人都有麦克风"的自媒体时代，学校顺应宣传思想工作新形势，结合高校话语受众特点，成立网络思想政治工作中心。一方面，加强网络思想文化阵地管理，主动抢占覆盖"手机屏、电脑屏、校园显示屏"，统筹推进集合校园网主页、新闻网、文明网、上财易班、各专题网站、新媒体平台、校园 App、校报（含电子版）、校内电子显示屏等为一体的学校网络思想文化平台建设,强化校园思想引导和舆论斗争的网络主阵地。另一方面,致力于网络文化品牌建设,积极探索网络文化内容、技术、渠道、资源的有效整合,推动社会主义核心价值观在网络上的传播与弘扬,陆续打造传统文化品牌(藏往知来)、学术创新品牌(上财食货志)、人才培养品牌学(在上财)、典型人物品牌(上财人/SUFER)、视觉文化品牌(微观上财/SHOW美财)等网络文化品牌,努力创制融媒精品,组织开展引导和扶持师生积极创作导向正确、内容生动、形式多样的网络文化产品,全面提升校园网络文化作品的传播力和影响力。

"心有所信,方能行远。"(出自陈望道翻译的马克思、恩格斯合著的《共产党宣言》)在鼓励和帮助学生"走出去"的同时,学校发挥专职辅导员在出国(境)交流交换学生日常思政教育中的作用,加强学生出国交流与交换的全过程管理,关心其学习生活,了解其思想政治状况;同时,采取学生结对的形式,将"传帮带"的有效做法运用于学生出国(境)交流与交换的全过程。学生到哪里,思政工作就做到哪里。外国语学院将思想政治教育与对外开放人才培养相结合,坚持"人在海外、组织建制、思想教育不间断"的思政教育工作机制,开展出国(境)交流学生的出国(境)前、交流中、回国后的思政教育,持续对学生进行爱国主义、集体主义、社会主义以及党的路线方针政策教育,以此解决跨境分段式学习带来的影响。

(三)来华留学生教育"招进来"与"教得好"有机统一

高校国际化人才培养的对象是青年,肩负着"以文明交流超越文明隔阂、以文明互鉴超越文明冲突、以文明共存超越文明优越"的重大使命。习近平总书记强调要加强国际理解教育,增进学生对不同国家、不同文化的认识和理解;促进中外语言互通,进一步深入推进友好学校教育深度合作与人文交流,在青少年心中打牢相互尊重、相互学习、热爱和平、维护正义、共同进步的思想根基。

在高校国际化人才培养"走出去"和"引进来"的双向进程中,提高来华留学生培养质量和管理水平,因其有利于为党和国家培养具有开放性战略格局的优秀人才,有利于让中国走向世界、让世界了解中国,所以这也是加强党的领导与高校国际化人才培养深度融合的应有之举和关键举措。而打造"留学中国"的品牌,关键在于提高来华留学生培养质量和管理水平。这是高等教育对外开放办学开放水平和教育质量最直观的显现。加强党的领导则是提高新时代高校国际化人才培养的基本前提。加强党的领导与高校国际化人才培养深度融合落实在来华留学生培养上,体现为既要招进来国外优秀学生,又要将其培养成为知华亲华友华的国际优秀人才。为此,学校大力实施"留学上财"品牌打造工程,着力建设世界优秀青年向往的留学目的地高校。

在来华留学生培养的教学方面，学校面向留学生群体推出高质量汉语课程教学。2010 年，国家汉办在学校设立"国际商务汉语教学与资源开发基地（上海）"。该基地主动顺应世界多元文化交流交融的时代大势，满足世界各地留学生学习商务汉语的需求，遵循国际汉语教育的内在规律，秉持改革创新、与时俱进的办学理念。在来华留学生日常思政教育方面，学校以高水平专职辅导员作为来华留学生日常教育与管理的主要组织者、实施者和指导者。配齐配足来华留学生专职辅导员，积极搭建中外学生沟通交流平台，在科研活动、文体活动、志愿活动中促进中外文化交流；充分调动来华留学生的积极性，丰富并发展包容开放的校园文化，发挥其特长和优势，逐步增加公益项目种类，扩大公益服务惠及面。既在实践中培养来华留学生勇于担当的社会责任感、乐于助人的优秀品质，又增强了其对当代中国社会的了解、理解和参与。学校来华留学生为智障儿童、福利院老人以及进城务工人员子女提供志愿服务。留学生志愿者队在与阳光之家、五角场街道创智坊、香港忧道基金会等公益服务组织合作开展志愿服务的基础上，与阜新路社区睦邻中心、阅读越精彩俱乐部达成合作协议，派遣留学生志愿者提供志愿服务，受到沪上多家媒体的关注和报道。一批来华留学生获得校"精神文明奖""十佳好人好事"等荣誉。2014 届商学院国际经济与贸易专业巴基斯坦籍校友哈比（Habib-ur-Rehman），积极组织上海市长宁区外籍人士平安志愿队，成为上海市的"平安志愿者"、中外友谊的使者，荣获上海市白玉兰奖。

五、坚持升级软件、硬件与勤俭持校同步同速——以内涵发展为基础

有效利用校园软件、硬件设施，于无声处贯彻落实党的教育方针，是高校国际化人才培养内涵式发展常态化的体现，因而也是加强党的领导与高校国际化人才培养深度融合的关键。同时，中国正处于也将长期处于社会主义初级阶段是我国最大的国情。加强党的领导与高校国际化人才培养深度融合既要升级软件、硬件，营造文明交流互鉴的校园环境，又必须立足国情实际，艰苦奋斗、勤俭办学。

（一）锻造上财精神，营造包容开放的校园环境

"教育贵于薰习，风气赖于浸染。"（出自中国著名的教育家郭秉文）高校国际化人才培养既要对标国际一流标准推进教学改革，也要营造开放包容的校园环境，将文化自信和文化认同融入人才培养。构建包容开放的校园环境也是加强党的领导与高等教育对外开放深度融合的重要举措，即以科学设计与合理布局，推进中外优秀文化成果和谐共生。一是重视红色资源的开发与建设，将学校发展史与党史、新

中国史、改革开放史、社会主义发展史相结合,打造中国特色社会主义的标志性文化符号,让中外师生体悟当代中国的精神风貌和建设成果;二是构建不同文化、种族、宗教的学生在学习生活中相互交流的平台和机制,在中外学生、汉族学生与少数民族学生的交流互动中,促进文明交汇和文化认同;三是营造学术交流合作的开放氛围,建设中外教师一体的教研团队,打破部门之间、院所之间的壁垒,通过教学项目、课程建设、学术研究上的合作互动,营造包容开放、百家争鸣的师资建设氛围。

学校对外开放办学既注重商业学术与技术的灌输,更注重"自由"的校园氛围营造、学生的意志锻炼和情感陶冶。一是自由的氛围。大学是文化传播和文明传承的殿堂,有自由,才有活力。学校国际化人才培养在党的集中统一领导下,坚持学者治校、学术自由、学生自治,在沟通交流、团结合作中,树立独立的人格,养成自由的精神,激发创造的潜能。二是踏实的作风。"九层之台,起于累土。"(春秋·老子《道德经》第六十四章)学校国际化人才培养尊重规律,注重基础,循序渐进,以精细、勤勉的态度认真学习与工作。2019年,学校在初步建成国际知名、具有鲜明财经特色的高水平研究型大学的基础上,进一步提出建设鲜明财经特色世界一流大学,体现了新时代学校国际化人才培养脚踏实地的作风。三是博爱的情怀。学校对外开放办学既有财经特色,又重博爱精神。20世纪50年代,各地争相创办财经院校,师资缺口巨大,学校大力支援吉林、河南、黑龙江和安徽等地筹建财经院校。这种博爱情怀一直是上财人才培养的精神坚守。原新疆生产建设兵团司令员金云辉,毕业时远赴大西北支援边疆建设。他曾这样写道:"虽然那里当前的经济还不够发达,生活还不够富裕,但我们热爱它、建设它、保卫它的意志和信念没有动摇过。"

(二)升级硬件设施,适应对外开放办学的要求

校园环境的营造既有校园氛围的合力营造与内在熏陶,又有硬件设施的资源分布与开放整合。有效利用校园内部硬件设施,于无声处贯彻落实党的教育方针,也是促进党的领导与高校国际化人才培养深度融合的必要举措。构建文明交流互鉴的校园环境,其校园各项硬件设施要适应对外开放办学的要求的实现转换升级。这至少包括以下几个方面:一是各项硬件的建设标准应对标国际化的要求,从"够用就行"的陈旧思维中转变过来,应时刻保持"可以更好"的发展意识;二是硬件设施的保护应注重在充分使用中保护,而不是以"少使用"来消极地减少损耗,避免校园硬件建设失去为师生服务的初衷;三是校园硬件的建设应朝着智能化的方向迈进,促进硬件之间信息的交互与共享,促进校园环境建设美丽、和谐与智能;四是校

园硬件建设应尽力体现人文情怀，使校园的人、事、物成为师生心中美好与温馨的回忆，唤醒校园硬件设施的人文生命力，在不同的文化文明中寻求人类情感的共鸣。

"工欲善其事，必先利其器。"（《论语·卫灵公》）优美的校园环境和现代化的教学设施具有"润物细无声"的育人效果。学校将人文关怀融入校园硬件设施的改造升级中，坚持软件、硬件同步升级。一是建设"两馆"，展现中国高等商学教育历史。学校百年发展史是中国高等商学教育发展的缩影。2017年，国内首家商学博物馆在上海财经大学开馆，以商学馆为核心，辅以保险馆、税票馆、货币馆、算具馆，通过海量商学书籍、各国货币等，多视角展现中国商学史和商业文化，展现中国高等商学教育发展历程。与商学博物馆同时揭幕的新校史馆，以翔实的史料和丰富的展示手段，完整地呈现了百年学府从创立、成长到发展壮大的历史。二是丰富人文景观，继承和弘扬前辈先贤精神。抗战期间，国立上海商学院两度新建校舍，两度毁于侵略者的炮火。2016年，学校在武东路校区复建原上海商学院校门并为马寅初先生塑像。复建的老校门是连通历史与现实的"时空之门"，与学校的精神一脉相承，同民族的命运休戚相关。在积贫积弱的年代，马寅初先生与诸多同仁一起书写了中国高等商科教育绚烂的序章。马寅初先生塑像的落成，既是对他的纪念，也是对中国高等商学教育发展的艰辛道路的铭记。丰富的校园人文景观承载着前辈先贤的光荣与梦想，镶嵌在中外优秀学子的记忆中，使上财精神、民族精神成为中外文化交流互鉴的基础。

（三）秉持勤俭传统，坚持走内涵式发展的道路

随着经济社会的不断发展，我国高等教育事业取得了史无前例的大发展，但同时仍面临优质教育资源相对不足的困难。加强党的领导与国际化人才培养深度融合要以服务中外师生学习生活为根本，秉持勤俭办学的传统，改造教学设施，为中外师生教学、学习、研究创造便利的校园生活环境。学校在百年征程中，十易其址，初心不改。

学校创立之初，曾临时租用校舍，因陋就简。新中国成立以后，学校坚持勤俭办学，精细核算，讲求效益。改革开放以来，学校继续秉持质量优先、内涵发展，拒斥办学上的"头脑发热"和"大跃进"，在校园建设上，坚持就地就近发展，硬件建设以修旧改造为主，不求奢华，力戒铺张浪费。近年来，学校适应国际化人才培养需要，坚持以人为本，集中有限资源，升级校园各项硬件设施，优先改善师生的工作、学习和生活条件。先后升级改造图书馆、档案馆、大学生活动中心、学生食堂、教师公寓等，新建改建实验楼、体育馆、大学生创业中心、医疗健康服务中心和学生宿舍等与师生学习生活密切相关的硬件场所和设施，并利用现代信息技术手段，完善教

育功能性设施，为国际化人才培养提供后勤保障。

六、坚持增强组织保障与教学质量同程同重——以党的建设为引领

增强组织保障与提高教学质量是同一过程，同等重要。加强党的领导与高校国际化人才培养深度融合要以党的建设为引领，充分发挥基层党组织的战斗堡垒作用和党员的先锋模范作用，将党的指导思想、社会理想、执政理念和决策部署融入高校国际化人才培养，有效防范化解风险，全面提升教育教学水平。学校第八次党代会报告指出："坚持社会主义办学方向，为党育人、为国育才，在管党治党和办学治校各项工作中坚决贯彻党的路线、方针、政策。"

（一）发挥党委把方向、管大局、做决策、保落实的重要作用

中国特色社会主义制度的最大优势是中国共产党领导。高校国际化人才培养要想成功应对新时代的新挑战，准确把握改革发展的新机遇，就必须坚持党管办学方向、管改革发展、管干部、管人才，扎根中国、融通中外，立足时代、面向未来，坚定不移地走自己的高等教育发展道路。习近平总书记指出："学校是意识形态工作的前沿阵地，可不是一个象牙之塔，也不是一个桃花源。"[①]新时代高校国际化人才培养要想成功应对意识形态领域复杂的形势和斗争，就必须加强党的全面领导，健全完善风险防控体系，围绕服务国家战略，牢牢把握立德树人的主动权和话语权，保持政治上的清醒和定力。

学校在扩大和加快对外开放办学的过程中，要始终把党的领导贯彻高校国际化人才培养全过程，提高政治站位，增强底线思维，强化风险意识、保密意识和国家安全意识；加强对长短期外籍教师、来校交流人员、来华留学人员的规范管理，加强对出国人员的教育。校党委在中外合作办学项目审核、审批，国（境）外合作院校遴选，学科建设，学术交流，互派访问学者、交换/交流学生，举办短期密集课程（Short Intensive Courses），举办海外专家学者参加的研讨会（Seminar）、论坛、年会和峰会，领导干部和教职员工出国（境）短期培训，实验室建设，外文网站和自媒体平台建设等方面，坚持马克思主义指导思想，坚持加强党的领导，全面落实意识形态工作主体责任，做到守土有责、守土负责、守土尽责。

（二）激活凝聚党委领导、学院创新、部门协同的动力和合力

高校国际化人才培养要结合高等学校办学特色和人才培养的特点，鼓励各学

---

① 习近平. 思政课是落实立德树人根本任务的关键课程［J］. 求是，2020(17).

院和学科先行先试。因此，加强党的领导与高校国际化人才培养深度融合，既要应对意识形态领域面临的新形势的需要，也是破除制约扩大和加快高校国际化人才培养提质增效体制机制障碍的需要：在领导体制、管理模式、沟通机制、流程管理、应急处理等各项环节上，从推进主体、制度构建、运行机制等层面，处理好扩大和加快高校国际化人才培养提质增效中的各种辩证关系，发挥党委领导的动力、激活学院创新的活力、凝聚部门协同的合力。

概括起来，主要是正确处理以下三个方面的辩证关系：一是正确处理高校国际化人才培养主体与执行主体之间的关系。高校国际化人才培养在高校各项改革中逐步推进，必然要求加强党对高校国际化人才培养的领导，明确责任，建立"第一责任人"制度，做到"一级推动"与"多级联动"的紧密配合。二是正确处理高校国际化人才培养制度建立与制度落实之间的关系。常态化机制的构建核心在于制度，而制度的制定偏离现实且未与各参与主体的现实性发展结合起来，制度的落实就会变成一种形式化的"文本表达"。三是正确处理高校国际化人才培养"规定动作"与"自选动作"的关系。把"规定动作"做到位、"自选动作"做精彩，既要避免"规定动作"因过于刻板而缺少灵动性，又要防止"自选动作"因过于宽泛而偏离初衷。

学校坚持党委领导下的校长负责制，统筹各类资源，着力构筑覆盖"学校、学院、学者、学术、学生"五位一体的立体式对外开放人才培养办学体系。学校整体层面：借鉴世界一流大学办学经验，凝聚整体性发展目标的共识，落实管理机构、人员编制和经费等保障措施，协调国内外师资在教学理念、课程建设与利益分配上的矛盾，处理国际通行做法与国内传统文化上的冲突，破除机构之间在具体分工与整体性目标实现之间的协同性壁垒，全面提升高校国际化人才培养水平。承担教学任务的二级单位：借鉴世界一流大学人才培养模式，拓展合作办学项目类型，不断增强国际交流与合作能力。各相关职能部门与之匹配，组建既有政治性标准又有专业化水平、掌握国际先进管理技术的管理团队，建设政治过硬、能力过硬、格局大、眼光远的外事工作队伍。由此实现国际化人才培养提质增效。

（三）建设独立自主的学术评价、荣誉授予和激励约束机制

如前所述，我国高等教育对外开放办学走过了学习西方、自立自强、迈向国际的艰难历程，而在借鉴西方高等教育人才培养方案、课程建设体系、教学管理机制，引进海外师资、拓展海外教育资源的同时，在一定程度上接纳和采用了西方社会的学术评价体系、荣誉授予机制。然而，西方的并不是国际的。区分西方的与国际的，新时代高校国际化人才培养要有独立自主的学术评价机制、蕴含社会主义核心价值观的荣誉授予机制以及权责能效相匹配的激励约束机制，彰显中国特色，培养

服务国家战略、贡献世界文明的全面发展的优秀人才。

一是坚持马克思主义指导思想，建立独立自主的学术评价机制，避免过度依赖、推崇西方学术评价指标，丧失自身的特色。无论是自然科学，还是人文社会科学，都不能因自身学科的特殊性而架空党的领导，偏离社会主义办学方向，违背为中国特色社会主义事业培养人才的宗旨。

二是面向师生，建立蕴含社会主义核心价值观的荣誉授予机制。坚持以"四个服务"为导向，教育引导学生把握好世界观、人生观、价值观的"总开关"；严格严肃师德师风，做有理想信念、有道德情操、有扎实学识、有仁爱之心的"四有"好老师。

三是建立权责相匹配的激励约束机制和监督考核机制。扩大和加快国际化人才培养提质增效需要投入大量的人、财、物，为此需要在党委的统一领导下，建立必要的投入保障机制。与之相应，要建立投入与产出相匹配的激励约束机制和监督考核机制，完善高校国际化人才培养的评价指标，加强监督检查，加快推进培养更具全球竞争力的人才。

第五章
守正创新：积极建设与世界一流大学
比肩的卓越师资高地

　　教育对外开放是我国改革开放事业的重要组成部分,是教育现代化的鲜明特征,是推进高等教育强国建设的必由之路。经过长期努力,我国教育对外开放事业取得了重大成就,极大提升了我国教育综合实力和国际影响力,为社会主义现代化建设作出了重要贡献。加快和扩大新时代教育对外开放,是教育发展的需要,是国家建设的需要,更是新时代发展的需要。党的十八大以来,习近平总书记多次阐述"教育对外开放"理念,为新时代教育对外开放指明了更加清晰的发展蓝图。2016年4月印发的《关于做好新时期教育对外开放工作的若干意见》,是新中国成立以来党中央、国务院首次对教育对外开放进行全面指导的第一个纲领性文件。该文件对新时期教育对外开放进行了顶层设计,为教育对外开放具体政策的制定提供了根本遵循。

　　在教育对外开放的背景下,高校必须牢牢掌握党对教师队伍建设的领导权。2018年1月,中共中央、国务院印发《关于全面深化新时代教师队伍建设改革的意见》,就深入贯彻落实党的十九大精神,造就党和人民满意的高素质专业化创新型教师队伍提出了意见,并提出要充分发挥党委(党组)的领导和把关作用,确保党牢牢掌握教师队伍建设的领导权,保证教师队伍建设正确的政治方向。2020年6月印发的《教育部等八部门关于加快和扩大新时代教育对外开放的意见》也提出,要充分发挥各级党委领导作用,把党的全面领导贯穿教育对外开放全过程。

　　面对新时代、新形势、新任务,如何在教育对外开放中进一步加强党对高校师资队伍建设的领导,是摆在国内高校面前的一项重大课题。对于此课题,可分解成若干个重要子课题加以研究论证。具体而言,如何评估教育对外开放中高校师资队伍建设的历史成就和形势任务? 上海财经大学师资队伍建设尤其是国际化建设经历了怎样的路径选择、演进过程、阶段特征及经验成效? 党的领导在其中发挥了什么样的作用? 新时期教育对外开放中在师资队伍建设的哪些关键环节需要加强党的领导? 如何构建新形势下党对师资队伍建设领导的机制? 对这些问题的梳理和明确,有助于从师资队伍建设方面,为新形势下如何确保我国高等教育对外开放中牢牢把握好社会主义办学方向提供理论基础、政策依据和实践指导。

第一节　国际化师资队伍建设的新要求

教育对外开放在中国改革开放事业中是走在前列的。1978 年 6 月,邓小平在听取清华大学校长刘达的工作汇报后,作出了恢复和加快大规模派遣留学生的重要战略决策,也拉开了改革开放后教育对外开放的序幕。改革开放四十多年来,我国教育对外开放已经涵盖出国留学教育、来华留学教育、中外合作办学、境外办学、汉语国际推广、外国专家与外籍教师引进、海外留学归国教师引进等诸多实践领域,均取得了空前的发展成就。在教育对外开放中,高校师资队伍建设也取得了巨大的历史成就,同时面临着国内外许多新的形势,需要进一步加强党的领导,并明确新时期的重点任务。

第一,高校师资队伍规模结构全面改善。改革开放四十多年来,高校教师数量大幅增加,队伍结构不断优化,教师素质不断提升,基本满足高等教育发展的需要。在此过程中,我国从上至下结合国家发展战略及重大需求,不断建立健全海外人才"引用育留"机制,设立了不同层次的各类人才计划项目,凝聚了一大批海外高层次优秀人才进入高校师资队伍,使得师资队伍建设方面的教育对外开放也取得了长足的进步。

第二,高校师资队伍高端人才不断涌现。当前国内高校正加快建设世界一流大学和世界一流学科,如何衡量这个世界一流,就要看我们集聚了多少世界一流的人才。经过四十多年的教育对外开放,国内高校纷纷实行引进与培育相结合的师资队伍建设方针,将国际优质教育资源引入自身的师资队伍建设中,凝聚和培养了一大批对国家发展战略和重大需求作出重要贡献的高端人才。这些人才中既有海外留学归国的,也有完全本土培养的。

第三,高校师资队伍国际影响空前增强。与中国经济在不断对外开放中实现快速增长和空前国际影响类似,中国高校的师资队伍在教育对外开放过程中的国际影响力也空前增强。这表现在许多方面,包括在国际重要学术组织、学术期刊中的任职,在国际重要权威学术会议上的报告,在国际重要权威期刊的大规模论文发表,在国际重要权威出版社的专著出版等。这些从不同侧面彰显了我国高校师资队伍的国际影响力。

党的十八大以来,尤其是党的十九大之后,随着世界政治经济形势的发展变化和中国社会经济发展进入新阶段，国内高校师资队伍建设面临一些新的国际国内形势。从国际层面来看，当今世界正经历百年未有之大变局，新冠疫情全球大流行使这个大变局加速变化，保护主义、单边主义上升，逆全球化思潮抬头，国际经济、科技、文化、安全、政治等格局都正发生深刻调整，经济全球化的进程有所停滞乃至倒退，美国不断退出国际条约并从经济、政治、军事、科技、教育、意识形态等领域对中国加以围追堵截，同时世界各国对于高层次拔尖人才、领军人才的争夺也日趋激烈，这些都使得中国在国际优质教育资源包括人才资源的引进方面面临新的瓶颈制约。

从国内层面来看，一方面，国家"双一流"建设的深入推进，为国内高校师资队伍建设提供了有利的政策支持；另一方面，中国经济已从高速增长阶段进入高质量发展阶段，而在中低速增长时代，无论是政府还是企业，都正面临财务紧约束，这使得高校从政府和社会获得的财力支持有所削弱，师资队伍建设所面临的财政约束正在收紧。从高校内部来看，近年来高校师德师风问题频现，在思想政治、理想信念、职业道德、师生关系、学术风气等方面都出现了一批负面典型案例，造成了不良社会影响。此外，由于过去十多年来国内高校国际化的不断推进，师资队伍中外籍教师、海归教师的比重逐步提升，这些教师不同程度地存在对于现实国情的隔阂、对于意识形态的淡漠、对于思想政治的生疏，使得高校师资队伍建设面临一些新挑战。

面对新的国内外发展形势，国内高校师资队伍建设需要进一步加强党的领导，并围绕一些重点任务作出适应性调整。**一要**坚持社会主义办学方向，把师德师风建设摆在师资队伍建设的首要位置，坚持"教育与规范并重，激励与约束并举"，深入引导广大教师争做"四有"好老师和"四个引路人"。**二要**坚持党管人才工作方针，科学制定人才引进和培育规划，统筹国际国内两个人才市场，努力建设与学校发展目标定位相匹配的规模适度、结构合理、质量一流的创新型师资队伍。**三要**坚持立足中国深化教师考核评价制度改革，引导广大教师，无论是海归教师还是本土教师，都要把学术论文写在中国大地上，研究中国问题、讲述中国故事、传递中国声音。

第二节　国际化师资队伍建设的实践案例

开放办学是上海财经大学这所百年名校的历史基因。自 2004 年以来，上海财经大学进一步加大教育对外开放，以引进海外优秀人才并切实发挥作用为突破口，建设高水平国际化师资队伍,进而实施对接国家战略和主动融入国际教育发展趋势的综合教育改革,推进高水平研究型大学建设和世界一流学科建设,学校经济学创新平台入选国家优势学科创新平台项目首块试验田。2011年初,学校以此为核心内容申报国家教育体制改革试点项目"探索开放环境下高校师资队伍建设模式"获准立项,进一步明确改革目标、创新工作举措、健全工作机制、加强经费保障和政策配套等,举全校之力深入探索开放环境下高校师资队伍建设模式,试点改革取得了显著成效并产生了广泛影响和示范效应。

2017年学校入选国家首批"双一流"建设高校,确立了世界一流学科建设目标。对标"双一流"建设要求,学校进一步深化人事制度综合改革,加强一流师资队伍建设,加快师资队伍国际化进程。2019年5月,学校召开中国共产党上海财经大学第八次代表大会。大会提出,到21世纪中叶初步建成具有鲜明财经特色的世界一流大学。2022年学校应用经济学入选第二轮"双一流"建设高校及建设学科名单,这对新时期学校师资队伍建设提出了新的更高要求。通过对学校对外开放办学中师资队伍建设尤其是国际化师资建设的历史路径、发展现状、制度创新、成效挑战以及在此过程中党的领导所发挥的作用等的系统分析,回顾历史,总结经验,有助于厘清改革思路,找准新时期教育对外开放中加强党对师资队伍建设领导的关键环节。

一、师资队伍国际化的路径与现状

国际化办学是上海财经大学的传统和特色,是学校与生俱来的办学基因。1978年复校以前,学校从创办之时起,即重视引进、选聘具有国际学术背景的高水平师资,学校的奠基人和开拓者摸索将现代西方商学教育与中国国情相结合,培养本土化新型商学人才的道路。时任教师中具有海外留学经历者占比约在70%以上,他们具有强烈的爱国情怀和报国志向。1978年复校后,开放办学成为上海财经大学选择的改革和发展之路,伴随着改革开放,学校放眼世界,师资队伍建设战略采用走出去与引进来相结合,选派教师公费出国(境)进修、培训和留学,聘请外国学者担任顾问、教授,邀请国际知名学者来校访问,聘请外籍教师担任短期、长期外教,致力于建设以经济、管理学科为核心的教学型大学。

20世纪90年代初,学校在《教育事业十年规划和"八五"计划纲要》中提出,建设成为一所以经济、管理学类为主,经济、管理、理工、法政结合的综合性大学,既是教学中心,又是科研中心,建立能主动适应经济与社会发展的有效机制,在国内居于一流、领先地位,在国际上有一定的影响。师资队伍建设要求从原来的培育教学型师资转变为引育、教学、科研兼备的人才。90年代中期,建设双语师资队伍成为学校国际化办学的重要战略，年轻教师非常珍惜出国进修机会，努力学习取得了成果，这些有幸获得出国机会的教师大部分成为学校国际化办学的骨干。

2000 年，学校在"十五"发展计划中，第一次明确提出了国际化的发展目标。2003 年学校在总体发展战略规划中，进一步将国际化与现代化、信息化一起作为支撑学校发展的三大发展战略。2004 年 6 月，学校召开了全校国际化工作会议，通过了《国际化办学发展纲要》，制定了全方位推进国际化办学的系统方略。学校探索尝试体制机制创新，率先打破过去国内高校为海外高层次人才开辟体制外特区的传统做法，把在全球范围内配置的高层次领军人才、杰出人才和优秀人才资源直接纳入体制内建制，施行了旨在对接国际先进学术标准提升人才培养质量和知识贡献水平的全方位教育教学改革。

在此过程中，积极引入世界一流大学特别是北美一流研究型大学普遍采用的"常任轨"制度。经过多年的大胆探索、砥砺前行，借鉴国际一流研究型大学的师资管理经验，创新人才工作体制机制，探索融入国际、立足国情、符合校情、关心社情的师资队伍建设模式，构建了以"常任轨"为核心、以海外院长为引领、以特聘教授为支撑的三位一体的国际化师资队伍框架，健全"以用为本、注重绩效、高端引领、批量跟进，引得进、用得好、留得住、流得动"的良性机制。"十二五"时期，学校发展定位和目标进一步明确为"国际知名的具有鲜明财经特色的高水平研究型大学"。

2019 年，学校第八次党代会报告提出，"努力建设鲜明财经特色世界一流大学"，学校逐步确立了以中国特色、世界一流为核心，以现代化、国际化、信息化为框架的立体式战略布局，以广阔的国际视野推动学校全方位的改革，构建了富有上财特色的师资队伍建设模式，汇聚了一批具有国际视野、熟悉国际规则、具有国际学术影响力的优秀青年教师，形成了一支具有国际显示度和竞争力的师资队伍。

截至 2020 年 7 月，学校先后引进超过 360 位优秀人才进入"常任轨"，在岗 200 人，其中常任教职 61 人（正高 25 人，副高 36 人），正高 29 人，副高 84 人，62 人入选国家和省部级高层次人才，成为学校高层次人才队伍的主要来源和重要增长点。学校先后聘请 10 名具有国际学术影响力的领军人才担任院长，近 50 位海内外知名专家学者担任特聘教授。"三位一体"国际化师资队伍的建立，有力地带动了学校师资队伍整体结构的不断优化，学校师资队伍的学历结构显著提升，90% 的教师具有博士学位，其中具有海外博士学位的占 30.7%，从海外高校获得最高学位的教师规模稳步提升；有 4.2% 的教师具有外国国籍或港澳台籍，外国国籍的教师主要来自加拿大、美国、韩国、英国、俄罗斯、日本、荷兰等国家和地区，其中非华裔教师占外国国籍和港澳台籍教师的 50%。学校平均每年派出 30 名左右的"国内轨"教师出国进行 3~12 个月的访问研修，截至 2020 年 7 月，"国内轨"教师中有半年以上出国经历的有 423 位,在全部教师中占比 46.8%。

二、师资队伍国际化的制度演进与创新

学校的核心竞争力在于人才,先进的办学理念和教育教学方法的载体也是人才,尤其是高水平的学术领军人才。改革开放以来,中国已有一大批海外华人学者活跃在国际学术舞台上,取得了丰硕的学术成果。他们既了解中国国情,又熟悉国际先进理念和制度,并且十分热爱祖国,希望祖国强大,有着强烈的报效祖国之志。他们所具备的国际先进教学科研管理理念和方法可以弥补本土学者在这方面的欠缺,他们所具备的学术影响力和学术关系网络则有助于引进海内外的优秀师资来培养高素质的人才,从事高水平的研究,而这正是学校的改革目标和路径所迫切需要的。因此,学校本着"创新机制、国际竞争、以用为本、高端引领、整体推进"的改革思路,将聘任海外知名华裔学者担任体制内的实职院长作为改革的切入点,借助他们的经验和海外资源,大力引进海外优秀人才,带动师资队伍素质的整体提升,探索高水平国际化师资队伍建设的上财模式,进而全方位地推进综合教育教学改革。

21 世纪初期,学校创新干部人事制度,实行海外院长实聘。赋予海外院长实际的人、财、物三方面的权力和责任,实现"不为所有,但求所用"的用人目标。建立开放式的灵活柔性的人才引进体制,实施特聘教授制度,探索灵活引进海外人才。自 2004 年起,学校成规模地引进了一批毕业于海外著名高校的优秀博士进入"常任轨"体系,参照世界排名在前 50 位左右的研究型大学的标准予以管理和考核,同时为规范"常任轨"教师的管理,学校在制度建设上进行大胆的创新和有益的探索,采用了一系列新的人才引进和开发机制。

(一)国际通行的人才引进机制

学校授权,由海外院长牵头组织招聘小组,利用海外成熟的人才市场和招聘渠道进行选拔录用;对求职的海外名校的博士毕业生,参照海外高校通行的录用师资程序严格选拔,确保引进人才的质量。

(二)与国际接轨的培养机制

参照国际一流大学师资培养模式,积极为教师构筑"五位一体"的学术交流平台,包括学院定期研讨会(Seminar)、不定期讲习班(Workshop)、特聘教授专家讲座(Lecture)、主办和参与各类论坛和国际高端学术会议等,打破学院壁垒,由点到面,全校共享学术交流机会。

（三）严格规范的考核机制

学校与"常任轨"教师签订的首个聘用合同期一般为 6 年，对"常任轨"教师的考核分为年度考核、中期考核和终期考核，学校规定各学院成立晋升与常任教职评审委员会，为对"常任轨"教师的续约、晋升和授予"常任教职"进行公平、全面的考核提供保障。考虑"常任轨"教师的研究主要是国际性和原创性导向的，学校对其学术评价采取国际同行评议机制。为了使考核与晋升更加规范、科学、有据可依，学校对不同学科制定了国际高水平期刊分级目录。

（四）市场化的薪酬激励机制

"常任轨"教师主要面向国际市场配置。在开放竞争的人才市场环境下，学校不仅面临着与其他知识密集型行业竞争，而且面临着国际和国内高校的激烈竞争。要想在人才竞争中取得优势，就必须提供有市场竞争力的薪酬水平。

（五）双轨互通的管理机制

学校实行"常任轨"和"国内轨"并行的制度体系。进入"常任轨"的人才，适用按照国际学术标准制定的考核管理方法，既享有与国内轨道教师不同的待遇，也面临优胜劣汰的更大压力。原有存量教师的管理，仍然按照学校现行标准，符合条件者依据规定可以申请进入"常任轨"，接受更高标准的考核并享受相应的待遇。

（六）顺畅的流动退出机制

长期以来"能进不能去"一直是困扰国内高校的难题，而顺畅的流动退出机制应是现代大学教师管理制度的重要内容，而"非升即走"（Up or Out）正是"常任轨"制度最显著的特点之一，与"常任教职"一起构成早期竞争择优与晚期职业保护的制度优势。先后出台管理办法，建立"常任轨"教师的晋升激励、考核管理，非"常任轨"教师申请进入"常任轨"以及获得"常任教职"教师的考评要求。

学校改革的载体"经济学创新平台"得到教育部、财政部和国务院学位办的联合立项，其后作为先导被凝练推广为国家"优势学科创新平台项目"的战略性制度安排。通过十余年建设，国际化人才体系初步形成，借鉴国际主流师资管理模式和学术评价标准，学校进行以"常任轨"为核心的师资管理制度创新，同时辅以海外院长"非全时实聘"和海外特聘教授等制度为引领和支撑，汇聚了一批具有国际视野、熟悉国际规则、具有国际学术影响力的领军人才、学术骨干和优秀青年教师，先后从哈佛大学、牛津大学、普林斯顿大学、加利福尼亚大学伯克利分校、斯坦福大学、多伦多大学等海外名校引进百余位优秀博士，聘请 10 名具有国际学术影响力的领军人才担任院长,先后邀请百余名海外知名专家学者担任特聘教授,初步形成了以"常任轨"为核心、以海外院长为引领、以特聘教授为支撑的"三位一体"的国际化师资队伍框架。

在师资国际化的战略驱动下,学校在国家级人才计划上屡有斩获,师资队伍整体结构实现不断优化,师资队伍的学历结构显著提升,学缘结构更加开放,年龄更趋于年轻化,国际化水平显著提高;引进国际通行的课程体系设置、人才培养模式,构筑和完善拔尖计划、卓越计划和创业计划"三类型"人才培养模式;在高水平科研产出、重大研究项目立项、科研获奖等方面取得了好成绩;在国际学科排名,从榜上无名到榜上有名且位次不断上升,学校的国内外学术声誉得以显著提升。

在花大力气引进海外人才之后,学校发现,海归教师一般是国外名校毕业,归国时总是踌躇满志,希望实现自我价值,但是由于缺乏对国情的准确认识,不能很好地适应国内环境,因此会出现"水土不服"的现象。在此背景下,学校党委统筹部署,以社会主义核心价值观为引领,通过"思想引领、教研融入、实践延伸、育人为本"构建了四位一体的海归教师国情教育体系,通过一系列国情、校情、院情教育,帮助新进海归教师尽快完成工作、环境、身份的转变。鼓励并引导"常任轨"教师本土化,与本土教师加强合作,用前沿的理论研究方法解决国内当前的热点难点问题。

学校师资队伍建设体制机制创新一开始就没有采取建"特区"的模式,让他们在一个独立的体制环境中运行,而是直接嵌入原有体制之中,从而直接触发了对传统的师资、教学、科研,以及行政管理模式和制度的深刻变革。2013年学校召开师资队伍建设工作会议,总结经验,以问题为导向,出台《关于进一步加强师资队伍建设的意见》,按照"改革创新、高端引领、国际竞争、引培并重"的指导方针,深入探索开放环境下师资队伍建设模式,以引导和支持每一位教师追求卓越为导向,加快构建人才高地。该意见首次明确了推进双轨师资融合。自2016年起,国家先后统筹推进"双一流"建设,召开全国高校思政工作会议,颁布《关于深化人才发展体制机制改革的意见》和《教育部关于深化高校教师考核评价制度改革的指导意见》,召开全国教育大会,印发《关于全面深化新时代教师队伍建设改革的意见》。围绕上级提出的党管人才、加强师德把关、注重人才培养、完善人才评价机制等一系列重大改革要求,学校第八次党代会将"努力建设鲜明财经特色世界一流大学"作为新时代学校发展的长远战略目标。学校围绕这一目标,结合校情,在学校党委引领下实行"常任轨"和"国内轨"并行的制度体系,借鉴"常任轨"制度变革存量教师管理机制,分步健全开放性、互通式的"双轨制"师资管理制度,促进双轨融合发展,并做到"三个坚持",加强党对师资队伍建设的领导。

一是坚持思政和师德为先。在加强教师思想政治工作和师德师风建设上，成立党建和思想政治工作领导小组、校教师思政与师德建设委员会，建立健全教师思政与师德师风的领导体制。独立设置党委教师工作部，统筹推进教师思想政治工作，多视角、多维度联动，构建完备的学校思想政治工作"大格局"。出台加强教师思想政治工作及师德师风建设的实施意见和师德失范行为处理办法，推动健全师德建设长效机制。每月开展"书记下午茶"活动，加强学校与高层次人才交流沟通，搭建海归教师思想政治教育新平台。严把教师引进和管理的政治关、思想关，构建双轨师德考核机制，把师德放在双轨教师工作业绩考评的首位，守住底线，坚持高线，提高均线，发掘师德典型，讲好师德故事，注重感召，弘扬楷模，形成强大正能量。求新践新，以"思政育人"为顶梁，以"书记谈心系列活动"为支柱，全面构建一体化思政育人体系，贯彻落实"立德树人"根本任务，理论研究、制度建设、实践创新相结合，以一流党建思政工作引领一流师资队伍建设。

二是坚持党管人才。在人才工作顶层设计上，学校成立人才工作领导小组，设置人才工作办公室挂靠党委教师工作部，加强和改进党对人才工作的领导，健全党管人才的领导体制和工作格局，创新党管人才的方式方法。打通双轨壁垒，建立六阶梯高层次人才体系，以能力、水平为导向，同平台实施培育。"常任轨"以海外人才市场为主，因此需要根据国际人才市场配置薪酬，学校通过大力实施校内"1351人才工程"，推行"讲席教授""讲席副教授"制度，为"国内轨"中的学科带头人和学术骨干提供讲席津贴，避免双轨教师因待遇差距等因素而产生矛盾，同时设立"创新团队支持计划"，鼓励双轨教师以团队的形式加强交流、合作，促进融合。分步完善党管人才（领导直接联系服务人才工作实施办法，以"书记系列活动——书记下午茶"平台为载体，紧密联系人才，创新党管人才方式方法）、人才引进（新进教师职务聘任"绿色通道"实施办法）、人才遴选（人才项目校内遴选办法）、人才评价（成立校人才遴选与评价委员会）、人才资助（"英贤学者"选聘管理办法）、人才服务（高层次人才医疗保健服务工作实施办法）等配套政策。

三是坚持高质量评价导向。（1）参照"常任轨"高标准的考核体系，加强"国内轨"教师聘期考核退出机制，全面实行新进中级人员非达标即走的首聘期退出机制，实现师资队伍水平的整体提升；在"国内轨"职务聘任和岗位聘用中，逐步创造条件，建立"分学科、高质量、多元化"的考核评价机制，完善绩效导向的薪酬激励机制，在提高考核标准的同时，不断扩大年薪制适用范围；通过中青年骨干教师进修计划、双语师资培养计划、科研资助计划及与双轨教师合作研究计划、学术休假、特聘教授引领等举措来推动"国内轨"教师国际化转型。（2）持续引导"常任轨"教师本土化，与本土教师加强合作，联合申请国家基金项目，将国内高水平期刊纳入其考核指标体系。(3)共同强化双轨教师教学、科研目标,在双轨考核评价体系中明确本科教学、教学质量、担任班主任等要求,回归教书育人、立德树人的职责,积极参加教学培训,提升教学能力;鼓励并引导双轨教师坚持贯彻"顶天立地"方针,在追求理论研究前沿的同时,进一步做好科研成果"落地"转化,围绕国家改革和发展中的重大战略性问题和当前社会难点热点问题进行联合攻关,为国家建言献策。

三、师资队伍国际化的建设成效与挑战

经过近年来以双轨融合为主线的改革,学校探索融入国际、立足国情、符合校情的师资队伍建设模式,已形成一支师德好、水平高、国际化、研究型的师资队伍。师资队伍结构持续优化,全职引进多位外籍专家,国际化水平凸显。吸引了一批海外高层次人才,学术领军人才和学科带头人建设屡有突破。获批"高校国际化示范学院推进计划","经济学前沿理论与方法学科创新引智基地""会计改革与发展创新引智基地"先后入选"111基地"建设计划,柔性引入了美国斯坦福大学经济系终身教授、美国人文与科学院院士格瑞夫(Greif)等大批高水平专家。在人才培养方面,形成上财特色鲜明的多层次、全方位、高水平的卓越财经人才培养体系,多个专业入选国家级一流本科专业,学校入选首批"全国高校创新创业50强"和教育部深化创新创业教育改革示范高校,实现了国家级教学成果奖一等奖的突破,具有重要影响力的教材与案例建设取得了显著进展。在学术研究方面,积极引导教师开展"中国问题、国际范式"的国际化高水平研究,聚焦国家重大战略需求和国际学术前沿,社会服务水平和学术创新能力显著提升。国家级科研项目数量增长显著,国家杰出青年科学基金、国家自然科学基金重点项目等取得重大进展,高水平科研和资政成果不断涌现,初步构建了上财特色的学科体系、学术体系、话语体系,主办了8本具有中国特色、上财风格的学术期刊,其中:1本国际艺术与人文引文索引(A&HCI)期刊,4本中文社会科学引文索引(CSSCI)期刊;2本英文期刊,1本在英国伦敦出版。

在推进双轨师资融合发展的进程中,学校虽然取得了一定成就,但仍然存在一些短板,特别是在加快和扩大新时代教育对外开放的新形势下,面临着一系列的挑战。

第一,学校思政和师德师风建设机制上虽已形成系列品牌活动,但仍应清楚地认识这一现状:师资队伍国际化水平已有提高,海归教师和青年教师占比越来越高,他们普遍具有学历较高,能对接国际、价值多元、期待实现自我价值的特点,如何更好地激发他们热爱祖国、奉献祖国的情怀,着眼青年教师群体特点,有针对性地加强思想政治教育,进一步引导他们树立正确的历史观、民族观、国家观、文化

观,坚定中国特色社会主义道路自信、理论自信、制度自信、文化自信?

第二,在双轨融合发展进程中,对于海外人才引进的节奏较改革初期有所放缓,在当今世界局势下,国际人才竞争呈现激烈化,海外人才引进受到知识密集型行业、国内外高校双重阻碍,如何继续坚定地加大海外人才引进,增强海外人才引进的吸引力和针对性,加大具有国际影响力领军人才的全职引进力度,落实海外人才保护措施,确保引才安全,同时严把入口关?

第三,教师在国际顶级和国内高水平期刊发表论文成果显著,但学术论文的国际影响力不强,现阶段教师获国际奖项、在国际组织中任职、在国际期刊担任主编或编委、在国外大学或科研机构担任顾问或咨询专家的人数不多,充分体现了中国特色、中国风格、中国气派的学术体系、话语体系有待建立,讲好中国故事、传播中国文化方面有待提升。

要改善以上师资队伍建设的核心问题,均需要进一步加强党的领导,找准问题的关键点,形成有效解决思路,把党的全面领导贯穿于师资队伍建设的全过程。

第三节　创新卓越师资队伍建设的新构想

办好我国高等教育,必须坚持党的领导,牢牢掌握党对高校工作的领导权,使高校成为坚持党的领导的坚强阵地。新形势下高校推进教育对外开放,如何加强党对师资队伍建设领导面临着新的挑战。充分发挥党的思想政治优势、组织优势和密切联系群众优势,进一步加强和改进党对人才工作的领导,健全党管人才的领导体制和工作格局,创新党管人才的方式方法,为深化人才发展体制机制改革提供坚强的政治和组织保证。既要把党的领导贯穿于师资队伍的全职业生命周期,又要突出重点,识别和加强党对师资队伍领导的关键环节,在此基础上研究加强在教育对外开放进程中党对师资队伍领导的思路与方法。

加强党对师资队伍建设的领导,一方面健全党管人才的领导体制,完善党管人才的工作格局。改进党管人才的方式方法,完善党委统一领导,组织部门牵头抓总,有关部门各司其职、密切配合,社会力量发挥重要作用的人才工作新格局。另一方面,完善党管人才的运行机制。加强党对教师队伍建设的全员全过程全方位领导,把党的领导贯穿于教师队伍建设的全职业生命周期。把好教师进口关。把政治标准作为教师聘用的基本标准,严把教师选聘政治关;既要参与人才的国际竞争,又要加强人才引进的政治把关和政治导向。落实教师培育关。当前高等教育国际交流日益加深,并伴随中西方价值观的碰撞激荡,部分教师变得重业务而轻政治,他们的社会关系多、校外的机会多、居住的区域广、与院系的联系少,对党组织的依赖性逐渐减弱。思想政治工作是我党工作的生命线,必须加强基层党组织的建设,积极发挥战斗堡垒作用。加强理想信念教育,严守高校意识形态阵地,立足国情社情校情,讲好中国故事,引导教师从主观性的批判政治理念转向对主流政治价值的认同。通过制度建设和机制创新来加强和改进基层党组织的建设,增强基层党组织在教学、科研和服务社会等各项功能中的活力。

一、健全党管人才的领导体制

切实履行党管宏观、管政策、管协调、管服务职责。牢牢掌握意识形态工作领导权。把提高教师思想政治素质和职业道德水平摆在首要位置,不折不扣落实教育部、上海市相关文件精神,高度重视教师队伍建设,密切关注教师思想动态,筑牢教师队伍建设的思想基础。健全党管教师的工作格局,成立教师思政与师德建设委员会,构建学校党委主导、以学院党委为主体、党支部主动、党员模范、广大教师自觉的教师思政工作责任体系;进一步明确人才工作领导小组的职责任务和工作规则,健全领导机构,配强工作力量,完善宏观指导、科学决策、统筹协调、督促落实机制。

二、完善党管人才的运行机制

把党的领导贯穿于教师引进、岗位聘任、职务晋升、评奖评优、培训研修、项目申报、导师遴选、人才计划遴选等职业发展的全过程。

(一) 在人才引进环节,严把入口关

在师资国际化的战略驱动下,学校从 2005 年起试点批量引进海外优秀人才,海归教师群体现在已达到相对稳定规模。在引进海外人才过程中,党委负责对新入职教师的思想政治、品德学风进行综合考察和把关,把政治标准放在首位。具体举措有:对引进人员进行背景调查,院系党委书记亲自把关,将政治标准放在首位。坚持思想政治素质和业务能力双重考察,保证引进教师正确的政治方向和坚定的政治立场。

(二) 在教师发展环节,严把选派关

随着人才竞争的国际化日趋激烈,出于自我提升的需要,本土优秀教师参与国际竞争对海外交流学习的需求愈来愈大,同时各高校在教师职称职务聘任条件中加入出国进修等方面的要求,中央、地方对教师出国进修加大支持力度,教师出国交流进修由过去被动委派逐渐成为一种自主自觉的行为,教师公派出国留学人数

激增。目前各高校留学人员中，少数教师滞留海外不归、散布有损党和国家言行等事件不时发生，对党和国家、所在高校造成恶劣影响。对此，党委严把派出选拔关，对院系推荐选派留学人员，基层党组织不仅要全面参与，而且要把政治标准放在首位；推荐人选政治可靠是前提，德才兼备是基础，把好第一道推荐关。在外留学过程中，目前国家留学基金委要求国家公派留学人员按期向使（领）馆汇报学习研究进展情况，国内大部分高校仅要求留学人员回国后提交总结报告，报告考核流于形式，对留学人员在外期间缺乏过程管理。

对国家公派留学人员的在外管理，仅依赖国家留学基金管理委员会和驻外使（领）馆或寄望于教师个人自律是远远不够的，必须调动院校的积极性，发挥主体责任作用。及时了解留学教师在国外期间的研究、生活等状况，督促其按期回国，并对违约人员进行追究。对于自费留学人员，也应当同等参照加强跟踪管理和服务工作。具体举措上，党委发挥领导督促职责，职能部门落实留学人员过程管理程序；基层党组织善用信息网络等传媒通信工具，关心关注在外党员教师的状况，有条件的，组建海外临时支部，探索党支部组织生活信息网络化途径。基层党组织在推荐选拔后，经常保持与留学人员的联系，了解他们的研修进展，将国家和高校的有关政策和信息传递给留学人员，使他们能及时了解国内和高校的情况；同时充分了解留学人员的需求，为他们排忧解难，使他们感受到来自国内的温暖，吸引他们按期回国。

（三）在教师培育环节，严把思政关

针对学校海归教师群体的特点①，在培育过程中，以社会主义核心价值观为引领，以人为本，师德为先，以海归教师环境适应、角色转变、职业发展、责任意识提升为重点，牢牢掌握意识形态工作的领导权、话语权，把海归教师强烈的报国情怀与立德树人教育结合起来，通过"思想引领、教研融入、实践延伸、育人为本"构建了四位一体的党建工作体系。具体的举措如下：

1. 统筹部署，校院协同，将培育工作链向前端延伸

学校党委统筹部署，通过一系列国情、校情、院情教育，帮助新进海归教师尽快完成工作、环境、身份的转变，在此过程中，使党的工作从一开始就富有人情味、接地气，春风化雨般地融入新进海归教师的生活和工作。

学校层面，优化充实新进教师岗前培训。由各相关部门负责人从教学、科研、人事、组织、章程等方面对校情校史作详细介绍，从思政理论、课程思政、师德师风、育德意识等方面对思政教育作专项培训，让新进教职工更快更好地融入岗位工作，

---

① 学校海归教师群体呈现"三高"的特点：海归教师整体占比相对较高（30％），学科集中度高（70％），年轻教师中海归占比高（40％）。其中，海归教师中党员占比 20％。

将社会主义核心价值观纳入教师入职培训全过程。此外,通过开设"海外归国博士理论研讨班",以及借助党校中青年干部培训班、教师教学发展中心的培训等平台,专门开设海归教师国情教育的课程,有效地加强了海归教师党性教育。

学院层面,重视入职前后对新进海归教师的关心和引导。入职前,学院给每位新入职的教师发送入职温馨提示邮件,内容包括报到、安置、党组织关系的恢复、教学、生活、子女入学等相关事宜。对于在出国前就是党员的海归教师,学院党组织积极协助其办理组织关系恢复或转移手续。入职后,书记和新入职教职工至少进行一次个人谈话,了解他们的思想状况、生活情况,加强联系、关心、指导。

2. 实施"五个一"计划,增强思想引领,将培育工作落到实处

学校以国情教育"五个一"计划为抓手,要求海归教师在首个聘期内参加一次国情专题系列讲座、参观一次爱国主义教育基地、参加一次挂职锻炼、参加一次"千村调查"带队活动和撰写一份国情调研报告,分别从国家、社会、公民三个层面,加强海归教师群体的理论政策学习,提高政治素养和理论水平,有效增强海归教师对社会主义核心价值观的认知,使海归教师更好更快地融入学校学院大家庭,共建精神家园。

此外,学校依托农村、社区、企业建设海归教师认识国情和社会实践基地,联合工会、人事及团委等多方力量,从不同视角牵头主办海归教师学习研讨活动、社会实践活动,结合微信线上交流、线下自学,开展专家辅导、学者讲座、集体学习、支部讨论、主题展和红色基地参观、红色电影观看,通过校院网站、校报院刊、微信微博等新媒体积极宣传、深入报道、广泛传播,注重宏观政策和形势的分析,确保党和国家重要文件、重要精神的学习、解读、传递覆盖到每一位海归教师。

3. 加强帮带交流,发挥主体作用,将培育工作融入日常教学科研

一是促进新老教师的帮带和交流。创立并倡导实施新进老师培训(Mentor)制度,定期开展教学经验、本科导师制经验交流会,促进本土教师与海归教师之间、新进海归教师与存量海归教师之间的交流,实现优良师德师风传递。

二是大力推行本科生导师制,引导广大海归教师积极投入对学生人生、学业、生活三位一体的指导,发挥榜样示范作用。

三是以民族复兴中国梦为牵引,积极组织海归教师围绕当今中国经济社会发展中的重大热点难点问题开展协同攻关,发挥知识溢出效应和示范带动效应。其中,经济学院海归教师在流动儿童的社会调查、公共经济与管理学院海归教师在中国财政透明度调查等课题研究中都发挥了积极作用。

四是创造机会,搭建平台,积极培养。学校通过专业教师挂职项目、学院通过行政轮岗举措,使多位海归教师在行政管理岗位参与管理,得到锻炼。在事关学校学院发展和改革的重大问题上,充分听取海归教师的意见和建议,突出其智力密集

和建言献策优势，为他们提供得以施展各方面才华的广阔舞台。

（四）在双轨融合中，严把外籍教师管理关

在学校教育对外开放进程中，吸引了来自不同国家的优秀外籍教师。按照工作时长，学校分为工作时间为 3 个月及以上的长期外籍教师和 3 个月以下的短期外籍教师两种类型。外籍教师采用校级统一归口、校院两级管理的模式，纳入学校师资队伍统一管理，融合发展。外籍教师工作涉及面广，在党委领导统筹指导下，职能部门齐抓共管，学院平行推进，实行全过程管理。具体的内容有：各学院根据学校的岗位设置，负责外籍教师的遴选、聘用、考核及日常管理工作。学院党委在选聘过程中严把政治关、师德关和业务关，提供考察报告。入职教育中，校院两级宣讲我国有关宗教政策和法律法规。日常管理中，加强对外籍教师的师德教育和监督，做好调查评估、监督工作。国际交流与合作处按照有关外籍教师工作的方针政策协助外籍教师办理涉外事务，提升外专工作管理服务水平；保卫处负责与公安部门协调外籍教师管理事务；后勤管理处提供优质的后勤保障；人事处作为外籍教师的归口管理部门，依法保障外籍教师合法权益，与外籍教师签订工作合同时，明确告知其有关条款内容，要遵守我国法律法规，不能在校园内进行宗教等活动，一旦违反，按照合同规定处理；健全外籍教师聘用、管理体系。通过加强外籍教师服务体系建设，创新服务方式，完善服务举措，为外籍教师提供就职、居住和外事等全方位服务，促进教师之间的互相交流与合作，提高外籍教师的归属感与认同感，使他们更好地服务学校发展。

通过上述环节的分析，教育对外开放中加强党对师资队伍建设领导，首先，要增强政治意识、大局意识、核心意识、看齐意识，自觉维护党中央权威和集中统一领导，自觉在思想上、政治上、行动上与党中央保持高度一致。无论处在哪个领域、哪个层级，都要维护党中央权威和集中统一领导，以坚决贯彻党中央决策部署为前提。其次，要强化责任担当，落实主体责任。思想站位要首先到位，切实履行主体责任，落实领导责任、监督责任。无论是严把进口关还是落实培育关，各级党组织履行主体责任，党政分工，落实落地举措，检查督导成效。最后，要加强党组织建设。党委更好地发挥领导作用，基层党组织更好地发挥战斗堡垒作用，党员更好地发挥先锋模范作用。其中基层党组织建设尤为关键。党的基层组织是党联系群众的桥梁和纽带，处在教学、科研、管理等工作第一线，活动于群众之中，最了解群众的意愿、要求和情绪，能及时听到群众的意见和呼声，既能为高校党委制定政策、进行决策提供丰富而真实的事实材料，又能敏锐地感受到政策执行中发生的各种新情况、新问题，及时反馈给党委。面对国际化过程中各类思潮的冲击，只有紧密联系群众，才能牢牢把握工作主动权。

第六章
追求卓越：加快推进世界一流学科的高质量建设

习近平总书记指出，要推动一批高水平大学和学科进入世界一流行列或前列，提升我国高等教育综合实力和国际竞争力，培养一流人才，产出一流成果。[①] 进入中国特色社会主义新时代，一流大学和一流学科要努力成为世界高等教育改革的参与者、推动者和引领者。学科是高校工作的龙头和中心，加强党对高校工作的全面领导，必须加强党对学科工作的领导。学科建设国际化是对一个系统的、富有开拓性和创造力的学科发展模式的探索，是建设一流大学和一流学科的内在必然要求，同时是我国高校提升学科竞争力、实现弯道超车的必由之路。党的领导是学科建设的重要内容，也是学科发展的重要保障。开展"双一流"建设，必须加强对外开放合作，必须坚持和强化党的领导。在构建"人类命运共同体"理念的引领下，大学特别是"双一流"建设大学应该率先探索学科建设国际化，探索加强党对学科建设国际化的领导，为推进我国高校学科建设和国际化合作发挥示范作用。

第一节　一流学科建设的内涵与趋势

一、内涵界定

伴随着中国高等教育的改革发展，国际交流与合作日益成为大学的"第五职能"，这是中国大学建设理念的创新和发展，对于扎根中国办大学，加快建设世界一流大学和一流学科，提高我国高等教育发展水平，增强国家核心竞争力，都具有十分重要的指导意义。

过去，人们对学科国际化的理解比较片面，一度将国际化等同于"欧美化""西

---

① 中共中央总书记习近平在中央全面深化改革领导小组第十五次会议的讲话，2015 - 08 - 18.

方化"。随着我国经济社会的快速发展以及国际地位的提高，我国对外开放水平不断升级，大学学科建设逐渐由"跟跑"转型为"并跑"，乃至部分领域的"领跑"。学科国际化不仅指互派留学生、外籍教师和海外进修人员，而且出现了许多新的表现：通过国际化形成国际竞争力，在国际学术舞台上发出中国声音；"国际化与中国化""开放性与自主性"互为支撑、相互转化。[①]

进入新时代，开展学科国际化建设，要有更开阔高远的视野，从横向和纵向两个维度理解。横向上，国际化应该是东西南北全方位的开放与学习，既要向西方国家学习，也要向发展中国家学习；既要引进来，也要走出去；既要引进发达国家的东西，也要引进发展中国家的东西。总之，一切有利于国家发展进步的东西，无论它来自哪里，我们都应该学习。所以，所谓"走出去"，就是要走向东西南北，走向全世界。从纵向维度上说，国际化是一个动态反复与不断提升的过程，一个反反复复引进、消化、吸收、创新的过程，一个引进他人以发展自我、发展自我以影响世界的过程。既要走出去，也要走回来，在反复往返的动态过程中探寻我们自己的学科品牌，形成我们自己的核心竞争力。

在上述认识的基础上，本书将学科国际化的内涵界定如下：学科国际化，是高校扩大开放、加强国际合作交流，不断提升学科竞争力、影响力和话语权，促进高等教育内涵发展的过程。

国际化的学科是一个丰富宏大的体系，至少应包含以下三个方面的内涵特征：

首先，从学科评价的角度来看，敢于主动参与国际评价。大力实施学科国际化战略，加强学科对外交流。也就是说，学科建设不能闭门造车，要敢于在国际公认的排行榜上一争高低；同时，要探索建立国际公认、富有中国特色、科学公正的学科排行榜，在学科评价体系方面占有一席之地，甚至能引领世界学科评价潮流。

其次，从学科组织的形式来看，拥有创新的学科组织体制。中外大学学科分类标准不一，学科组织形式各异。推动学科的国际化，要求高校既要有意识地凭借学科的学理性、学术性，组建创新性的富有影响力的国际性学科联盟等组织，又要在推进学科建设国际化的进程中坚持和加强党的领导。

最后，从学科影响力来看，具有较强的学科竞争力、影响力和话语权。具体表现为：一是提升学科水平和学科质量，跻身国际公认的学科排行榜；二是积极参与学科的国际协同、国际交流、国际发表、国际论坛等，扩大学科影响力；三是在哲学社会科学领域能够讲好中国故事，传播好中国声音，实现"中国立场，国际表达"。

---

① 楼世洲.以国际化推动大学一流特色学科建设[J].世界教育信息,2016(2).

二、文献综述

当前,高等教育国际化已经成为不可阻挡的历史趋势,形形色色的国际合作办学、教师互访、学生交换、国际学术会议、国际合作研发平台、大规模开放在线课程(MOOC)、国际校区、双学位等如火如荼,形形色色的大学联盟在世界范围内风起云涌,不管是发达国家的世界一流大学,还是发展中国家的重要大学,都在积极参与国际交流与合作。

学科国际化是国际化办学的一个方面。目前国际化办学不但在实践中广泛开展,就连关于国际化办学的研究也不在少数。通过中国知网检索发现,2002—2023年4月30日,以"国际化办学"为篇名的文章共计319篇。然而聚焦于学科国际化的研究很少。2004—2023年4月30日,以"学科国际化"为篇名的文章仅23篇,多数发表于2010年后,且是基于具体学科的人才培养、课程、平台建设等内容,真正针对学科国际化开展的研究只有一两篇。

关于一流学科建设的研究很多。同样通过中国知网检索发现,1998—2023年4月30日,以"一流学科建设"为篇名的文章共计714篇,大部分发表于2018—2020年,其中2019年最多,达到359篇。

加强高校党建的研究达数千篇,其中多数是从基层党建与学科发展的角度展开,近年来有许多研究从党建与"双一流"的角度展开。但目前纯粹关于学科党建的研究也并不多。在中国知网以"学科+党建"为关键词进行搜索,获得相关论文不到30篇,而关于加强党对学科建设国际化的领导的研究更是鲜有。

可见,当前对于学科国际化的研究和加强党对学科国际化的领导研究都非常需要加强。

三、发展趋势

中国正加快向创新型国家前列迈进。当前,新一轮科技革命和产业革命正在孕育兴起,重大科技创新正在引领社会生产新变革。把握新机遇,迎接新挑战,必须着眼未来,推动教育变革,抓紧培养能够适应和引领未来发展的一代新人,特别是培养集聚大批拔尖创新人才,加快实现我国整体科技水平从"跟跑"向"并行""领跑"的战略性转变。进入新时代,学科建设国际化将实现以下几方面的转变:

(一)在学科建设领导上,坚持党对高校学科工作的全面谋划

20世纪90年代以来,对我国高等教育影响最为深远的莫过于"211工程""985工程"和"双一流"建设。实践证明,正是有了党中央、国务院作出的重大战略决策,

我国高等教育才实现了飞速发展。因此，学科建设国际化必须坚持办学正确政治方向，着力加强党的政治建设、思想建设、组织建设、作风建设和纪律建设，把制度建设贯彻其中，把思想政治工作贯穿学科建设与管理全过程，牢牢掌握教育领域意识形态工作的领导权，使学科领域成为坚持党的领导的坚强阵地，为教育现代化提供坚强的政治保证和组织保障。

（二）在学科建设方向上，由借鉴西方大学转向扎根中国大地办大学，建立学科的制度自信、道路自信和文化自信

建设创新型国家，建设社会主义文化强国道路，实现中华民族伟大复兴，必须扎根中国大地。学科建设国际化要坚持中国特色，把培养社会主义建设者和接班人作为根本任务，为党育人、为国育才，强化社会主义核心价值观教育，继承和弘扬中华优秀教育思想和实践经验，扎根中国、融通中外，构建中国特色学科体系、学术体系、话语体系、教材体系，增强学科的制度自信、道路自信、文化自信。

（三）在学科建设资源上，由注重引进海外资源到充分利用国际、国内两种资源

过去，人们对学科国际化的理解就是"欧美化""西方化"，其特点是：聘请海外教师、引入以西方为主的学科理论课程体系、将实证研究范式作为学科发展方向等。未来，学科建设要统筹利用国内、国际两种资源，坚持以"我"为主，扩大教育对外开放，充分调动各方面的力量，协同推进教育现代化。充分利用国际、国内的优质资源，加强统筹规划，完善管理，聚焦学科建设，打造"留学中国"金字招牌，积极参与中外人文交流项目。

（四）在学科建设水平上，从"跟跑"实现"并跑"，部分学科"领跑"，形成中国经验、中国方案

学科建设国际化不能仅仅强调内涵发展、服务需求，还要积极到世界舞台去比拼、去展示、去引领。国际化是世界一流大学与一流学科的共性特征和推力。目前，中国 22 所大学 39 个学科进入 ESI 全球前万分之一，进入千分之一的学科已经有 100 个以上，且整体学科提升不断加速；在自然指数年度榜单中，我国高校首次超越美国位居榜首[①]，反映出学科建设已经迈向新的台阶，学科建设逐渐由"跟跑"

---

① "深化教育综合改革，办好人民满意的教育"，新华社专访教育部部长怀进鹏，2024 年 8 月 2 日。ESI 全称为 Essential Science Indicators（基本科学指标数据库），是美国科学信息研究所于 2001 年推出的衡量科学研究绩效、跟踪科学发展趋势的基本分析评价工具。

转型为"并跑",乃至部分领域的"领跑"。高水平学科对外开放要基于中国国情和学科特色,拓展交流的领域,丰富内容和形式,加快交流品牌建设。在学科领域促进中外民心相通和文明交流互鉴,在吸收借鉴人类一切优秀文明成果的同时,向世界贡献中国智慧、中国经验、中国方案,实现互利共赢。

(五)在学科建设评价上,由注重国际排名向"中国特色、世界一流"转变,牢牢把握学科话语权

学科建设学术评价体系普遍重视学术组织各要素的规模和整体水平,对其质量和效率的关注不够。国际共识是,大学和学科排名实际上是在全球化压力下奉行精英大学的逻辑,并成为广大发展中国家建设世界一流大学的国际标准。过于强调英美精英大学理念和意识形态容易导致教育同质化,不利于保持大学的民族特色和打造大学品牌。立足自身特色、打造比较优势是发展中国家建设世界一流大学的必由之路。中国特色是一流大学和一流学科的建设路径,学科建设必须以中国特色的评价体系为牵引。

第二节 一流学科建设的案例分析

改革开放以来,随着国家对外开放的深入,国内高校国际化办学的步伐不断加大。2015 年 10 月,国务院《统筹推进世界一流大学和一流学科建设总体方案》提出,国内高校要"积极参与国际教育规则制定、国际教育教学评估和认证,切实提高我国高等教育的国际竞争力和话语权"。在"双一流"建设的引领下,国内高校学科建设国际化的内涵和层次进一步升华。

一、国内高校学科建设国际化概况

(一)成效与经验

"引进来""走出去"并重,通过开放办学、吸收借鉴国际一流大学的先进理念与模式,延揽世界一流学者,在管理制度优化、师资队伍建设、人才培养、科研创新等方面实现了学科的跨越式发展。

1."引进来"

国际化之初,国内高校注重向国外学习和借鉴,引进国外先进的高等教育理念、教材、方法和研究范式等,接受国际规则,在理念、内容和方法等方面逐步与国际"接轨",努力成为国际高等教育重要的组成部分。此后,国内高校对外交流日益

频繁,广度、深度日益加强。许多高校聘请包括诺贝尔奖得主在内的国际著名科学家和学者担任讲座客座教授。吸引一大批具有国际视野、海外教育科研背景的高水平国际化领军人才,通过他们的蜂王效应,集聚一大批学科发展所需的国际化人才。引进一批国际优质教育资源,大力开展学科的国际科研合作、布局交叉学科的国际交流、综合建设跨国跨校跨界的联合实验室等。学术研究创新意识不断增强,推动学术观点、研究方法、研究范式创新,在越来越多的学科领域研究前沿表现卓越。

2."走出去"

以学科建设的国际化为支撑,国内高校"走出去"的步伐越来越坚定。不断扩大师生国际交流,推动优秀教师赴国外一流高校和实验室访学,加强与世界一流科研院校的实质性合作,整合国内外优质教育资源。在海外大力推广孔子学院和海外虚拟研究院,扩大在海外的影响。此外,近年来,许多大学特别是一流大学开始加大国际化布局。比如,清华大学通过扩展海外布局深入推进全球化战略,跟外国院校合作创建创新基地;浙江大学深化与剑桥等一批世界顶尖大学的战略合作关系,优化国际科研合作战略布局;复旦大学颁布对外开放与合作战略报告,实施重点合作伙伴三年行动计划;南京大学正式启动了国际战略合作伙伴发展计划;上海交通大学通过交大全球合作伙伴计划和学术影响力提升计划等多项举措,布局全球合作网络。

3.学科国际显示度极大提高

近年来,高校积极加强学科之间的协同创新,加强对交叉学科群和科技攻关团队的支持,科研综合实力、原始创新能力显著增强。尤其是在理科、工科、医科等领域的科研不断突破,国际发表大量增加,在关键共性技术、前沿引领技术、现代工程技术、颠覆性技术创新上取得了重大成就,重大科技创新成果持续涌现。从世界公认的评价机构每年发布的世界大学排行榜可以看出,材料科学与工程、环境科学与工程、化学、化学工程与技术、机械工程、数学、控制科学与工程、计算机科学与技术、力学、电子科学与技术等是国内高校优势学科。

4.学科国际话语权不断增强

当前,中国在国际事务参与方面需要争取更多的"话语权",特别是在各种国际组织和国际联盟制定行业标准的过程中。一流学科建设应当在各自学科领域的国际化事务中发挥更大的支撑作用。[①] 国内高校利用自身学科优势参与国际交流,提高了国际声誉,进一步增强了资源获取能力,同时提高了在国际标准制定过程等国际事务中的话语权。以工程教育学科为例,2016 年中国正式加入《华盛顿协

① 李北群等.行业特色高校一流学科建设的国际化路径探析[J].中国高等教育,2019Z2.

议》，标志着我国工程教育质量标准实现了国际实质等效，工程教育质量保障体系得到了国际认可，工程教育质量达到了国际标准，中国高等教育真正成为国际规则的制定者之一，能够与美国、英国、加拿大、日本等高等教育发达国家平等对话。

（二）存在的问题和不足

1. 在哲学社会科学领域的话语权有待增强

习近平总书记指出，加快建设社会主义文化强国、增强文化软实力、提高我国在国际上的话语权，迫切需要哲学社会科学更好发挥作用。我国哲学社会科学研究队伍、论文数量、政府投入都排在世界前列，但在学术命题、学术思想、学术观点、学术标准、学术话语权上的能力和水平同我国综合国力和国际地位还不相称。面对新形势、新要求，我国哲学社会科学还存在一些亟待解决的问题。学科体系、学术体系、话语体系建设水平总体不高，国际学术影响力相对较弱，学术原创能力不强。即便是经济学与管理学这样国际化程度最高的社会科学学科，目前进入 ESI 全球前 1% 的高校数量也不多。

2. 理工学科快速上升的同时高度集中

国内高校理工学科表现呈快速上升态势，但高度集中于少数几个学科。在 ESI 学科分类中，中国高校入选高度集中在化学、工程学、材料科学、临床医学和生物学与生物化学等学科，但在综合交叉学科、空间科学、发动机、芯片等很多领域和关键技术上还有很大的提升空间，亟须进一步加强基础研究，聚焦"卡脖子"技术，培育重大原创成果。在国际论文发文量、高被引论文方面也需要不断加强，不断提升学科的显示度和话语权。

3. 学科的国际交流仍有待深入

"走出去""引进来"仍需要进一步加强。目前，大多通过参加国际会议、合作研究、联合培养等"走出去"的形式来开展学科的国际交流，但这些都是短期的途径，缺少系统性和稳定性。"引进来"仍有很大提升空间，国际学术交流与合作不够深入，尤其是在核心技术领域，缺乏深度合作，对学科发展、学术科研实力提升有较大影响的高层次国际合作项目不多。学科吸引力和影响力还非常不足，非常明显地体现在留学生教育上，存在为了招生而降低招收标准的现象，留学生结构不合理，欧美发达国家留学生比例很低，亚非国家留学生较多。

二、上海财经大学学科国际化的探索

国际化办学是上海财经大学百余年发展历史的重要基因和鲜明特色，也是学校发展的一个重要路径。自 2004 年起，学校启动实施"常任轨"制度改革，探索建立起以具有国际视野和国际化办学能力的管理层为引领、"常任轨"教师为重点、海外特聘教授为支撑的"三位一体"国际化师资体系。通过学科国际化发展战略，"十二五"以来学校在哲学社会科学领域的话语权和影响力逐渐增强，从没有声音到发出上财声音，从榜上无名到跻身世界知名排行榜前150、进入ESI全球前1%，实现了跨越式发展，奠定了进一步发展的基础。但与国际先进水平相比，学校学科国际化还有较大发展的空间。

（一）发展阶段及其特征

1. 转变观念、改革起步（1979—1995年）

1978年，全国科技大会在北京召开，邓小平同志在大会上指出："我们要积极开展国际学术交流活动，加强同世界各国科学界的友好往来和合作关系。"在改革开放的引领下，复校不久的上海财经学院恢复发展国际合作，学科建设国际化开始起步，在这一阶段引入了席克正、曹立瀛等一批具有国际背景的教师回归学校，与世界银行等国际组织开展国际合作、项目培训以及从业资格教育等，是学校开拓国际视野，树立国际化建设理念，培养国际化人才的起步阶段。

2. 学习借鉴、消化吸收（1996—2003年）

1996年1月，学校通过"211工程"部门预审，跻身国家重点建设的百所高校行列。在此背景下，学校进入了实质性的国际化办学阶段，包括中外合作办学、留学生教育与双语师资培养等。在学科层面，会计学等学科开始引入国际课程体系、聘请海外教师授课、确立实证研究方向、树立国际期刊论文标准，并为本土师生进行国际交流、开展国际合作研究提供支持，借鉴先进的国际经验对传统的教学和科研模式进行改革，不断提升学科建设水平、缩小差距。

3. 顶层设计、全面推进（2004—2012年）

2004年，学校制定《国际化办学发展纲要》，全方位推进国际化办学进程。学校瞄准专业类型接近的国际知名大学，长期跟踪研究其整体发展模式和建设经验，并要求各学院/学科瞄准相应的国际知名大学同类学院/学科进行比照建设。在这一阶段，学校将引进经济学和商学等海外优秀人才并切实发挥其作用作为突破口，通过实施海外院长聘任制、"常任轨"制和特聘教授制，持续大规模引进海外优秀人才，以队伍国际化联动学科科研国际化，以国际视野全面推进教育教学改革。学校参照国际先进经验和现代大学经济学、商学创新人才培养规律，改革并建立新的经济学、商学课程体系，积极引进境外优质教育资源，推进人才培养机制改革。学校对接国际标准，构筑完善符合高水平研究型大学要求的科研创新体系和评价标准，引导开展"中国问题、国际范式"的国际化高水平研究，促进中国特色学术话语体系构建。

4. 重点突破、快速提升(2013 年至今)

自 2013 年起学校全面实施"Global SUFE"战略,2020 年制定并实施《上海财经大学"上财国际 2.0"行动计划》,进一步拓展国际合作交流的深度和广度,建立全方位、多层次、宽领域的对外开放新格局。积极参与国际认证,构建与国际接轨的教育模式;与世界银行等国际组织建立海外实习基地,与 ACCA、IMA 等国际会计组织深化合作,构建师生培养平台;与英国牛津和美国康奈尔大学等世界一流大学建立合作伙伴关系,在联合培养、平台共建、学术交流方面密切合作。在这一阶段,学校聚焦经济学与商学,学科国际竞争力和影响力实现了重点突破和快速提升:2012 年学校首次进入 QS 世界大学学科排行榜,2014 年经济学/商学入围软科世界大学学术排名,2016 年跻身 U. S. News 全球最好大学经济学与商学排名,2019 年经济学与商学、社会科学首次进入 ESI 全球前 1‰,2020 年工程学进入 ESI 全球前 1‰。2022 年度,学校在软科中国大学排名财经类榜单连续 3 年位居全国第一;金融学在软科世界一流学科排行榜中首次跻身全球第 51～75 位,全国并列第一;经济学与商学、社会科学、工程学领域学术影响力保持全球前 1‰,其中经济学与商学提升至全球第 185 名,自入榜以来进步 133 名。①

(二) 建设经验

1. 坚持正确方向,党的全面领导是学科国际竞争力提升的根本保证

党的全面领导是学科国际竞争力提升的根本保证。党在"把方向、管大局、抓班子、带队伍、做决策、保落实"方面的领导作用是一流学科建设的出发点。办好中国的世界一流大学和学科,必须加强党对高校的全面领导、加强和改进高校党的建设。学校坚持社会主义办学方向,坚持中国特色世界一流的发展道路,把中国特色社会主义道路自信、理论自信、制度自信、文化自信转化为建设中国特色世界一流大学和学科竞争力提升的自信。

2. 坚持立德树人,人才培养是学科国际竞争力提升的基础

人才培养是高校的根本任务,立德树人的成效是检验学校一切工作的根本标准,也是检验学科建设水平的根本标准。学校一直将人才培养作为学科建设及事业发展的中心工作,不断拓展学科育人功能和载体,支撑引领专业建设,推动思想政治教育有机融入教育教学的各环节,着力培养德智体美劳全面发展的社会主义

---

① SUFE 是上海财经大学英文名(Shanghai University of Finance and Economics)的简称。QS 是英国一家国际教育市场咨询公司 Quacquarelli Symonds 的简称;THE 是英国《泰晤士高等教育》(*Times Higher Education*)的简称;U. S. News 是《美国新闻与世界报道》(*U. S. News & World Report*)的简称;软科是上海软科教育信息咨询有限公司的简称。

建设者和接班人，形成具有国际竞争力的人才培养"上财方案"。

3. 坚持放眼世界，队伍建设是学科国际竞争力提升的突破口

师资队伍水平是学科国际竞争力提升的重要支撑。学校以国家教育体制改革试点项目"探索开放环境下高校师资队伍建设模式"为抓手，按照"创新机制、国际竞争、以用为本、高端引领、整体推进"的总体思路，形成以具有国际视野和国际化办学能力的管理层为引领、以"常任轨"教师为重点、以海外特聘教授为支撑的国际化师资队伍，助力学科国际竞争力不断提升。

4. 坚持追求卓越，对标一流是学科竞争力提升的抓手

学校以世界一流为标准、为导向、为目标，将追求卓越的精神贯穿于立德树人、科学研究、社会服务等学科建设的全过程，在可行的领域和范围内借鉴和引入世界一流大学及学科师资管理机制、学术评价标准、人才培养模式、办学规范和管理办法等成功经验，全面深化改革，破除体制机制障碍，注重体制机制创新，争做世界高等财经教育的参与者、推动者和引领者。

（三）发展中的问题

1. 学科国际交流合作平台缺乏

具体表现为：标志性的学科国际合作平台/项目缺乏，具有影响力的国际合作联合实验室、国际合作研究基地、国际联合培养平台等仍然没有取得实质突破。主办的国际学术期刊不足，学校有 4 本期刊入选 CSSCI①，但"经济学与商学"一流学科群涵盖的 4 个一级学科中，仅理论经济学主办有国际学术期刊 FEC，期刊影响力仍需持续培育和进一步提升。高水平的学科国际会议及论坛建设有待强化。国际话语权阵地有待强化提升，目前学校发起、倡导、成立的国际性学术组织与联盟仅有 1 个（中欧商校联盟）；加入的国际学术组织有 3 个，集中在工商管理（会计）。应用经济学、理论经济学、统计学均有提升的空间。

2. 具有国际声誉的学科领军人物和学科骨干缺乏

活跃在国家重大战略需求领域和国际学术前沿领域的大师级人才缺乏。国内外重大获奖及国家级人才称号数量与标杆学校相比存在明显差距，具有显示度和影响力的创新团队较少，高层次人才流失对学科建设影响敲响警钟。高被引学者有待进一步引进与培育。一流学科活跃在国际学术前沿且得到较高关注的学者较少。如在爱思唯尔（Elsevier）中国高被引学者中，学校入选教师匮缺。活跃在国际学术事务一线的教师较少。学科队伍中，具有较高国际声誉，在国际组织任职，担任国

---

① CSSCI 是 Chinese Social Sciences Citation Index（中文社会科学引文索引）的简称。

际或者专业性学术组织理事以上职务、国内外重要期刊主编/副主编等的教师较少。

3. 国际学术影响力有待进一步提升

作为我国高校哲学社会科学的共性问题,学校经管等学科的国际影响力、竞争力也很不够。从国际论文发表来看,近年来,"经济学与商学"领域的国际期刊发文量依旧保持增长态势,但是就数量而言,增速已经低于同类高校;就质量而言,国际论文引用率不高,高被引论文偏少。总体存在师均发文数较少,学科规范化引文影响力偏低等情况。一流学科的各类成果服务于国际事务和国家战略的能力稍显不足,针对国际/国家/行业标准的标志性成果仍然较少。学科与雇主声誉有较大的提升空间。

第三节 一流学科建设的关键环节

一、把好学科方向

党建为学科发展指引方向,学校党委的坚强领导和积极担当,以更高政治站位、更高建设标准、更强治理能力,为学科发展指引方向。

坚持正确的学科建设方向,坚持"中国特色、世界一流"。学科建设要全面贯彻党的教育方针,坚持和加强党的全面领导,坚持社会主义办学方向,加强政治引领,坚持中国特色、世界一流,推动习近平新时代中国特色社会主义思想进入学科建设的全方面、全过程。发展马克思主义学科,强化马克思主义理论学科引领作用;把坚持以马克思主义为指导落实到教育教学各方面,对各种错误观点和思潮旗帜鲜明地予以抵制;强化哲学社会科学育人作用,推出中国特色哲学社会科学精品力作,扎实推进哲学社会科学专业课程思政建设。根据国家战略设置调整新兴学科领域,为国家战略提供人力和智力保障。推动新兴交叉学科专业特别是复合型学科专业集群的发展、自然科学与人文社会科学交叉融合,加大应用型、复合型、技术技能型人才培养比重。

二、管好学科布局

党委把牢社会主义办学方向,积极推进党建工作与学科布局的深度融合,把政治标准和政治要求贯穿于学校学科布局管理之中。

学科创新能力是衡量教育现代化水平的重要标准,要面向社会主义现代化强国建设需求,特别是产业布局和区域发展的战略需要,优化教育体系结构和学校布局结构,努力提升高等学校创新服务水平,为增强国家创新发展能力和核心竞争力作出贡献。学校科学谋划学科发展规划，坚持"主干、一流的经管学科，精干、先进的法文理工学科"的学科格局，以"经济学与商学"世界一流学科重点建设为引领，整体提升学科建设水平。

三、做好重大决策

全面推进学校党委对学科建设的重大决策，全面统筹整体设计和资源分配。党委研究决定学科建设重大事项，理顺学术和行政的关系，健全党委统一领导、党政分工合作、协调运行的工作机制，以党建工作促进"双一流"建设。党对学科国际化的领导所涉及的重大决策，包括学科建设战略决策、学科建设重大方案、学科重大建设项目、学科组织的设立与调整、学科预算方案和学科重大改革举措等。

四、抓好学科队伍

学科队伍是学科建设最重要的资源，党委要把学科队伍建设作为基础工作来抓。坚持聚焦关键少数，强化头雁效应，高度重视学科领军人才、带头人、团队的思想政治工作，通过抓住"关键少数"、管好"绝大多数"，将支部建在专业教研室、建在科研团队上，实施教师党支部书记"双带头人"培育工程。加强支部标准化建设，结合学科专业特色，以党建工作引领学科建设、教学科研，以教学科研成效体现党建工作水平，推进党建工作与教学科研同频共振。强化对中组部海外高层次人才创新创业基地、学科引智基地等重大学科队伍工程的指导。

五、保障任务落实

学校党委保障学科建设任务的落实，就是要把新时代中国特色社会主义思想转化为推进学科建设发展稳定和党的建设各项工作的实际行动，把初心使命变成党员干部锐意进取、开拓创新的精气神和埋头苦干、真抓实干的自觉行动，力戒形式主义、官僚主义，推动党的路线方针政策落地生根，推动解决学科建设的突出问题。将思想价值引领融入学科建设全过程，具体包括：建立富有学校特色的学科管理制度建设，统筹学科资源配置，开展学科评估与监督。完善学科评价体系，体现价值引领、知识传授和能力提升"三位一体"的课程目标。

第四节　创新一流学科建设的新机制

新时代推进学科国际化建设，必须扎根中国本土，面向世界一流，必须有一流的体制机制和制度环境作为保障,必须始终坚持党的领导和社会主义办学方向,实现党的领导与学科建设同频共振、协同发展。

一、打造一流党建,凝聚学科发展合力

坚持正确办学方向,毫不动摇地坚持以习近平新时代中国特色社会主义思想为指导,切实发挥党委领导核心作用,强化党委对学校工作的全面领导,强化班子成员表率引领作用,强化基层党组织战斗堡垒作用,强化党员干部的责任担当,强化全面从严治党和党风廉政建设责任落实。强调党组织和行政"党政同责"、责任共担,党建工作和学科工作紧密相融,依靠一流党建提供强大动力支持,引领全校师生同心协力、勠力拼搏。创新工作方式,打造特色党建品牌项目,团结依靠全体师生形成学科发展合力。通过"书记谈心"系列活动走进师生心坎,凝聚集体的智慧、激情和力量,共同攀登一流学科高峰。

二、建立和完善学科领导组织体系,加强党对学科发展的领导决策

(一)构建学科领导组织体系

以大学章程为统领,进一步完善党委领导、校长负责、教授治学、民主管理的内部治理结构和社会参与、依法治校机制,深化校院两级管理体制改革,构建职责明晰、运行规范、协调有序的学科领导组织体系。

理顺学科建设管理体制机制。加强组织领导,建立"双一流"建设领导小组及相应工作组、专家咨询委员会、财务审计委员会及管理办公室组成的管理体制。领导小组实行党委书记、校长双组长制,党委常委全员担任小组成员,发挥领导职责。强化组织实施,以校院两级管理改革为契机,推动落实学科负责人制和目标责任制,持续深化学科建设体制机制改革,进一步理顺学科建设、学术研究、人才培养、队伍建设的体制机制,优化适应一流学科建设的组织管理模式,实现学科建设和管理的架构立体化、资源整合化、方向清晰化。设置由一级学科负责人、学科方向负责人、学术骨干、学科秘书为主体组成的学科建设与管理组织体系,明确学科建设主体,强化学科负责人负责学科方向优化、师资队伍建设、人才培养、科学研究、学科平台与基地建设的规划、监督与协调的职责,确保学科建设主体责任落实。

(二)强化学科发展顶层设计和领导决策

在"去哪里""如何去"等重大问题判断上,高校党委要坚强领导和积极担当,以更高政治站位、更高建设标准、更强治理能力,为学科发展指引方向。在推进学科国际化建设中,党委要担负积极推动、科学谋划的政治责任,在学科发展的重大政

治问题上，选人用人的关键环节上，人才培养、使用、交流、引进及重大学术活动上，把好政治关。强化责任感和使命感，敢于直面矛盾、勇于克难攻坚，围绕学科建设的重点和任务，担好强化基层建设、凝聚人心的职务责任。[①] 在学校重大学科事项决策上，党委要牢牢掌握领导权，充分发挥领导核心作用。尤其是学科发展规划、重大建设方案、学科组织设立和调整、校级学科预算、校内学科管理制度等关系学科发展的重大事项，必须经过学校党委常委会决策。

三、突出目标导向，建立学科发展的联动运行机制

（一）建立健全学科建设目标管理机制

将学科建设与专业建设、师资队伍建设、人才培养、科学研究与成果转化、平台与基地建设以及文化传承创新等工作紧密联系起来，形成联动机制，围绕国家重大战略需求、行业共性关键技术，汇聚学科建设力量，凝练方向，形成合力，寻求重点突破，提升学科核心竞争力。加强学科建设目标管理。实行目标管理、分类评价、动态考核；对学科建设实行目标责任制管理，建立学科建设与管理和学科资源配置的联动体系，做到事权与支出责任相适应，激励机制与约束机制相结合，以考核评估为主要方式管理学科建设工作，以发展规划和资源配置为主要手段引导学科建设工作。

（二）建立健全沟通协调机制

建立健全联席会议、书记协调会、书记校长协调会等制度，加强沟通协调，扩展协调机制功能以推动形成密切协作配合的工作机制，努力把学校的决策部署落到实处。围绕学科建设目标，完善议事规则、民主管理、党政分工、协调运行、科学决策等方面的内部管理制度。上海财经大学通过建立健全书记谈心系列活动（如"书记下午茶"）等工作机制，搭建起与学科一线专家教师的沟通交流桥梁，充分发挥相关群体的作用，促进学科建设科学发展。

（三）建立健全评估机制

学科评估属于周期性水平评估，评价体系应聚焦立德树人成效，但也要关注制度性设计和建设过程所产生的效果。建设一批质量一流、效益显著、布局合理的学科点是高校建设的重要目标之一。为了加速促进学科建设发展，提高学科建设水平，高校必须建立一套比较完善、科学又符合自身实际的学科建设评估体系与机

---

① 曾琼娟，周冉."双一流"建设背景下的高校党建工作的思考与探索[J]. 智库时代，2020(3).

制。在构建完善的学科建设自评机制过程中要着力于学术带头人的行业认同度评价、科研项目的协同创新评价、毕业生就业质量评价以及学科平台资源的共享程度评价等。

(四)建立健全督办机制

在国家"双一流"建设背景下,学科建设成效将成为资源分配的重要依据,学科建设工作成为高校的核心工作。高校要完善学科建设组织架构,成立专门负责学科建设工作的职能部门,加强学校和二级学院的人员配备,落实好学科带头人负责制,充分发挥学术委员会等学术组织的专家作用。建立健全有效的风险防范机制,把督查督办工作贯穿于落实决策的全过程,按时保质保量完成学科建设任务,及时有效解决学科发展中出现的问题,高效贯彻落实学校党委、行政的决策部署,加快实现学校发展目标。

四、强化基层党建,发挥学院学科建设主体责任

(一)探索开展学院"党建+学科"模式

学院是学校的基本办学单位,是学科建设的基层组织,是学科建设的组织者。要充分发挥基层党组织作用,提高党组织的凝聚力、创造力、战斗力。探索党建工作与学科建设相结合的途径,积极开展"党建+学科"工作模式,切实提高学科建设组织能力,充分发挥党组织教育党员、联系和服务群众、推动事业发展的政治核心作用。以学科组织为二级学院学术管理重心,扩大党建覆盖的学科点,确保党的领导能够覆盖各个学科。建立健全双带头人制度,探索学科带头人(领军人才)担任党组织负责人制度,使基层党的干部不仅在党务上有能力,而且在学术上有建树。

(二)落实学院学科建设主体责任

加快推进校院两级管理体制改革,落实学院办学自主权,推进学科建设和管理重心下移、权力下放,使学院真正承担起学科建设的主体责任。完善学院党政领导班子领导机制和工作机制,加强学院党政联席会议制度建设,推进学院党政领导班子议事决策的科学化、规范化、制度化。学院有关学科发展的各项决议、决定和重要措施,以及事关学院改革、发展的重大学科问题,要由学院党政联席会议研究审议决定。学院党政联席会议按照民主集中制原则讨论和决定。同时,学院学科发展重大事项落实情况要向党政联席会议和联系学院的学校领导报告。

第七章
匡时济民：全面提升基于优势学科的社会服务能级

　　科研国际化是中国高校科研的大趋势。2015年国务院出台的《统筹推进世界一流大学和一流学科建设总体方案》明确将"推进国际交流合作，加强与世界一流大学和学术机构的实质性合作，加强国际协同创新，切实提高我国高等教育的国际竞争力和话语权"作为大学建设五项改革任务之一予以要求。2016年，教育部颁布的《推进共建"一带一路"教育行动》，为高校国际化提出了更高层次的愿景。2020年颁布的《教育部等八部门关于加快和扩大新时代教育对外开放的意见》，为新时期推进高校国际化发展指明了方向。科研国际化离不开党的领导。坚持党的领导、加强党的建设是科研国际化健康发展、高校科研工作有序运行的坚强保障。党的领导是政治领导、思想领导、组织领导的有机统一。与此相应，党建工作在高校科研工作的创新价值链中发挥着方向引领、精神塑造、服务保障等作用。

第一节　科研国际化的内涵和案例分析

一、科研国际化的一般内涵

　　在经济全球化与大学国际化的背景下，大学为了顺应时代潮流、提升学科和学术研究成果的国际影响力、增强国际竞争力，积极跟踪学术国际研究前沿，在科学研究、技术开发和成果应用转化等方面开展国际交流与合作，努力提升学校科研创新能力，促进学校科研队伍发展，提升学校综合国际影响力。[①] 科研国际化是实现大学持续快速成长的重要途径，也是建设世界一流大学的重要战略选择。

　　科研国际化包括：（1）科研投入的国际化，例如，研究数据和资金在全球范围内搜集；（2）科研过程的国际化，例如，研究团队合作的国际化、研究范式国际化；

[①]　吴瑾.大学科研国际化问题研究[J].新东方，2017（4）：35－39.

（3）科研成果的国际化，例如，学术理论传播与学术交流的国际化、科研成果发布的国际化等。

二、新形势下高校科研国际化的特殊内涵

高校是科学研究、文化传承创新、国际交流合作的重要载体，是巩固马克思主义指导地位、发展社会主义意识形态的重要阵地。要坚持党的领导，确保科研国际化朝正确的方向前进。

第一，科研国际化战略必须对党中央治国理政新理念、新思想、新战略高度认同，对中国特色社会主义和中华民族伟大复兴中国梦充满信心，服务党和国家工作大局。

第二，当前国际国内形势深刻变化，不同思想文化交流交融交锋，社会思潮多元多样多变，给社会思想文化领域带来复杂影响，国际学术话语权的重要性日益凸显。忽视国际化，将影响社会科学研究的国际交流与合作，但若丢弃本土化，则势必使中国社会科学研究失去特色，因此要在国际化的大背景下，牢牢把握中国的理论话语权。[①] 目前一些国家、一些学术期刊对中国经济发展、社会转型等存在偏见，在论文发表、著作出版以及学术成果的传播上，缺乏客观、公允的态度，热衷于在学术界丑化中国形象。这就需要中国的高校、学者在党的领导下，在国际科研交流舞台，树立正确的、主流的价值观。

第三，新时代赋予科研国际化新的任务。当今世界，各国间的经济文化交流越来越深入。中国"一带一路"倡议的国际影响正在加深，中国正在走向世界舞台的中心，这是中国特色话语体系建设的重要机遇。必须加快"走出去"的步伐，推动海外对中国的研究，让世界认识和了解发展中的中国。新时代要求中国科研人员肩负起"引领社会变革的时代先声"的使命，牢固树立人类命运共同体意识，深入研究关系人类前途命运的重大问题，构建阐释"和平、发展、公平、正义、民主、法治"等全人类共同价值的中国话语体系，共同绘就包容互惠、和谐共生的人类未来发展美好画卷。例如，为响应"一带一路"倡议，许多高校通过人才培养、科研或者技术服务参与其中，同时培养当地的人才，这就是很好的参与国际事务、提升话语权的方式。

三、科研国际化的高校实践探索

近年来，高校紧紧抓住推进"双一流"建设的重大契机，把握科研国际化的大趋

---

① 袁顺波，张云，华薇娜. "双一流"建设背景下人文社科国际化科研状况研究——以浙江省高校为例[J]. 嘉兴学院学报，2020，32（2）：136 - 144.

势,深化实践探索。

第一,加强顶层设计,重视战略规划。西安交通大学在推进高等教育对外开放过程中,提出"一体两翼"的国际化发展思路,即以建设世界一流大学,提升国际竞争力为本体,一方面加强与世界一流大学合作,从顶层设计、量化指标评估等各个方面全面提升学校国际合作与交流水平;另一方面,抢抓机遇,主动作为,融入"一带一路"建设,引领发展。上海交通大学将建成综合性、研究型和国际化的世界一流大学作为建设目标和宗旨,并实施了"全球交大"建设工程,将国际化发展战略确立为该校实现跨越式发展的重要战略之一,推动各学科对外交流发展。北京大学2019年制定了《北京大学国际发展战略——全球卓越:面向未来的责任与担当》,对全面推进"双一流"建设、落实高校国际交流合作重要使命进行了部署。中国人民大学为了提高国际化科研水平,该校科研组实施科研国际化提升战略,明确与学校"双一流"建设规划相配套的科研国际化提升战略和清晰发展路径;发挥学科特色,做好全球布局,实施国际知名高校合作拓展计划,加强科研深度国际合作;实施文化"走出去"战略,推动建立海外研究中心,加强优秀学术期刊国际化建设;继续资助教师开展实质性高水平国际科研合作交流。上海财经大学实施以构建立体式开放办学体系为目标的"上财国际2.0"战略,并制订了详细的行动计划,明确了构建学校对外开放新格局、培育具有全球胜任力的各类人才、打造"留学上财"品牌、构筑一流人才高地、提升科学研究与社会服务的国际影响力、增强学科国际竞争力、推进学校治理能力现代化共七项主要任务。该校积极引进海外优质教育资源,搭建双向交流平台,构建多层次、多类型的国际化人才培养体系,并且校党委紧把教育对外开放的主导权,建立健全新形势下党对学校对外开放全面领导的体制机制,确保对外开放的正确方向,全面构建学校对外开放的新格局。

第二,发挥学科特色,创新多项举措。各高校结合自身学科发展的特色,通过实施科研国际合作项目、建立国别合作研究机构,加入国际性学术组织、建设国际期刊等多种途径全面推进科研国际化发展。复旦大学发展研究院基于复旦文理医工综合性学科优势,建立了12个跨学科、跨国界的学术和咨政机构,并与多家世界一流大学成立中国研究中心,积极开展联合研究。浙江大学于2009年加入世界大学联盟,通过与联盟会成员高校合作,成立联合研究中心、举办国际会议、进行学生交换、学者互访等,并对教师主持联盟研发基金项目予以资助,多措并举,提升科研与教学的国际化水平。上海财经大学商学院入选国家外国专家局、教育部"国际化示范学院推进计划",以系统引智的方式,引入国际通行的高等教育运行模式,通过国际标准教学环境建设,逐步实现教学、管理与国际接轨,理念、规则、文化与国际相通,建成既符合国际惯例又具有中国特色的高等教育改革样板,推进我国高等教育内涵式发展。

第二节　科研国际化进程中的新挑战

按照习近平总书记"立足中国、借鉴国外,挖掘历史、把握当代,关怀人类、面向未来"的要求,我国在科研国际化进程中,既吸收借鉴人类一切优秀文明遗产,又自觉抵制西方错误思潮侵袭,构建起充分体现中国特色、中国风格、中国气派的哲学社会科学,提升国家文化软实力,实现中华文化浴火重生。当前,科研国际化现状与目标还存在不少的差距,迫切需要从多方面加强党的领导。

一、西方国家的技术封锁给科研国际化带来新挑战

近年来,以美国为首的一些西方国家以贸易争端、加强知识产权保护、扩大市场准入等借口实施了全面遏制中国崛起的战略。科技围堵和封锁是西方国家对华遏制的惯用手段,这给我国的科研国际化进程蒙上了阴影。例如,美国近来对华裔科学家与中国的学术交流开展限制,取消中国高技术领域科研人员学术交流签证。又如,2020 年 5 月底,美国商务部公布了新的出口管制"实体名单",其中包括哈尔滨工业大学、哈尔滨工程大学等在内的 13 所中国高校及一些科技机构,这些机构在没有美国政府批准的情况下将禁止使用含有美国科技的产品。在这二十多天后,哈尔滨工业大学和哈尔滨工程大学被 MathWorks 公司禁用 MATLAB 软件。

习近平强调,国际科技合作是大趋势。我们要更加主动地融入全球创新网络,在开放合作中提升自身科技创新能力。越是面临封锁打压,越不能搞自我封闭、自我隔绝,而是要实施更加开放包容、互惠共享的国际科技合作战略。在逆全球化挑战、国家战略需求、高校自身发展需要的三大背景下,我国高校迫切需要转变思路,推进科研国际化的新进展。

二、具有全球影响力的理论成果还不多见

第一,在构建话语体系和学术价值标准体系上,对世界的影响力还不够大。当代中国正处于一个伟大变革的时代。中国特色社会主义伟大事业,一方面热切呼唤哲学社会科学创新发展,另一方面为哲学社会科学创新发展开辟了道路、指明了方向。把握和解决具有时代性的重大理论和实际问题,并以中国话语来表达,进而为世界文明发展作出贡献,是中国哲学社会科学应当追求的目标。我们历经一百

多年的艰苦努力，如今比历史上任何时期都更接近实现中华民族伟大复兴这一目标。中国的哲学社会科学已经从"吸收"走向"反哺"。哲学社会科学工作者要有比肩世界学术界的勇气，批判吸收，兼容并包，推动世界学术繁荣，而不是简单一味地膜拜他人的成果。

习近平总书记指出："在解读中国实践、构建中国理论上，我们应该最有发言权，但实际上我国哲学社会科学在国际上的声音还比较小，还处于有理说不出、说了传不开的境地。"改革开放以来，我国哲学社会科学取得了有目共睹的成就，但在话语体系和学术价值标准体系上对世界的影响力和战斗力还不够强大。例如，目前对中国道路与中国模式的理论建构不够丰富、对中国传统文化的挖掘不够充分、对马克思主义的吸收与发扬有待深化等。

第二，围绕全球治理新形势的研究积累有待提高。我国政府到现在为止已经提出了建设人类命运共同体，建设全球伙伴关系的网络，以共生、共建、共享的精神来建设"一带一路"等全球治理思想，代表中华文明的这些思想和具体的倡议已引起各国的重视。与丰富的实践内容相比，目前高校教师对全球治理的研究较少，尤其在"一带一路"、亚投行、新开发银行等方面的研究较为匮乏，没能形成新的学术研究增长点，也未能提出系统的、有前瞻性和可操作性的政策建议，在一定程度上滞后于实践的发展。

第三，对中国道路、中国模式的理论建构不够丰富。从现代化问题入手，我国学术界需要：(1)向国际社会展示中国对于现代化的理解，阐明中国道路为广大发展中国家提供了有别于西方现代化模式的选择，为人类社会发展提供了中国方案，为促进世界各国现代化贡献了中国经验和中国智慧。(2)打破西方大国对国际学术话语的垄断，特别是西方大国凭借其相对定型的学术话语体系对中国的现实和制度进行否定性裁量的权力，为中国特色社会主义的道路、制度进行充分的且可为世界上绝大多数国家接受的合理性、正当性论证。(3)打造中国特色哲学社会科学新概念、新范畴、新表述，创新话语体系，运用中国特色话语体系向世界阐述中国道路、中国模式，增强国际话语权，向世界展现我国富强、民主、文明、和谐的形象。上述三个方面的任务，是我国学术界的历史使命所在，高校科研工作者要主动承担向世界展现"中国道路"和"中国价值"的历史重任，构建起充分体现中国特色、中国风格、中国气派的哲学社会科学，补齐国家文化软实力这个短板。

第四，面对西方"中国威胁论"等，高校学者的应对较为被动，缺乏引领性概念和观点。对于中国从富起来到强起来的转变，西方国家非常不适应，流露出挥之不去的深层次焦虑。一段时间以来，新一轮"中国威胁论"又沉渣泛起，成为误导国际舆论、煽动中外关系紧张的重要推手。以往我们常见的是"政治威胁论""经济威胁论""军事威胁论",现在新一轮"中国威胁论"在此基础上向"文明威胁论""秩序威胁论"延伸,从拒绝承认中国的市场经济地位到"新殖民主义论",并且抹黑我国"一带一路"倡议,指责中国以新的方式塑造国际霸权等,其"中国威胁论"试图实现对社会各领域的全覆盖。目前,我国学者已提出"中国贡献论",但只是把"中国贡献论"看作外界对中国崛起的一种不同于西方视角的看法和比较正面的评价,并没有更多地去研究、完善、发展其内容,推动它与"中国威胁论""中国崩溃论""中国责任论"等论调抗衡,更不用说去影响国际涉华舆论了。

三、科研国际化面临西方思潮的不利影响

第一,西方思潮对我国哲学社会科学研究产生了较大冲击。近年来,我国高校教师参与国际学术交流日益频繁。西方国家有意识地通过各种现代科技手段对高校师生施加思想文化方面的影响,加大对中国进行意识形态渗透的力度,想尽一切办法试图摧毁中国人的信仰、搞乱中国人的思想,企图通过"颜色革命"等方式推翻中国共产党的领导、颠覆社会主义制度。此外,经济全球化带来了各种跨国企业、宗教团体和国际非政府组织,这些组织成为文化渗透的新的主要渠道,不断地冲击着中华文化。①

第二,迅速发展的全球化导致多元化的话语格局正在逐渐消失,在某些维度上已成为单一模式的"普及化"和"同化",国际化在一定程度上也成了"西化"和"欧美化"。例如,在文化领域,强势文化甚至以一种不容置疑的姿态迫使其他文化(不知不觉地)"拥趸化"。今天的全球化看起来政治民主、文化多元,但实际上是西方的示范效应被无限放大,从而压抑了其他文化的发育,压抑了弱势群体的表达。

我们不仅要高度警惕,而且要坚决打击一切在中国进行意识形态渗透的言行,决不能让其图谋得逞。对境外非政府组织、基金会、高校等与国内高校的合作、交流等项目,要加强意识形态安全审查,确保不被利用和渗透。

四、科研合作中缺乏主动权

第一,尽管中国国际科研合作不断增多,但中国学者大多非主导者。例如,目前我国自己创建的科技类、文化类、教育类国际组织,相比美国的 500 个以上,实在是太少了。即使我们加入别国创建的国际组织,成为一个成员,而不是处于主导地位,同样不会有很大的国际话语权。又如,近年来国外智库掀起了"中国研究热",

---

① 王杨,陈树文,徐帅.论高等教育国际化背景下大学生思想政治教育着眼点的迁移[J].社会科学家,2011(10):137-140.

经常会举办与中国相关的论坛，也希望中国的专家学者或政府官员参与研讨，但现实则是，这些论坛上中国面孔太少、中国声音太小。而在全球性问题的论坛研讨中，更是西方智库垄断话语。

第二，在国际合作中，外国研究者为中国提供的科研贡献较少。中国在国际合作中的最大问题是："走出去"了，却没有"引进来"。如何才能引入国外人才为中国科研服务，利用别人的智力为我们作贡献，这将是对中国科研实力强大的最好诠释。

第三，我国在国际科研标准的制定方面参与度较低。近年来，我国高校在各类国际高校排行榜上的名次飞速提升，有一点却难以快速提升，并且成为我国高校国际化发展的短板，那就是国内高校在参与全球治理方面的"集体沉默"。以国际标准的制定为例，一项 2015 年的数据显示，在当年所有的国际标准中，由我国主导制定的国际标准数量仅占总数的 0.7%。而在这其中，还有相当一部分是由企业完成的。近期中国主导制定的国际标准占比有所提升，但也仅为 2% 左右。[①] 标准的主导者一定是技术的领头羊，标准从不中立，它们反映了制定者的优势和创新点，不参与标准化就意味着将话语权拱手让给竞争对手。

五、国际期刊难以反映中国的发展成就

第一，国际主流英文期刊对中国不够友好。目前主流英文期刊关于中国经济与社会发展的论文总体数量不多，无法真实全面反映我国经济建设与社会发展的最新成果。由于人文社科类的国际期刊论文数量太少，因此这给了一些国外机构抹黑中国的大好机会。同时有许多国际期刊的编辑对中国存在偏见，他们有选择地发表对中国形象不利的学术论文。在新闻媒体上，中国的成绩很少被报道，中国问题却被抓住不放，并把中国描绘成一个失败的国家。

第二，我国主办的国际期刊数量偏少。当前，我国主办的国际期刊数量较少，缺乏宣传阵地，不利于掌握学术话语权。学术期刊传承人类文明，荟萃科学发现，引领科研发展，直接体现国家学术竞争力和文化软实力。学术期刊又是一个国家赢得学术话语权的重要工具。现有经验表明，学术期刊办好了，必定能推动科研创新和科研成果的转化及应用，并由此推动社会进步。办好中国学术期刊，承载着一代代科研工作者和办刊人的厚望，在推动科研发展、传播中华文化中有着不可替代的作用。

美国科学基金委最新公布的 2018 年 SEI 指标显示，综合各学科产文量，中国

---

① 吴国鼎. 谁在掌握国际标准制定权？［J］. 环球，2023(25).

已经略超美国,为最高产量的国家。但是我们与发达国家在科研实力方面的差距实在不容回避,2018 年的最新统计显示,学术出版业公认的权威数据库 ESCI[①]、SSCI[②]、AHCI[③] 收录中国期刊的数量,仅在亚洲地区,都低于日本与韩国;中国 SCIE 库刊数也低于日本,仅在 Scopus 数据库高于这两个国家。[④]

过去,我们一味追求在国外发论文,大量优秀的创新性科研成果用英语发表在国际期刊上。如今,时代已经变迁,如何重拾自信、传播中华文化、办好中文学术期刊是我们这代人必须交出的答卷。

六、高校智库未能有效发挥国际交流作用

目前,我国高校智库在国际媒体上的发声能力还较为有限。伴随着中国发展出现的一些亟待解决的问题,国外对中国发展意图、速度、规模等因素的疑虑,引发"中国威胁论""中国崩溃论"等言论,在一定程度上影响了中国的国家形象,中国道路的话语权争夺颇为激烈。这需要我国包括高校智库在内的所有社会智库发挥舆论宣传的公信力优势,传递正能量。

我国高校智库的数量虽多,但总体规模较小,国际化水平较低,国际交流还不够多,学术话语权较小。据对 161 家主要高校智库的统计,从 2016 年度这些智库在国外广播、电视、报纸和网络上发表政策性观点的情况来看,仅有 37% 的高校智库曾在国际媒体上发表过政策性观点,其中最为集中的区间为 1~9 次,但也有中国人民大学重阳金融研究院和厦门大学教育研究院这样全年发声超过 40 次以上的智库。[⑤] 美国宾夕法尼亚大学智库与公民研究项目组 2021 年发布的《全球智库报告 2020》显示,中国 2020 年的智库数量虽位居世界第 2,但仅有 8 家智库进入"全球顶级智库百强榜单",与有影响力的国际智库相比,依然存有较大的差距。

我国高校智库目前更多局限在对我国政策的解读、阐释,很少提出能够主导国际话语的概念和战略名词,往往在别人的框架下跟随讨论。"文明的冲突""利益攸关方""中美 G2 模式""软实力""巧实力"等引领全球话语的概念或战略名词,均由美国智库首先提出或推出。美国智库提出的概念通过国际主流媒体、国际研讨会等平台广泛传播而成为"国际议程",它们提出的一些核心观点便以"国际社会的声音"出现,乃至于成为"正确"舆论导向,后来回应者即使反驳、提出异议,也很难撼

---

① 新兴文献索引目录,英文全称为 Emerging Sources Citation Index。
② SSCI 是 Social Sciences Citation Index(社会科学引文索引)的缩写。
③ AHCI 是 Arts & Humanities Citation Index(艺术与人文科学引文索引)的缩写。
④ 鲍芳,张月红,吴坚. 中国英文学术期刊综合数据与国际影响力解析(1887—2017)[J]. 中国出版,2018(12):3-8.
⑤ 胡薇. 中国高校智库的建设与发展研究[J]. 重庆大学学报(社会科学版),2018,24(5):95-107.

动这些观点已经牢牢占据的主导地位。

我国高校智库还不善于开展多种形式的智库公共外交来发出中国声音，不擅长用"中国理论""中国学术"和"中国思想"讲好"中国故事"，影响国外舆论；对其他国家智库的发展情况和研究成果了解不多，尚未与国外智库建立平等、高效的交流合作机制，国际影响力较小。

第三节　创新新时代高校科研的体制机制

党的十九大报告指出："中国特色社会主义最本质的特征是中国共产党领导，中国特色社会主义制度的最大优势是中国共产党领导。""党政军民学，东西南北中，党是领导一切的。"习近平总书记强调，"加强党对一切工作的领导，这一要求不是空洞的、抽象的，要在各方面各环节落实和体现"。在全国高校思想政治工作会议、全国教育大会、思想理论课教师座谈会等多个场合，习近平总书记反复强调要加强党对高校的全面领导。2018 年 5 月 28 日两院院士大会上，他进一步明确，"坚持党对科技事业的领导，坚持正确政治方向"。高校科研事业既是落实立德树人根本任务、完成人才培养使命职责的重要载体，也是高校深化"双一流"建设和内涵发展的重要支撑。在新形势下，必须坚持党对高校科研事业的领导，健全党对高校科研工作的领导体制，发挥党的领导政治优势，深化对创新发展规律、科研管理规律、人才成长规律的认识，为我国高校科研事业发展提供坚强政治保证。

一、科研国际化的领导与协调体制

（一）建立"统一领导、归口管理、分级负责、全员参与、协调配合"的高校国际化工作机制，强化学校"大外事"工作格局

高校成立国际化工作领导小组，加强学校国际化工作的顶层设计和整体战略谋划，推进"学校统一领导，外事部门统筹协调，宣传、组织、统战、科研、人事等职能部门归口管理，二级学院以及校级科研平台具体实施"的国际化工作体制和运作机制。高校的二级学院要明确分工，由一位院长或副院长来分管国际化工作，由一位兼职秘书具体负责组织实施本单位的国际化建设工作。

（二）建立科研国际化进程的党建考核机制

科研机构，面临着科学研究国际化、分散化等竞争压力，还面临着科研任务大型化、人员流动常态化等管理挑战，如何提高党组织凝聚力，抵御各种不良影响对

人的精神侵蚀,提升人的精气神,提高团队的战斗力,是党建工作的重要任务。要进一步完善和落实科学化、可量化、易操作的科研国际化中的党建衡量指标体系,将其列入年度单位考核指标,并作为单位和部门考核的一项重要内容来评估考核各单位的国际化工作;同时建立党建成果激励机制。对在年度考核中,党建工作业绩突出的部门和人员给予表彰。

(三) 强化学术委员会在科研国际化进程中的导向作用

提高学术委员会建设水平,把政治立场和思想政治表现作为遴选成员的底线要求,在高校党委领导下发挥好学术委员会的作用。

(四) 强化基层党组织的政治功能和战斗堡垒作用

高校基层党组织是高校全部工作和战斗力的基础。需要通过制度建设和机制创新加强和改进基层党组织的建设,增强基层党组织在高校教学、科研和服务社会等各项功能中的活力。同时,高校基层党组织应以围绕中心工作、依靠广大党员、服务人民群众为宗旨,建立党员教育管理制度和基层党组织工作规范,使基层党组织成为高校工作的稳固基石,成为高校改革发展的有力保障。

二、科研国际化进程中的监督评价机制

建立健全高校思政智库,并且使其成为科研国际化进程的强有力监督评价机构。"高校思政智库是中国特色新型智库的有机组成部分",是指由思想政治教育及其相关领域的专家和学者组成的,从专业化的角度,客观、科学地对思想政治工作领域出现的相关问题展开深入研究,并向教育管理部门或高校提出政策建议的研究机构。从职能特点看,一方面,作为专业的研究机构,思政智库倾向于为教师与学生之间、思政工作者与思政课之间、思政部门与思政工作者之间、思政平台之间的要素协同提供指导和咨询,具有战略性、专一性和专业性的特点;另一方面,高校思政智库着重于解决现实德育工作的重点问题、热点问题与难点问题,具有适应性、时效性和协调性的特点。[①] 高校思政智库可以定期对校内外的国际化合作进行评估,及时发现不良苗头并采取有效措施,有利于把握好科研国际化的大方向。

高校思政智库建设重点工作有两项:

其一,高校思政智库要建立思政工作的大协同机制。除思政教师、党政工作者和辅导员之外,有较高理论素养的党委宣传部门、学工部门等部门领导干部也可加

---

① 林岩. 协同视域下高校思政智库的现实价值与建构策略研究[J]. 江苏高教,2018(3):86-89.

入智库队伍。建立健全智库队伍，使其形成厚实的德育工作经验基础，对现实问题具有深刻的洞察力并具有合理解决路径的能力。

其二，高校思政智库队伍建设要依赖合理的学科构成。要遵循以专为主，吸纳多学科思路方法，涵盖哲学、思想政治教育学、心理学、管理学、社会学、文化学、历史学等学科在内的多学科体系建构，使思政智库成为马克思主义指导下的多学科优秀人才汇集的协同创新体。

第四节　提升科研和社会服务能级的新思考

新时代赋予科研国际化新的任务，科研国际化战略必须对党中央治国理政新理念、新思想、新战略高度认同，对中国特色社会主义和中华民族伟大复兴中国梦充满信心，服务党和国家工作大局。

一、推动理论创新，在国际学术交流中占据主动

哲学社会科学"走出去"是应对全球化挑战、提升国家文化软实力的必然要求，是将中国介绍给世界、塑造和展示中国世界大国新形象的现实需求和重要途径。只有不断推动理论创新，占领学术前沿，才能在国际学术对话中赢得主动，真正扩大话语权。

在理论创新方面，重点是进一步挖掘中国道路和中国话语权等方面的研究。中国的发展离不开中国理论。当代中国正经历我国历史上最为广泛而深刻的社会变革，也正在进行着人类历史上最为宏大而独特的实践创新。这种前无古人的伟大实践，必将给理论创造、学术繁荣提供强大动力和广阔空间。习近平总书记在哲学社会科学工作座谈会上指出："坚持和发展中国特色社会主义，必须高度重视哲学社会科学，结合中国特色社会主义伟大实践，加快构建中国特色哲学社会科学。"西方关注的问题未必是中国的真正关键问题，西方取来的"经"未必完全适合分析中国问题。科研人员不能做西方理论的搬运工，要立足中国现实问题，服务于中国特色社会主义道路建设，提出理论、政策与框架，做中国学术的创造者、世界学术的贡献者。要在深化中国道路研究和提升中国话语权方面有更强的使命感、责任感，要进一步立足中国特色社会主义实践，深入回答重大理论与现实问题。

中国道路的开创与发展具有普遍性的世界意义。发展中国家如何实现现代化，是一个世界性的难题。中国道路一方面为发展中国家提供了有别于西方的道路选择，为人类社会发展道路的探索提供了有益启示；另一方面向国际社会展示了

中国对于国家发展的理解,向世界各国的发展贡献了自己的经验。总之,中国道路有着深厚而坚实的中国特色,而相关研究和总结有待进一步深化。

二、持续对教学科研人员进行教育培训

第一,结合新形势、新要求,定期对广大教师进行马克思主义理论教育。哲学社会科学的教学和科研面临着新形势、新问题、新任务,哲学社会科学工作者要进一步加大培训力度,加强理论武装。面对日益激烈的国际科研竞争,我国高校科研工作在发展定位、战略方向、研究计划、队伍组织、研究布局等方面,不断聚焦主攻方向、优化队伍结构,时刻想国家所想、急人民所急。各级党组织就要不断加强领导,保证正确的政治方向,推动党和国家的路线方针政策在科研院所的贯彻执行,切实发挥好政治核心作用。建议持续对高校所有教学科研人员进行轮流培训教育,巩固马克思主义在意识形态领域的主导地位,把马克思主义立场、观点、方法贯穿科学研究各方面,弘扬主旋律。

第二,把马克思主义理论教育贯穿于教师职业生涯的每一个环节。把马克思主义理论教育作为教师入职培训、理论学习、研修考察的重点,结合党史、国史和革命传统教育,引导广大教师"真学、真懂、真信、真用",提高马克思主义理论素养和运用马克思主义基本原理分析问题、解决问题的能力。

针对党员教师出国访学时间较长的特点,在党员出国之前,组织要与其进行谈话沟通,进行必要的指导,如如何应对突发事件、如何在国外履行党员义务等。组织对出国党员提出明确的要求并主动为其答疑解惑。另外,高校基层党组织委派专门人员在党员出国期间主动与其联系,每隔一段时间联系一次,做好党员思想动态、学习工作情况的记录工作,存入专门为出国党员建立的档案袋。针对出国党员易出现的文化不适应等问题,高校基层党组织应及时给予关心和切实的帮助,以增强党员的组织归属感。在党员回国之后,组织应当让其就出国期间的思想动态进行及时的总结汇报。①

三、在学术交流中以国际范式讲好中国故事

第一,高校要积极承办、参与国际会议,在主流学术交流渠道发声。要按照习近平总书记在哲学社会科学座谈会上的讲话要求,"鼓励哲学社会科学机构参与和设立国际性学术组织,支持和鼓励建立海外中国学术研究中心,支持国外学会、基金会研究中国问题,加强国内外智库交流,推动海外中国学研究",通过项目交流和

---

① 王郦玉,刘同兰,石梅,梁亮.国际化背景下出国党员的党建工作研究——以华东师范大学对外汉语学院为例[J].出国与就业(就业版),2012(2):74-76.

人才对话，增强议题设置能力，推动西方学术界关注中国、研究中国，并获得他们的认同。

第二，学术交流要善于借助国际范式，促进中国研究。互联网时代到来，使中西方文化的碰撞更加激烈，中华优秀传统文化、四十多年来中国改革开放的伟大成就等，都是我们提升国际话语权的深厚底蕴和内容载体。但西方社会有着自己的话语逻辑结构，如果我们不加改造地"直译"，完全用中国的概念、中国的术语、中国的知识向外传播，那就如同对一个完全不懂中文的人讲中国话，传播的效率等于零。在这种情况下，我们就需要运用部分外国的尤其是西方的概念、术语和知识来描述和解释中国的事物，通过外国民众已知的知识来帮助他们了解和认识中国。正如习近平总书记所指出的，"要善于提炼标识性概念，打造易于为国际社会所理解和接受的新概念、新范畴、新表述，引导国际学术界展开研究和讨论"。

第三，打造学术工作坊品牌，成为中外学术交流的纽带。各所高校可以就某些议题每半年或一年举办一次小型高端国际研讨会，形成若干个突破点，为校内外教师更好地与国际学术前沿对话、提升学术科研水平创造良好的学术环境，也为海内外学界同仁搭建一个促进友谊、增进学术交流与合作的平台。通过会议的研讨交流，我们可以及时了解西方学者的理论基础、研究范式及结论，这样才能在应对各种新问题时，有充分的思想和理论准备，才能使中国的声音不被淹没；也可以采用西方学者熟悉的学术范式，提出中国的见解与主张，提高说服力。

四、多管齐下，推进中国哲学社会科学成果海外"软着陆"

第一，在国际性论坛与国际期刊上发表研究成果，用国际通行的研究方法与范式，实施文化"走出去"战略，较好地发出中国声音，把中国成功经验与理念介绍给全世界。在国际上传播好中国声音，讲好中国故事，就要学会使用国际通行的语言、研究方法，要善于用国际范式进行宣传，推动全球层面对中国发展战略、中国发展道路的深入研究。积极邀请国际期刊的主编、编委会成员到中国来实地考察，通过中国蓬勃发展的现实与实践，改变国外学者的偏见，同时积极向国际期刊输送来自中国的编委。

第二，建设具有中国特色的国际期刊，形成对外宣传阵地。随着全球化进程加快，国外想了解中国的愿望也越来越强烈，一批高质量的期刊将成为世界看中国的窗口。目前，国内许多高校主办的国际期刊进入了 SSCI 期刊目录、新兴文献索引目录，国际他引影响因子连续几年稳步提升，成为宣传我国哲学社会科学成果、在国际学术界发出自己声音的重要阵地。今后，高校将继续支持这些刊物的发展，推进刊物的国际化运作,丰富编委会的国际构成,提升公信力,突出全球的学术影响力。此外,目前传统学科已几乎完全被大小期刊、新旧期刊占领,挤入的难度还是很大的,我们可以更多地挖掘未来新兴学科与交叉学科——这些领域的期刊竞争相对小一些。

第三,推动优秀学术著作在海外出版。长期以来我们较多依靠国内出版社出版哲学社科图书的外文版,但这些图书很难进入外国的主流销售渠道,无法进入国外图书馆、大学和科研机构,发挥不了应有的作用。为此,要鼓励广大教师积极申请"中华学术外译项目""中国图书对外推广计划"等基金项目的资助,在国际知名出版社出版外文著作,提高学术成果的国际影响力。

此外,我们还可以探索与国外主流学术刊物合作,自主组稿,设立"中国特辑"(Special Issue on China)栏目,扩大论文的国际影响力。

五、以校校合作、大学联盟等形式,推进国际化战略合作

第一,在学校层面和学院层面开展学校之间的国际科研合作。在学校层面,各所高校可根据地域分布、学科优势、自身特色等因素,与境外若干所高水平大学建立战略合作伙伴关系,建立长效合作机制,鼓励和支持教师参与国际科研合作,逐步推进在国际学术交流与资源共享等领域的全面合作。在学科和学院层面,各所高校的系所要力争与每所合作院校的对应学科领域进行长期稳定的深层次合作,在学校的战略合作伙伴队伍中找到一个"国际参照系",一方面,在科研国际化进程中建立明确的中长期目标,另一方面,充分发挥自身的研究特色来影响合作伙伴。

第二,通过各类大学联盟以及相应的学术交流,提升学术话语权与影响力。国际大学联盟的出现打破了传统的双边校际合作模式,在不影响成员高校个体性与独立性的基础上,不同国家和地区的大学基于某种规则联合起来,有意识地开展合作交流,在联盟内共享信息,整合资源,从而能够更快速、高效地促进多边的国际合作与交流。[1]

目前,我国多所高校主导或积极参与环太平洋大学联盟、U21大学联盟、国际研究型大学联盟、世界大学联盟(Worldwide Universities Network)、东亚研究型大学协会、亚洲大学联盟、南亚东南亚大学联盟、国际科技大学联盟、中俄工科高校联盟、丝绸之路大学联盟、"21世纪海上丝绸之路"大学联盟、"一带一路"工程教育国际联盟、"一带一路"建筑类大学国际联盟、"一带一路"世界纺织大学联盟、世界能源大学联盟、"现代地方大学国际联盟"(Universitas Civic Moderna)等各类世界

---

① 李姝姝. 国际大学联盟对中国高校国际化的启示——以U21国际大学联盟为例[J]. 高教学刊,2016 (20):15-16.

性、区域性和学科性质的大学联盟，取得了一定的效果。但也存在一些大学联盟成立以后，学术交流不活跃的现象。今后，各高校要继续积极参与各类大学联盟或联合境外高校推动成立新的大学联盟，加强联盟机制内高校的合作与交流；争取更大的自导权，把联盟作为展示平台，不断扩大学校的学术影响力和在相关学科领域的学术话语权。学校需从多个层面推动大学联盟事务，使之成为学校国际化建设的有力抓手。每年下拨一定的经费支持本校师生参与联盟活动，并定期承办大学联盟的活动，以提高联盟在本校的显示度。同时，有导向性地支持本校资源倾向联盟的其他成员学校，在此基础上培育并形成学校的合作网络，制定有利于自身长远发展的协商机制和战略规划，在保持自身独特性的前提下利用联盟带来的发展机遇。

第三，高校应主动与各类国际组织加强合作，提高影响力。目前，国际组织在国际话语权上具有较大的影响力。高校要加强与各类国际组织的合作，更多地向国际组织输送人才，参与国际标准的制定。我国近年来积极推动二十国集团领导人峰会、金砖国家峰会、上海合作组织的发展，同时创设亚洲基础设施投资银行（Asian Infrastructure Investment Bank）、金砖国家新开发银行（New Development Bank）等新型的国际组织，以"一带一路"倡议为代表的新思路、新模式为全球治理提供了中国方案、贡献了中国智慧。这些新趋势对学术研究提出了新的要求，要求学者在扎实调查、深入研究、准确研判的基础上咨政建言，为中国积极参与全球治理、主动承担国际责任提供有效建议，提出切实可行的方案，帮助我国不断提高全球治理能力。

此外，我们还应加强国内高校在国际化科学研究中的协同性，形成合力。近年来，一些国家、国家组织以及外国企业，在软件、信息、数据等产品上漫天要价，我国科研机构和高校要在党的领导下，加强协作，"拧成一股绳"，增强对外谈判的实力。

六、打造国际化高校智库，形成学术交流新舞台

智库被称为在立法、行政、司法以及媒体之外的"第五种权力"，是政府与公众、政策研究与传播之间的桥梁。2015年中共中央办公厅、国务院办公厅印发的《关于加强中国特色新型智库建设的意见》明确提出，"智库是国家软实力的重要载体，越来越成为国际竞争力的重要因素，在对外交往中发挥着不可替代的作用"。智库的国际化交流有两大优势：一是智库的国际交流具有非正式性，有潜移默化的效果。智库的跨国交流既不会像官方外交那样机制化、高层化，也不会像媒体报道那样日常化、大众化，更不会像大学合作那样学术化、理论化。然而，单纯从思想沟通的角度看，尤其是在一些有针对性的现实问题上，智库却是中外思想磨合最好的润滑剂，有利于交流主体的多元化。相比官方辞令与外交沟通，跨国智库交流更方

便、更能去敏感化。在智库交流中,参与者可以完全放下不必要的政治顾虑,放松、充分地阐述其立场与观点。第二,智库作为非正式外交,发出独立的第三方声音,与官方宣传形成互补,有利于宣传中国的政策与理念。中国需要重塑世界眼中的中国形象,以主动的方式应对各种问题,而利用好高校智库多元化的声音就是一条良好的途径。一个国家长期发出单一的声音,只能使该国在国际上展现一种固定的面孔、单一的形象,这个形象也因此而变得脆弱、易受伤害,而智库发出的多元化声音则使一个国家具有更加多面的、立体的形象。

依据教育部印发的《中国特色新型高校智库建设推进计划》,"高校智库"应当发挥战略研究、政策建言、人才培养、舆论引导、公共外交的重要功能。我国高校要充分利用好高校智库这一平台,为我国提升哲学社会科学话语权拓展新的空间。具体的建议有:

第一,通过讲好中国故事,提升高校智库的国际化水平。高校智库要将研究成果转化成形象的"中国故事",并借助国际化的传播手段积极对外输出,只有这样才能有利于塑造智库的国际影响力,提升智库在国际上的话语权。要使中国的立场、中国的观点、中国的声音在国际上受欢迎,就一定要会讲中国故事。话语连着故事,故事连着人物,人物连着心灵,讲故事可以直通人心。因此,通过讲事实可以去打动人,去感染人,去影响人,去说服人;通过具体的故事可以潜移默化地影响国际认同感,从而提升国际话语权的影响力。正如习近平同志指出的,讲故事是国际传播的最佳方式。国之交在于民相亲,讲故事、话友好,有利于拉近中外听众的心,有利于提高中国国际话语权。贴近国情、民情,只有针对不同国家对象的价值取向、疑虑困惑、情感需求和利益关切的话语才能深入人心、获得认同、形成共鸣。提高国际话语权,一定要区分话语对象,以生动活泼的语言、旁征博引的知识、通俗易懂的文风来讲故事,这样才能增强话语的感染力和说服力,收到最佳效果。

第二,高校智库要主动设置议题,掌握话语权。高校应强化外交关系意识,重点加强与一些主要国家智库之间的交流合作,主动设定国际议题,在国际热点问题上积极发声,引导国际舆论,发挥智库的公共外交作用,提升中国智库的国际话语权。要精心设计话语议题。一般来说,能否掌握话语主导权,往往首先取决于话题设定。只有设计出内容重要,别人关心,我们能掌控是非、真假、善恶、美丑判断标准的议题,才能有利于我们掌握话语权。当前,我国应该主动设计和提出关系党和国家事业发展全局的国际话语议题,例如,关于习近平同志"建设人类命运共同体"的主张,关于中国和平发展、合作发展、合作共赢的外交理念,关于"一带一路"倡议,关于中国历史文化底蕴深厚、各民族多元一体、文化多样和谐的文明大国形象,关于中国通过反腐而实现政治清明、经济发展、文化繁荣、社会稳定、人民团结的东方大国形象等。

　　把握正确的话语导向，是掌握国际话语权的前提和目的。在国际场合，我们所要把握的正确导向，就是要有利于维护我们国家利益，有利于推进我国外交方针、政策、原则和总体外交战略的运行。需要注意的是，正确的国际导向也应该是与中国特色社会主义道路、理论、制度、文化相协调的导向。在国际上，我们主张尊重各国意识形态、政治制度和历史文化的多样性；在国内，我们要旗帜鲜明地反对新自由主义和历史虚无主义，毫不动摇地坚持中国特色社会主义的道路自信、理论自信、制度自信和文化自信。只有坚持国际话语权导向和国内话语权导向的协调统一，我们的话语权才能释放出最大的正能量，才能发挥我们所期待的正向影响力。

　　第三，高校智库可以聘请国际知名的专家学者，提升国外同行对与中国有关问题的研究兴趣。国外不乏对中国友好的学者，不乏客观认识中国发展成就、承认中国模式的学者。高校智库可以团结一切可团结的国际学者，将国际知名学者"引进来"，以多种形式聘用，这样既丰富自身科研视角，也让学校教师的学术研究成果进入国际学术舞台，从而提升学校在国际上的学术地位。例如，原英国曼彻斯特大学的特瑞·皮奇（Terry Peach）教授全职加盟上海财经大学后，进一步推动了经济史学系与国际学术界的联系。2016 年，上海财经大学经济史学系与英国经济思想史年会合作，促成了第 48 届年会在上海财经大学的成功召开，这也是英国经济思想史年会第一次在英国本土以外召开。近年来，在特瑞·皮奇教授、学校经济史学系和国内经济史学者的共同努力下，英国经济思想史学会、欧洲经济思想史学会、美国经济社会史学年会等诸多国际经济思想史会议开设中国经济思想专场，反映了中国经济思想正在国际上产生更大的影响。在 2018 年会上，特瑞·皮奇教授还被推选为英国经济思想史协会会长，充分展现了上海财经大学经济史学系的研究实力和国际学术影响力。

　　第四，探索形式多样的学术合作，设立海外研究基地。高校智库应积极拓展与海外高校、研究机构的合作关系，以学术为纽带，以中外学术合作备忘录等形式为主要载体，探索成立中外联合的学术研究机构、智库联盟，实现与海外学术合作的机制化、长效化，在与国外开展长期深入合作的过程中，逐步提升我国文化的影响力和传播力。具有一定实力的智库也可以通过直接在海外设立分支机构、聘用海外研究人员等方式，以各个海外分支为节点，编织一张覆盖全球的研究与合作网络，实现智库的全球布局。

　　此外，要坚持把自己的事情办好，持续提升科技自主创新能力，在一些优势领域打造"长板"，夯实国际合作基础。例如，针对国内的优化算法求解器几乎处于空白的状态，学校交叉科学研究院联合一批海外回国人员进行潜心研究，于 2017 年发布了中国首个运筹学算法平台 LEAVES——这是我国第一个成规模的运筹学算法求解器;2020 年与杉数科技共同发布了 COPT2.0 整数规划求解器——这是中国首款高水平工业级别整数规划求解器,它的推出加速了我国企业的数智化转型,填充了我国在关键领域"建模与仿真"技术最重要的基础模块——数学规划求解器的空白。在美国亚利桑那州立大学的世界公测平台上,该求解器在单纯形法、内点法和大规模网络问题三项测试中均取得世界第一的优异成绩。这一案例的成功在于,高校科研人员成功地以"我"为主,汇聚了全球众多运筹学领域专家,通过科研国际化,解决了"卡脖子"技术,打破了国际垄断。

七、坚持正确的价值导向,健全科研评价与激励机制

马克思主义是当代中国学术的旗帜和灵魂,鲜明的意识形态属性、阶级性、民族性是任何一所中国大学都不能回避的本质属性。构建大学和学科评价体系必须服务于这一属性,坚持马克思主义在大学和学科评价中的指导地位,坚持政治标准与学术标准相统一,建立科学权威、公开透明的哲学社会科学成果评价体系。引导教师坚持潜心问道与关注社会相统一、坚持学术自由与学术规范相统一,努力成为先进思想文化的传播者、党执政的坚定支持者。主要举措如下:

(1)加快建立健全具有中国特色的哲学社会科学各学科学术评价体系,确保正确的政治方向、价值取向、学术导向。贯彻落实《深化新时代教育评价改革总体方案》,将优秀网络文化成果纳入科研成果统计、职务(职称)评聘和评奖评优范围;健全科研成果评价方法,规范学术评价方法,切实解决有的学术评价中模糊正确价值取向、淡化社会主义意识形态的倾向;健全优秀成果评选推广机制,加大优秀成果推介力度。

(2)严格实施思想政治表现"一票否决制"。高校应完善在课题申报、成果认定、学术评奖、聘期考核等各项环节形成的严格的思想政治表现"一票否决制"的管理机制,及时发现思想政治表现不端行为,并按既定程序迅速处理。

八、严格审批学术交流活动,加强思想阵地的管理

高校是思想文化聚集地,是意识形态斗争的主阵地,高校意识形态阵地建设是防范和化解政治风险的重要任务。当前,国际上思想文化不断交流、交融、交锋,国内社会意识更加多元、多样、多变,网上舆论格局日趋复杂,要加强对校园思想文化阵地的管理,巩固马克思主义在高校意识形态领域的管理权、主导权、话语权,采取有效策略与各类反马克思主义思潮进行斗争。

第一,定期对院系和相关职能部门的管理人员进行意识形态工作教育培训,提

高防范政治风险的能力和敏感性，做到"眼睛亮、见事早、行动快"，牢牢掌控意识形态领域的主导权、主动权。

第二，健全各类学术会议、讲座的审批程序。学术活动必须坚持以马克思主义为指导，坚持党的基本路线，使其成为宣传科学理论、传播先进文化、塑造美好心灵、弘扬社会正气的阵地，绝不给错误思潮和言论提供传播渠道。通过健全学术活动的审批程序，严格执行哲学社会科学活动"一会一报""一事一报"制度；严格执行学校有关国际会议、国际交流、国际合作等方面的要求，依法依规与境外非政府组织开展合作交流；在学院和学校两级牢固树立政治意识、大局意识、责任意识，切实负起政治责任，加强管理，严格把关。对因不按程序申报在讲座等活动造成不良政治影响的，要追究主办单位的责任，严肃处理。

九、利用国际化成果，积极对内输出研究成果与教学

科研国际化不仅仅是对外开放，而且需要对内开放，要在消化吸收国际一流学术成果的基础上，结合党的基本路线与政策，积极主动地带动国内相关学科和其他高校的发展，实现真正意义的双向国际交流。

第一，部分具有国际化优势的高校可以通过举办各类师资培训班和暑期学校等，对国外研究前沿先进行消化、吸收与鉴别，然后向国内其他高校师生系统介绍学术前沿成果。对西方经典及最新成果进行介绍、诠释、研究是必要的，但中国有自己独特的现实国情，有自己独特的文化精神，哲学社会科学研究也需要立足于中国自己的具体实践，进行理论创新，促进成果转化。对国外的研究成果，要有所甄别、有所选择地吸收和转化，不能囫囵吞枣、照搬照抄。对国外哲学社会科学研究成果，我们要密切关注和深入研究，有分析、有鉴别，既不一概排斥，也不全盘照搬，坚持以我为主、为我所用，真正以海纳百川的博大胸怀和全球视野构建中国特色哲学社会科学。这就需要我国的研究者具有深厚的马克思主义理论基础、高超的鉴别能力和应用能力，不能成为西方学术范式的跟随者。

以上海财经大学为例，自 2004 年以来，学校秉持"求实创新、打造一流"的发展战略，全面开启了具有历史性意义的体制内经济学教育科研改革，参照国际一流研究型大学先进的办学理念和成熟的管理规范，立足中国国情和学校实际，有针对性地借鉴，开展了全方位、多层次、高起点的教育教学改革，构建起具有中国特色、与世界一流大学经济学系接轨的教育教学科研体系，形成了一整套长效机制，不仅为提升经济学教育水平进行了有益的率先尝试，积累了可供全国高校借鉴推广的宝贵经验，而且坚持以研究生暑期学校等多种社会服务方式将教学改革成果和资源无偿地回馈给社会，为国家培养人才。自 2007 年学校开设"现代经济学"全国高校

暑期师资课程进修班以来,总计培训教师2 000人次以上,分别来自近400所高校和科研单位;研究生暑期学校自2009年开班以来,总计培训学生近2 000人次,分别来自近300所高校和科研单位。经过长期不断努力,"现代经济学"全国研究生暑期学校暨全国高校教师暑期师资课程进修班已实现"常态化、制度化、品牌化",有力地促进了全国经济学师生的交流与合作,提高了经济学研究生的培养质量,也为国内从事经济学教育与研究的青年学者建立了学习交流平台。

第二,组织开展校内外名师的思政讲座,结合宣传阐释党的理论创新成果,引导社会公众正确认识西方国家的文化与价值观。改革开放以来,伴随着大量西方文化进入中国,以"西方文明中心"论、"普世价值"论等为代表的西方价值观在社会上产生了比较大的影响。"言必称西方"或"言必称美国"成为一些人最显著的话语特征之一。通过举办面向校内师生的名师大讲堂、面向校外(社区、街道)的理论名家社会行等活动,在校内外广泛介绍西方国家的现实情况,以最新的数据、案例引导社会公众正确看待西方文化与价值观,认识社会主义制度存在的巨大优越性。

第三,依托国内马克思主义学科的理论优势,吸收国外马克思主义研究的最新成果。2017年,习近平总书记在中央政治局第43次集体学习的讲话中充分肯定了国外马克思主义研究的重要意义,并就更好地开展国外马克思主义研究指明了方向。国外马克思主义研究既要立足国情,也要有世界眼光。对国外马克思主义研究新成果,我们要密切关注和研究,有分析、有鉴别,"取其精华,去其糟粕",既不能采取一概排斥的态度,也不能搞全盘照搬。

十、营造传播马克思主义的良好科研环境

第一,打造一批懂科研、会宣传的国际化人才。不同于学术研究本身,科研成果的转化与传播,要求学者不但有良好的理论功底,熟悉相关外国国情,而且要求学者善于理论联系实际,用通俗的语言、形象的比喻来介绍最新的研究成果或解读政策。为此,各家高校可以此要求为培育导向,促进国际化与本土化的有机融合,培养出一大批既具有国际视野又具有家国情怀的科研人才,以及一大批政治立场坚定、既能"顶天立地"也能"务实接地气"的国际化人才,在中国更好融入世界的时代进程中,让他们宣传中国道路、介绍中国制度、概括中国理论,发出智库专家的好声音。

第二,配备科研成果转化的专职人员,学会与国际媒体打交道。西方智库出版的一些著作从选题到营销,有一套成熟的运作机制,这些著作出版后往往能够成为相关领域的畅销书,引领话题,影响舆论。众多智库的传播实践充分显示,媒体的报道在帮助智库传播观点方面的确可以起到关键作用。高校智库要发挥国际影响

力,就需学会与国际媒体打交道。因为智库提出的观点能否为国外普通大众所理解,又能引起他们多大的反响,在很大程度上取决于国际媒体如何解读这些观点,以及如何传播这些观点。学校可以考虑为校内各家智库建立一支统一的专职科研成果转化人员队伍。这些专职人员应定期接受党建和新闻专业培训,能够娴熟使用外语,使专家的研究成果大众化、国际化,同国际媒体有效沟通,增进国际媒体对中国研究成果的了解,让国际媒体成为中国智库国际化传播的重要助力。

第三,打造多样化的科研成果传播平台。在新媒体时代,科研信息的来源多元化,大数据时代的海量数据以及各种搜索工具使得各种信息的获取更加便捷。科研成果的宣传要借助新媒体的传播优势,加大科研成果的国际化普及。现在,除报纸、杂志、图书、电台、电视台等传统媒体外,由手机微信、微博、推特构筑的互联网"朋友圈"等新的沟通方式与新兴媒介已经成为非常重要的话语平台。互联网分散、多点、互动、海量、无界、迅敏等特点,为话语权的辐射提供了十分广阔的空间。因此,在用好传统媒体的同时,一定要着力发展新兴传媒业态,不断占领舆论传播的制高点。

第四,善于运用校友资源。凝聚海外大学校友会的力量,为学校科研与人才培养的国际化提供支持与帮助。校友是大学国际化进程中需要重点倚重与挖掘的资源,将各个领域的校友以各种形式团结起来,在合作研究,网罗世界一流大师和学者,与世界顶尖大学、重要国际组织与联盟、国际重要媒体等建立联系的过程中,校友和校友团体仍然是最活跃的身影与最有影响力的力量。[①]

第五,通过多种语言进行学术宣传。诚然,英语在全球知识传播的主导地位已成既定事实。通过英语,中国学者的学术成果能够传达给更广泛的读者群,从而融入世界知识生产体系,但同时我们必须意识到多语并存在人文社科领域尤其重要。只有通过众多非英语学者尤其是中国学者使用各自本族语言参与学术发表的过程,对全球的知识体系作出贡献,才能使知识创新、知识传播领域的"全球化"践行其"全球化"意义,而非全盘"英美化"。即使在经济全球化的时代,文化仍应维护多样性,这离不开使用差异性的语言进行知识生产与传播,构建一个多语并存的、和谐健康的学术语言生态圈。

习近平新时代中国特色社会主义思想为哲学社会科学研究指明了发展方向,提出了新的要求。我们要坚定不移地以习近平新时代中国特色社会主义思想为指导,实现党对科研国际化的加强领导,加快构建中国特色哲学社会科学学科体系、学术体系、话语体系。下一阶段,需要不断总结国际化科研中的经验教训,充分利

---

① 吴莉娜. 耶鲁大学的国际化战略及其启示[J]. 高教探索,2011(5): 39-43.

用国内与国际资源,继续坚持以马克思主义为指导,坚持不懈地传播马克思主义科学理论、培育和弘扬社会主义核心价值观、培育优良高校校风和学风,结合"双一流"建设方案等战略部署,不断创新和完善各项举措,多出成果,出好成果,为人民服务,为中国共产党治国理政服务,为巩固和发展中国特色社会主义制度服务,为改革开放和社会主义现代化建设服务。

第八章
思远笃行：持续强化对高校
对外开放的思想引领

第一节　新时代意识形态领导权的内涵

　　马克思指出："如果从观念上来考察，那么一定的意识形态的解体足以使整个时代覆灭。"①在马克思主义的理论脉络中，意大利共产党的领导人葛兰西是较早提出意识形态领导权问题的理论家，他曾经提出"精神与道德的领导权"的概念。"一个社会集团的霸权地位表现于两个方面"，他在《狱中札记》中写道，"即'统治'和'精神与道德的领导权'"。"统治"其实就是指政治权力，而"精神与道德的领导权"在现代社会的语境下其实就是"文化领导权"，也是"舆论领导权"。他认为："一个社会集团的霸权地位表现在以下两个方面，即'统治'和'智识与道德的霸权'。"②根据葛兰西的研究和（历史）反思，一个执政党的权力由"领导权"和"统治权"两部分组成，这两部分既互相关联又具有不同的政治性质。意识形态的领导权是以特定的意识形态通过与其他意识形态的自由竞争得到的地位。一个社会集团往往会通过清除甚至以武力来制服所统治的敌对集团，并领导着同类的和结盟的集团。一个社会集团能够也必须在赢得政权之前开始行使霸权（这就是赢得政权的首要条件之一），当它行使权力的时候它就最终成了统治者，但即使是牢牢地掌握了政权，它也必须像过去一样继续领导。

　　社会成员自由选择这种意识形态，自愿接受和认同这种意识形态，并且在行动中受这种意识形态的引导或者指导。但意识形态的统治权则不一样。统治权往往是一个政党或者政治组织在取得政权以后把自己的思想或者意识形态加于社会群体之上。意识形态确定其统治地位并不见得是通过自由竞争得到，而是可以通过政治的、行政的、法律的和经济的各种力量加于社会群体。意识形态的统治权尽管并不排斥

---

① 马克思恩格斯文集：第8卷[M].北京：人民出版社,2009：170.
② 安东尼奥·葛兰西·狱中札记[M].曹雷雨,姜丽,张跃,译.北京：中国社会科学出版社,2000：38.

领导权,但两者的区别是显然的。领导权并不包含强制性,而统治权则包含强制性。所以,一般而言,意识形态的领导权相比统治权具有更广泛的合理性和社会性。

要造就一个执政党的领导权,该政党就要超越本身的利益,能代表其他社会阶层和阶级的利益。利益代表因此也不能有选择性的,而是要反映整个国家甚至民族的利益。如果一个政党的意识形态是社会大多数人自愿接受的,那么该意识形态就表现为这个社会的共享价值。任何一个政党如果不能反映社会多数的意志和代表社会多数的利益,其执政的合法性就会成为问题;同样,如果其不能反映和代表整个国家的意志和利益,那就会很快衰落。

中国改革开放以来,恰逢西方发达国家走向"消费社会"的时期。这是一个从物化到异化再走向幻化的时期。互联网等新媒体的出现,为这种物化、异化现象找到了表现和传达的方式和路径。这就使得辩证法的教育变得格外艰难。新媒体形势下执政党意识形态领导权的本质,就是充分利用新媒体的特点,以辩证法的整体性代替个人生活的碎片化。为了说明这一问题,我们先从苏共亡党的教训看丧失舆论引导权的危害,苏联解体、苏共亡党的原因是多方面的,其中丧失舆论领导权是重要原因。意识操纵是对社会的"文化核心"的入侵。这种入侵,先是制造怀疑情绪,然后逐步否定社会制度的合法性,最后导致苏联的解体。舆论领导权的丧失,最终导致舆论失控。美国等西方国家高调鼓吹"网络自由"和"信息自由流动",对我国网络管理进行大肆攻击。2010年1月21日,时任美国国务卿希拉里就"互联网自由"问题发表演讲,指责中国的互联网管理政策。美国还把谷歌、雅虎、脸谱等网站(谷歌、雅虎和其他网站的新闻有15%来自美联社)作为新的渗透工具,美国政府甚至专门拨款资助研发"翻墙软件"突破我国信息关防。① 越来越多的事实表明,冷战虽结束,但一些西方国家仍延续冷战思维,把中国定位为头号和平演变的目标,特别重视通过互联网对我国进行攻击渗透,活动更加频繁,手法更加多样,防范和应对难度也越来越大。今天,借助互联网,西方的和平演变如虎添翼,这也给我们提出了空前的挑战。

第二节 高校意识形态工作的时代意蕴

习近平总书记指出,完成新形势下宣传思想工作的使命任务,必须承担起"举旗帜、聚民心、育新人、兴文化、展形象"的使命任务。作为培养社会主义接班人和

---

① 美国会竟扬言要资助针对中国防火墙的网络攻击[N]. 环球时报,2008-01-10.

"立德树人"的主阵地，高校也是思想传播、学术创新的重要场域，成为各种思潮的策源地和集散地。社会意识形态往往需要借助高校师生这一特殊群体的宣传、传播和示范，才能更好地流向社会，引导全体民众的思想、意识和行为，从而成为主流意识形态。与此同时，大学生群体正处于世界观、人生观和价值观的形成期，很容易受各种思想观念的影响。因此需要正确的意识形态来帮助他们树立正确的人生观念和政治立场。青年大学生在社会转型期能否树立正确的价值取向，以何种态度对待社会价值和自我价值并作出负责任的选择与追求，决定着当代中国的这一高智力群体能否同社会期望的价值导向保持一致并在现代化建设中担负起国运兴盛的重任。因此，高校愈发成为意识形态斗争的必争之地。

改革开放四十多年以来，相比综合国力的不断提高，我国的主流政治思想却仍然遭受来自多方面的冲击。新时期高校意识形态建设取得了一些成就，总体形势是积极向上、良好发展的，但是也存在一些风险和挑战。

一、网络社会发展带来挑战

互联网的快速应用与发展，为人们获取知识和信息提供了更大的便利，使人们的日常生活发生了翻天覆地的变化。近几年来，我国新增网民数量十分可观，而在浩浩荡荡的网民大军中，高校大学生可谓主力军。不可否认，网络的丰富性、复杂性和多元性，尤其是难控性等特点，给高校意识形态领导权建设带来了很大的阻碍，网络上思想交换的无障碍性也给马克思主义的主导地位带来了不小的冲击。

一方面，网络打破了传统媒体话语权的垄断，对高校意识形态的宣传教育和引领提出了严峻挑战。传统媒体如书籍、报纸、杂志、电影、电视、广播等的传播特征在于单向性、强制性和易控性，可以有效避免各种危害国家意识形态安全的信息的传播扩散，保证意识形态指导思想的一元性。网络新媒体以其海量性的信息内容、交互性的传播方式、快捷性的传播模式、兼容性的传播手段、匿名性的网络参与，使得传统的自上而下、高度集中的信息管理体制和传播模式难以为继，使得高校意识形态建设变得更加困难。

另一方面，网络成为西方敌对势力进行思想文化渗透与社会政治颠覆的便利工具。西方资本主义国家利用网络传播其思想观念、政治观点、道德规范，倡导所谓的"普世价值"，美化资本主义社会，肆无忌惮地制造各种噪声杂音，意识形态领域各种社会思潮风起云涌。可以说，思想领域的斗争从未因"和平与发展"的时代主题而有所减弱，尤其是在互联网领域，国内外各种敌对势力借助网络企图动摇我们对马克思主义的信仰和对社会主义、共产主义的信心，作为思想文化前沿阵地和人才培养重要基地的高校更是首当其冲受到影响,这些网络社会思潮中某些错误观点杂音不绝,对大学生群体的消极影响不可忽视。

二、西方思潮入侵带来挑战

对于高校而言,西方思潮的入侵对于其意识形态领导权形成巨大挑战。在支流繁多的当代西方社会思潮中,后现代主义与消费主义日渐成为对大学生思想较具影响力的两股思潮。

一方面,高校意识形态建设面临后现代主义思潮的挑战。当现代化进程发展到今天,表现出越来越偏离人的本质和越来越多"敌视"人自身的特征时,社会内部各阶层之间也形成了巨大张力。后现代主义的特点与新时期大学生的独立性强、追求个性化的趋势在一定程度上相吻合,因而更易被大学生接受。然而,后现代主义的"矫枉过正"也产生了它自身难以克服的缺陷。后现代主义因为看待传统哲学、形而上学思维方式和由此而来的人们的生活原则所带来的不良后果,甚至是灾难性的后果,便走向了另一个极端:反对一切,拆解一切。它们以"人一次也不能踏入同一条河流"式的怀疑主义、相对主义代替僵死的"二分"和绝对的真理,以游戏语言、游戏人生和玩世不恭的态度代替心灵和语言交流的被阻隔,以无序、零碎、无规律、无规则和无中心代替整体、规律、中心,"阅读即误读"和"怎么都行"则成为人们的生活规则甚至科学方法论的基础。以一个极端取代另一个极端,不仅无助于问题的解决和理论的澄清,反而和自己所批评的对象一样陷入错误的泥沼。由于后现代主义的相对主义和虚无主义,较之建设,后现代主义更善于解构和批判。对于从不乏热情与冲动却更需要理性的青年人而言,后现代主义思潮的负面影响也不可小觑。如当前高校学生中道德评判标准的多元化、政治信仰的多样化无不与后现代主义思潮所宣扬的解构一切、怀疑一切有关。

另一方面,高校意识形态建设面临消费主义思潮的挑战。不同于经济意义上的消费,消费主义是指这样一种生活方式:消费的目的不在于满足实际需要,而是在不断追求对被制造出来、被刺激起来的欲望的满足。换句话说,人们所消费的,不是商品和服务的使用价值,而是它们的符号象征意义。消费主义思潮是一种虚假的需求,实际上,这种消费不是出于我们内心的实际,而是社会强加给我们的。其完全颠倒了人跟商品的关系,永久性地停滞在一种"痛苦中的安乐"状态。消费主义思潮的存在不仅从物质生活方面对大学生产生负面影响,使提前消费、过度消费、奢侈消费在大学校园占有一定的市场,而且在文化精神和思想层面拖累大学生的进步——将他们的大量时间和精力消耗在对物欲的无休止满足和对"符号消费"的无限迷恋上,从而无暇读书与思考。

三、自身体系建设带来挑战

当前我国高校意识形态总体而言是安全的、可控的，但出于种种原因，其自身的体系建设还不够完善，这也成为新时期争夺高校意识形态领导权的巨大挑战。

首先，它表现为重视程度不够。面对复杂的国际国内形势，高校意识形态建设并没有随之上升到同等高度和地位。一些高校对意识形态安全对于国家安全的极端重要性认识不够，还停留在把意识形态教育等同于一般德育的层面，责任分工不明确，缺乏常态化运行机制，认识上的偏差和重视程度不够，导致意识形态安全治理效果不佳。一些高校重校园硬实力建设而忽视意识形态软实力建设，重专业课教师队伍建设而轻思想政治理论课教师、辅导员和班主任队伍建设，重业务而轻党建，缺乏对当前高校意识形态安全总体形势的分析研判。一些高校阵地意识淡漠，对主流阵地出现的错误思潮重视不够，甚至视其为学术讨论，最多是学术争论，没有上升到政治的高度看问题。

其次，它表现为制度设计不完善。从制度设计上看，一是一些高校"重科研、轻教学"的问题仍比较突出，人才培养中心地位还不够牢固，制度设置的导向出现某种程度的偏差。二是高校极少部分教职工成为意识形态领域纷争的"围观者"和没有精神根底的"漂泊者"，对社会主义政治意识冷漠、遮蔽，甚至提出所谓的"去政治化"主张。他们不仅自身存在社会主义核心价值观的缺失和错位，而且出现价值观"迷失"甚至出现"行为失范"的消极现象甚至违法现象。三是个别高校领导把思想政治教育与素质教育对立起来，强调高等学校应鼓励思想多元、价值中立和办学的独立性，对党委领导的校长负责制有抵触情绪。高校中存在的制度导向和思想认识上的偏差现象，必然危及高校意识形态安全。

最后，它表现为创新力不强。部分高校意识形态教育存在内容陈旧、方式方法单一等问题，依然停留在对马克思主义经典著作传统解读阶段，缺乏理论创新，无法对这些问题作出及时回应，导致实践与理论脱节。部分高校教师没有更新教育理念，以教师为主导的"满堂灌"教学方法仍然大有市场，这种不"接地气"的方式必然引起学生的反感，不能使他们心悦诚服地接受意识形态教育的内容。部分高校存在教育工具和载体单一的问题。互联网快速发展的今天，学生可以轻而易举地获取海量信息，而部分校园网络平台建设滞后，教师没有及时跟上互联网时代，师生之间缺少有效的互联网沟通，这极大弱化了高校主流意识形态教育的效果。

第三节 高校意识形态领域的关键环节

在经济全球化背景下,高校意识形态话语权遇到诸多困难和挑战,高校应当迎难而上,主动作为,站在党和政府的政治立场上,积极发挥高校党委的作用,坚持高校意识形态话语的正确政治方向;全面提升教师队伍思想觉悟,增强高校意识形态话语的实践性;与时俱进,进行基础理论创新和话语传播方式创新,增强高校意识形态话语阐释力;壮大网络空间主流意识形态,增强高校意识形态话语的传播有效性,把"立德树人"的根本任务落到实处。

一、坚持马克思主义领导地位,积极发挥高校党委的作用

习近平总书记在党的十九大报告中明确指出我国"意识形态领域斗争依然复杂","巩固马克思主义在意识形态领域的指导地位,巩固全党全国人民团结奋斗的共同思想基础"这一根本任务没有改变。

高校是思想理论宣传的重要场所,同时是各种思想争锋的场所。坚持高校意识形态话语的政治性,必须始终坚持马克思主义领导地位。高校党委和领导应当树立政治意识,在思想上和行动上始终与党中央保持高度一致。首先,要巩固高校党委在意识形态工作中的领导核心作用。凡涉及意识形态领域的重大事项,均要坚持在校党委领导下的集体决策制度,同时发扬民主,广泛听取意见,确保重大决策正确并得到很好执行。高校党委要增强政治意识,站在党和国家的政治立场上,把握高校意识形态话语的正确方向,提升主流意识形态对学生的号召力和感染力。其次,面对错综复杂的意识形态工作,党委书记应处于总揽全局、协调各方的领导地位,切实承担第一责任人的重任。面对各种非马克思主义思潮,要旗帜鲜明、敢于"亮剑",要通过丰富多样的形式,帮助广大学生树立正确的思想意识,把广大学生团结在党和政府的周围,牢牢掌握意识形态话语权。最后,高校党委要加强对宣传部门的领导,确保高校宣传部门始终是党和国家在高校中的政治喉舌。要通过召开动员大会和先进个人事迹报告会,借助朴实而生活化的语言形式,阐释马克思主义基本原理。

与时俱进创新理论,增强高校意识形态话语阐释力。理论来源于实践,也必须用于指导实践。改革开放四十多年来,我国在经济上取得了举世瞩目的伟大成就,但是在看到成绩的同时,也应重视政治、经济、社会和生态等领域出现的不少矛盾和问题。对于这些在实践中出现的问题,传统马克思主义理论并没有给出现成答

案,需要我们结合实践进行理论创新,以指导新的实践。首先,在继续深化对中国共产党执政规律和治国理政规律认识的前提下,高校教师要对马克思主义经典原理进行历史语境下的理解和解读,同时要结合当下实践,积极运用马克思主义基本原理,对学生关注的社会热点问题和关心的重大现实问题进行分析,以增强马克思主义意识形态话语的阐释力。其次,面对国外形形色色的非马克思主义思潮,广大教师要以正确的政治态度,站在党和国家的政治立场上,耐心做好学生心理和思想疏导工作,同时要运用马克思主义理论分析各种非马克思主义思潮,揭示其观念背后的政治动机,避免学生在错误的社会思潮中误入歧途。要将马克思主义理论与各种非马克思主义思潮进行比较分析,让学生在比较中发现马克思主义理论的科学性,在鉴别中坚持马克思主义理论的真理性,最终赢得学生对主流价值观的政治认同。

二、加强社会主义核心价值观建设

马克思认为意识形态作为上层建筑是由社会存在决定的,没有超越历史的"纯粹意识形态"。主流意识形态在不同的时代条件下具有不同的传播主题,这是根据社会现实作出的主动调整和变化,但这种演变并不意味着主流意识形态的断裂,马克思主义的主导地位始终不变,马克思中国化的历史进程中与时俱进地涌现出新的理论成果,主流意识形态的传播主题在传承与创新中主动转型。意识形态和价值观归根到底归属于意识范畴,而意识来源于实践并指导实践。意识在指导实践中验证了自身的正确性,获得了发展和进步的动力,社会实践的检验是评价意识形态科学性的最终标准。作为抽象的社会主义意识形态的价值载体,具有具体价值内容的社会主义核心价值观是验证社会主义意识形态的最佳媒介。

习近平总书记指出,"如果一个社会没有共同理想,没有共同目标,没有共同价值观,整天乱哄哄的,那就什么事也办不成"①。因此,为巩固全党全国人民团结奋斗的共同思想基础,营造健康向上的网络精神家园,就必须按习近平总书记于2013年在全国宣传思想工作会议上强调的,"要深入开展中国特色社会主义宣传教育,把全国各族人民团结和凝聚在中国特色社会主义伟大旗帜之下。要加强社会主义核心价值体系建设,积极培育和践行社会主义核心价值观"。

培育和践行社会主义核心价值观,能够促进我国高校学生在社会实践中加深对社会主义意识形态的本质、意蕴和内涵的理解,厘清社会主义意识形态与其他意识形态的理论边界,进而认识到社会主义意识形态确实是代表广大人民群众根本

---

① 习近平.决胜全面建成小康社会　夺取新时代中国特色社会主义伟大胜利——在中国共产党第十九次全国人民代表大会上的报告[M].北京：人民出版社,2017：42.

利益的。社会主义核心价值观的培育和践行使高校学生摆脱了知识化、概念化的社会主义意识形态的窠臼，能够比较形象和直观地接触到具象化的意识形态，扭转意识形态在高校师生中单调乏味和灌输说教的刻板印象，提升社会主义意识形态的吸引力。高校学生对意识形态的兴趣和关注是做好高校意识形态工作的基础性条件，否则要做好意识形态工作就无从谈起。正如习近平总书记在2014年2月24日主持中共中央政治局第十三次集体学习时所指出的："一种价值观要真正发挥作用，必须融入社会生活，让人们在实践中感知它、领悟它。要注意把我们所提倡的与人们日常生活紧密联系起来，在落细、落小、落实上下功夫。"高校学生是受过较高教育的特殊群体，他们有自己的价值评判标准，通过践行社会主义核心价值观，在实践中体认社会主义意识形态，进而达到知行合一，是针对这一群体的高效路径。

培育和践行社会主义核心价值观能够促进高校学生的进步和发展，全面提升个体的素质。习近平总书记指出："人类社会发展的历史表明，对一个民族、一个国家来说，最持久、最深层的力量是全社会共同认可的核心价值观。"①对于个人的成长与进步而言，核心价值观同样是最持久最深沉的力量。社会主义核心价值观的价值理想、价值追求、价值指向和价值表述中透露着对人类社会中最美好事物的向往和追逐，遵循了社会发展规律及人自身的发展规律，是指引人们健康成长、发展的科学价值观。高校学生在培育和践行社会主义核心价值观过程中，会不断提高"思想水平、政治觉悟、道德品质、文化素养"，最终"成为德才兼备、全面发展的人才"。学生对自身素质全面提升的切身经历，将验证社会主义核心价值观和社会主义意识形态的科学性及实践性，这种亲身的经历无疑会强化高校学生对社会主义意识形态的认同。培育和践行社会主义核心价值观从实践的角度验证了社会主义意识形态的科学性，为高校学生将社会主义意识形态内化于心、外化于行奠定了坚实的基础。

三、把"立德树人"的根本任务落到实处

习近平总书记指出："高校思想政治工作关系高校培养什么样的人、如何培养人以及为谁培养人这个根本问题。要坚持把立德树人作为中心环节，把思想政治工作贯穿教育教学全过程，实现全程育人、全方位育人，努力开创我国高等教育事业发展新局面。"②高校的根本任务是教书育人、培养人才。把大学生培养成为德

---

① 习近平.青年要自觉践行社会主义核心价值观——在北京大学师生座谈会上的讲话[N].人民日报，2014 - 05 - 05.
② 培养担当民族复兴大任的时代新人[N].人民日报，2021 - 12 - 10.

智体美劳全面发展的中国特色社会主义合格建设者和可靠接班人，是高校坚持社会主义办学方向的本质要求，是高校党组织必须承担的政治责任。

当前，高校党的工作的时代背景和社会环境发生深刻变化。从国际环境看，不同社会制度、不同意识形态的斗争将长期存在，西方敌对势力加紧对我国进行渗透活动，高校处在敌对势力对我实施西化、分化图谋的前沿。从国内环境看，我国经济社会正处在发展机遇期、矛盾凸显期，一些与群众切身利益密切相关的民生问题会影响高校党员和师生的价值取向、思想认识和行为方式。从高校自身情况看，高校教学科研管理改革、高等教育对外开放发展趋势和互联网的广泛普及，使高校党员和师生接触的信息更加广泛，选择的类别更多样，思想的个性更加明显。在这样复杂多变的内外部环境下，能不能培养出理想远大、信念坚定，品德高尚、意志顽强，视野开阔、知识丰富，开拓进取、艰苦创业的新一代，是高等教育面临的重大课题，也是高校党组织面临的重大考验。

培育高素质人才需要高度重视意识形态建设。高校是专业技术人才汇集的高地，也是培养未来各类专门人才的园地，实现"两个一百年"奋斗目标需要一代又一代人的接续奋斗，最终将在广大青年特别是各类专业人才的努力中变成现实。各级各类人才的培养，既需要传授相关的专业知识——这是社会主义现代化建设需要的重要工具，又需要塑造正确的道德观念和崇高的理想信念——这是各级各类人才思想言行的理论指南。实践表明，专业知识的传授固然重要，正确的道德观念、崇高的理想信念的塑造更是决定一个人成为社会需要人才的关键因素。青年学生特有的心理特点和知识结构，决定了他们常常会面临种种社会思潮，面对一系列新的思想观念。这就需要我们通过加强意识形态建设，用科学的思想理论引导青年学生树立科学的世界观、人生观、价值观，培育合格的社会主义建设者和接班人。

推进科学研究需要重视意识形态建设。在当代，科学研究已经成为推动经济社会发展的重要驱动力，科学技术成为名副其实的第一生产力。习近平总书记指出："为什么人的问题是哲学社会科学研究的根本性、原则性问题。我国哲学社会科学为谁著书、为谁立说，是为少数人服务还是为绝大多数人服务，是必须搞清楚的问题。世界上没有纯而又纯的哲学社会科学。世界上伟大的哲学社会科学成果都是在回答和解决人与社会面临的重大问题中创造出来的。研究者生活在现实社会中，研究什么，主张什么，都会打下社会烙印。"①这里的"社会烙印"就包括意识形态方面的内涵。所以，只有加强社会主义意识形态建设，哲学社会科学研究才能

---

① 习近平. 在哲学社会科学工作座谈会上的讲话［N］. 人民日报，2016－05－19.

坚持人民是历史创造者的观点,树立为人民做学问的理想,尊重人民主体地位,聚焦人民实践创造,自觉把个人学术追求同国家和民族发展紧紧联系在一起,努力多出经得起实践、人民、历史检验的研究成果。

四、壮大网络空间主流意识形态

网络空间意识形态话语权构建的关键在于对"两个巩固"根本任务的落实。从其最终目标指向来看,就是要以马克思主义为指导,以社会主义核心价值观为引领,"网上网下要同心聚力、齐抓共管,形成共同防范社会风险、共同构筑同心圆的良好局面"。对于什么是"同心圆",习近平总书记特别指出,"就是在党的领导下,动员全国各族人民,调动各方面积极性,共同为实现中华民族伟大复兴的中国梦而奋斗"。

网络空间作为争夺意识形态话语权的"主战场",存在各类挑战马克思主义主导地位的思想观念。习近平总书记在党的新闻舆论工作座谈会上强调:"要推动融合发展,主动借助新媒体传播优势。要抓住时机、把握节奏、讲究策略,从时度效着力,体现时度效要求。"因此,要通过主动思维,把握时度效,强化主流意识形态传播的主动议题设置能力,从而增强意识形态工作的议题设置权。要抢夺舆论话语主题设置权。一方面,充分利用网络空间的多元渠道发挥好舆论整合功能,构建有利于主流意识形态建设的舆论环境。另一方面,主流媒体应该以最快速度抢占议程设置的主动权,通过传播技巧的运用,把主流意识形态转化为广大群众关注的公共议程;要在领导干部、专家学者、思政和党务工作队伍、学生骨干中遴选优秀人员,有计划、分步骤、成规模地培养自己的网络意见领袖,建立协同机制,形成有政治意识、大局意识、业务水平过硬的网络舆论引导队伍,与主流媒体齐发声。

全方位构建符合大学生特点的自媒体表达平台,增强高校意识形态话语的传播有效性。话语传播有效性,除了与话语主体的思想素质以及话语理论的科学性有关外,在很大程度上依赖话语传播的方式方法。现代社会给人们带来了信息流动和信息获取的快捷便利,也提供了这种快速获取信息的平台,自媒体就是这样一种平台。在信息流动的现代社会,自媒体不仅为大学生提供了学习交流和获取信息的载体,而且为大学生提供了展示自我和张扬个性的载体。为此,高校要积极构建符合大学生特点的自媒体表达平台。首先,高校在建设运营官方自媒体平台过程中,可以发挥学生团体的作用,让优秀的学生干部在自媒体平台上积极发表意见,特别是对社会上或校园里的事情发表评论,积极传播主流价值观。其次,鼓励并引导教师运用自媒体技术与学生进行科研、教学和生活等方面的讨论,让学生自主发现问题和解决问题,并运用生活化的语言同学生进行平等对话与交流。最后,强化主流文化在网络舆论中的价值引领。打造清朗网络空间,要重视文化、道德、心理等层面的软性机制建设，形成营造良好网络风气与舆论氛围的合力。网络文化作为一种新文化样态，是满足广大师生精神需求的重要途径。特别是对于青年人要运用新媒体新技术使工作活起来，推动思想政治工作传统优势同信息技术高度融合，打造有时代感和吸引力的网络文化内容。培育积极健康、向上向善的网络文化，用社会主义核心价值观和人类优秀文明成果滋养人心。

五、坚持文化育人

高校是推动文化传承创新的重要园地，推动文化创新需要重视意识形态建设。在我国经济社会繁荣发展的同时，需要通过实现文化的传承创新，推进社会主义文化的大发展大繁荣。高校不但是思想理论创新的基地，而且是人类文明传承发展的基地。在推进中华传统文化的传承创新进程中，以什么样的思想理论指导对传统文化的批判和继承，以及对世界各国文化成果的学习和借鉴，从而培育和建设适应时代发展需要的新文化形态，是社会主义文化建设面临的重大挑战，都需要加强意识形态建设。

德国哲学家卡尔·雅斯贝尔斯指出："教育是极其严肃的伟大事业，通过培养不断地将新的一代带入人类优秀文化精神之中，让他们在完整的精神中生活、工作和交往。"[①]只有坚持开展中华传统文化教育，提高文化认同，增强文化自信、民族自信，坚定民族立场，才能让中华传统文化在当前多元思想多重价值碰撞的乱局中展现其丰富的内涵和发展潜力，从而为当今的意识形态教育注入新的活力。因此，全球化时代背景下的大学生只有了解我国的传统文化，才会了解中华民族的发展历程，才会认识到中华民族的伟大，才能产生心理上的认同，才会产生由内而发的自豪感，才会传承，才会树立坚定的民族立场。通过高校的教育培养，推动文化传承创新，建设具有中国特色、体现时代要求的大学文化，培育和弘扬大学精神，把学生培养成为具有高尚情操的新一代，把高校建设成为精神文明建设示范区和辐射源，对于继承和发扬中华优秀传统文化，促进社会主义先进文化建设，增强国家文化软实力都具有重大意义。

高校应坚持推进精神文化建设，将政治文化建设作为大学文化建设的灵魂，坚持以习近平新时代中国特色社会主义思想为指导，坚定正确的政治方向，用马克思主义的最新理论成果教育全体师生；将道德文化建设作为大学文化建设的基础，充分利用各种传播载体深入学习、宣传、践行社会主义核心价值观教育，以诚信教育为抓手，广泛开展社会公德、职业道德教育，引导学生自觉遵守爱国守法、明礼诚

---

① 雅斯贝尔斯.时代的精神状况[M].王德峰,译.上海：上海译文出版社,1997：182.

信、团结友善、勤俭自强、敬业奉献的基本道德规范;将学术文化建设作为大学文化建设的关键,以营造宽松环境、激发创新意识为目标,注重学术氛围的培育和学术活动的开展;将社团文化建设作为大学文化建设的重要补充,通过高雅艺术进校园、高水平运动赛事,以及丰富多彩的社团活动等,使学生在轻松、愉快的气氛中增长知识、陶冶情操、提高修养,寓教于乐。

同时,应持续推进物质文化建设,优化人文景观布局。进一步优化校园环境格局、改善校容校貌,将学校的历史积淀、文化特色和价值内涵渗透到每一处校园景观中,形成浓郁的育人氛围。不断提升制度文化建设水平,创造良好的外部环境。通过科学合理的顶层设计和制度建设,提高服务水平和管理效率,营造风清气正的工作和学习环境。

六、夯实意识形态责任制

各级党委始终绷紧意识形态之弦,守好政治稳定之线,强化机制建设和责任落实,形成一岗双责、各尽其责、守土负责的整体工作格局,建立完善意识形态工作基本制度,形成层层传导的责任链条,各责任单位和责任人明晰责任内容,上下联动,统筹推进学校意识形态工作,形成横向到边、纵向到底的责任链条,夯实意识形态责任制。

一要构建校党委层面的责任分工体系。宣传部门是意识形态工作的具体责任部门,统筹全校意识形态工作,做好正面宣传引导、舆情研判和管理、校内舆论工作和网络意识形态阵地的管理,以及专家学者接受新闻采访的管理等。党委办公室要负责及时向党委报告意识形态工作重大问题的进展情况。党委统战部门负责党外人士思想引导工作。党委教师工作部做好教师思想政治工作。党委学工部门要做好大学生的思想政治工作。党委组织部门要把意识形态工作考核评价指标纳入干部选拔任用和考核评价体系之中,要旗帜鲜明地优先选拔和录用政治意识强的领导干部。还要把具体责任分解为量化的职责任务清单,签订责任书,明确责任人,构建责任链,层层夯实工作责任。切实形成党委统一领导,党政齐抓共管、宣传部门组织协调、有关部门分工负责的工作格局,抓牢领导权,善用管理权,掌控话语权。

二要压实各级党委的政治责任。各级党委担负着抓好意识形态工作的主体责任,党委主要负责同志应把意识形态工作纳入本部门工作全局,切实担负起第一责任人的重任。要带头抓意识形态工作,带头管阵地、把导向、强队伍,带头批评错误观点和错误倾向,重要工作亲自部署、重要问题亲自过问、重大事件亲自处置,不能当"甩手掌柜"。要牢固树立抓意识形态工作是本职、不抓是失职、抓不好是渎职的理念,旗帜鲜明地站到意识形态工作第一线,带头把住本部门的舆论导向,带头批评错误观点和错误倾向，推动意识形态工作主体责任不折不扣地落实到位。

三要压实党员干部的政治责任。做好意识形态工作，关键在人。意识形态工作，不仅是各级党委的政治责任，而且是每一位意识形态工作者、每一位宣传思想工作者、每一位党员干部的政治责任。党员干部必须增强政治纪律意识，在原则问题和大是大非面前必须立场坚定。要坚持高标准选优、配足宣传思想部门的专职队伍，做到队伍有人管、阵地有人守、工作有人干、舆情有人察，努力造就一支政治强、业务精、作风正、纪律严的意识形态工作队伍。

四要加强重点领域的建设和管理。加强对课堂教学、报告会、研讨会、讲座、论坛、网络及接受境外基金资助等的管理，按照"谁主办、谁负责，谁审批、谁监管"的原则，严格执行"一会一报""一事一报"。针对意识形态重点工作，制定专门的制度办法和工作方案。进一步加强网络和新媒体管理，创新网络内容建设，提升网上正面宣传水平，壮大网上正能量。加快推进传统媒体和新兴媒体的融合全发展，牢牢掌握网上舆论工作主动权。

五要完善意识形态工作制度，健全意识形态工作的长效机制。在明确意识形态工作责任主体、责任清单、责任落实、责任追究的基础上，加强意识形态工作分析研判制度、报告制度、考核督查制度和保障制度建设。学校党委常委会每年至少两次专题研究意识形态工作，各二级院所党组织每半年向学校党委专题汇报一次意识形态工作。学校党委常委会把意识形态工作作为向全委会报告工作的重要内容，定期在党内通报意识形态领域情况。把意识形态工作纳入二级党组织书记述职评议考核工作，与基层党建工作、党风廉政建设和党内监督工作同部署同考察，把意识形态工作实绩作为考核与任用干部的重要依据。学校为意识形态工作部门解决机构编制、人员配备、基本待遇、工作条件等方面的实际问题提供支持。通过逐步建立完善意识形态工作基本制度，健全意识形态工作的长效机制。

第四节　牢牢把握高校意识形态领导权

一、加强领导，构筑常态化意识形态工作体系

学校党委始终高度重视意识形态工作，将其摆在极端重要的位置统筹谋划、周密部署、扎实推进。目前，学校党委基本构建了"集体领导、分工明确、执行有力"的意识形态工作责任体系；贯彻落实了《党委意识形态工作责任制实施细则》，根据《党委意识形态工作主体责任清单、任务清单和制度清单》《网络安全责任制落实分

解细则》和"意识形态工作责任书"分解压实责任。通过党委常委会、基层党委书记例会、学校政治稳定安全与意识形态工作会议等定期通报研判意识形态工作。

学校党政领导坚决落实意识形态工作主体责任,始终亲自关心、参与、推动意识形态工作。将意识形态工作纳入党委常委会议事决策范围,定期专题研究意识形态与安全稳定工作,并始终站在意识形态与安全稳定工作第一线,精心部署、亲自巡察、反复强调、带头值班,平稳渡过敏感节点。疫情防控期间,学校主要负责同志靠前指挥,带头践行"一线规则",深入校园、医疗健康服务中心、生活园区等一线防控部位,检查指导落实情况,每日对学校疫情防控工作进行研判部署。学校党政领导亲自指导设计并带头开展"书记谈心系列活动"。通过"书记面对面""书记下午茶""书记备课会""书记讲习所"等工作平台,让校领导、二级党组织书记、支部书记都以各种形式开展与师生面对面的活动,把思政工作真正做到师生心坎上去。推动思政课改革创新。学校党政领导高度重视,亲力亲为,搭建平台,提升思政课教学质量,学校党委书记、校长带头讲思政课。

二、高举旗帜,树立意识形态正确导向

学校党委把学习宣传贯彻党中央精神作为首要的政治任务,始终坚持并不断完善领导班子集体学习制度,持续加强和改进党委中心组学习,进一步合理规划学习内容,增加学习研讨比例;加强对校内二级党组织中心组学习的指导和督促检查,增加校院二级中心组的交流学习,提高理论学习效果。2019 年以来围绕学习贯彻习近平新时代中国特色社会主义思想和党的十九大精神,学校党委组织开展了 35 次集中学习。2023 年,围绕学习贯彻新时代党的创新理论和党的二十大精神,学校党委组织校院两级完成理论中心组学习两百余场。校领导带头领读领学,结合学习和工作谈体会,并指导各级党组织和单位开展专项学习,定期为二级党组织提供学习资料,且多次组织党委中心组(扩大)学习会,邀请二级党组织参加学习,为基层党组织理论学习的开展提供参考样本。

主动拓宽学习途径,加强对"学习强国"等网络平台的使用。不断加强对"学习强国"平台的管理和使用,狠抓党员的学习和教育,通过学校各级各类会议传达每月校内二级党组织学习情况排名通报,学校"学习强国"号申办、利用"学习强国"资源结合主题教育、"四史"学习等开展特色党建活动、学习管理员队伍建设等多措并举,做好闭合管理,确保贯彻实效。

三、正面引导,唱响新时代主旋律

充分利用上海财经大学报、学校官网、学校新闻网、上财微门户、学校微博、微

视频等媒体，大力宣传党和国家大政方针，大力宣传上级部署要求，大力宣传学校落实进展，大力宣传师生先进事迹，营造强信心、暖人心、聚民心的环境氛围。新冠疫情防控期间，深入一线、坚守一线、支持一线，生动讲述坚守在平凡岗位上财人的不平凡事迹。设计"坐地日行八万里，巡天遥看一千河""君问归期未有期"等原创作品，提振精神、凝聚力量。

加强正面报道，汇聚奋进力量。大力宣传学校事业发展成就，做好新时代劳动教育、"四史"学习教育、"双一流"建设、节约粮食宣传推广、垃圾分类新时尚、国庆中秋"五个一"系列活动等专题宣传，通过开展毕业季、实践季、迎新季、国庆季、校庆季、考试季等主题宣传，做到月月有重点、时时有声音，营造良好校园氛围，激发广大师生爱国爱党爱校热情，汇聚团结奋进的力量。

四、思想引领，构建"三圈三全十育人"①体系

学校党委以"三圈三全十育人"理念为基础蓝图，构建"一心三环"育人体系——坚持以学生为中心，做好线上和线下相结合、第一课堂与第二课堂相结合，建强教学、管理与服务三支队伍，强化聚焦"整体布局"、聚焦"关键少数"、聚焦"关键节点"、聚焦"关键领域"，提升育人的广度、深度、精度、信度。发挥校党委书记、各二级党组织书记及基层支部书记的育人领头羊作用，通过"书记谈心系列活动"平台和"进课堂""进班级""进宿舍""进食堂""进社团""进讲座""进网络"等形式深入一线联系师生，将育人职能贯穿工作始终，树立全员育人风尚。制定台账式落实《教育部等八部门关于加快构建高校思想政治工作体系的意见》的任务表，进一步明确要求、完善政策。推进学校金融学院教育部第二批"三全育人"院系综合试点改革项目，推进商学院等5个校内"三全育人"综合试点学院培育工作，切实发挥示范引领作用。以"三全育人"为导向，建设和培育"千村调查""科学·人文大讲堂""国企领导上讲台""大国工匠进校园"等思政育人品牌项目。

全面推进学校课程思政建设。通过强化课程思政与基层党建有机融合、铸造精品改革领航课程、组建课程思政讲师团深入学院巡讲、狠抓课程思政改革领航团队建设、编制课程思政专业教学指南、打造课程思政改革领航学院、构建财经特色学科育人体系、健全课程思政质量评价指标，全面推进学校课程思政建设，形成"门门思政、人人育人"的良好局面。

---

① "三圈三全十育人"："三圈"是指"思政理论课、综合素养课、专业课"第一课堂同心圆的内圈，"素质教育第二课堂、网络思政第三课堂、整合高校所有育人资源"形成共同育人合力的中圈，"构建校内外协同育人格局、整合社会资源服务高校育人机制与氛围"的外圈；"三全"是指全过程育人、全员育人、全方位育人；"十育人"是指课程、科研、实践、文化、网络、心理、管理、服务、资助、组织的"十育人"体系。

五、坚守底线,夯实宣传思想阵地建设与管理

坚持全校联动,加强对课堂和各类思想文化阵地的规范管理。学校坚持"谁主办、谁负责;谁审批、谁监督"的原则,严格报告会审批管理。根据上级文件精神,修订《关于举办论坛、讲坛、讲座、年会、报告会、研讨会等阵地管理办法》,对于细化风险研判、严格活动审批、加强现场管理、遵守宣传纪律、做好应急处置等关键环节做了进一步强调和完善。加强学生社团思政引领及分类管理,配齐配强学生社团指导老师。进一步加强新媒体平台监管,严格执行新媒体校园实名账号统一备案登记制度,分级管理、分层负责,落实岗位责任制。开展民族宗教工作培训和全校师生宗教信仰情况调研,严防校园宗教渗透。

针对在线教学的实际情况,为确保线上教学"标准不降、实质等效",学校教务处、研究生院和各教学院部重点针对线上直播课程开展教学检查,进行课中监管和质量控制,严把课程质量关,确保在线直播课程平稳有序。依托信息化工具,继续落实督导组和校院领导听课制度,加强对课程内容、课程教学质量等方面的审查,严把课程上线关。积极开展线上教学情况调查,形成调查报告,持续改进教学工作。

六、常抓不懈,加强教师思政和师德师风建设

学校出台加强教师思想政治工作及师德师风建设的实施意见和师德失范行为处理办法,推动健全师德建设长效机制,把师德放在教师工作业绩考评的首位,守住底线,坚持高线,提高均线。在教职工网络培训、新进教职工岗前培训中加入"十项准则"教育专题,强化引领与约束。认真贯彻落实全国教师发展大会精神,面向全体中层干部组织开展师德师风专题研讨班,开展"师德警示月"活动,举行全体中层干部师德警示大会,并将会议精神传达到每一位教职工。

学校以发掘师德典型、讲好师德故事为工作出发点,积极组织举办"尊师重教""教书育人标兵""管理育人标兵"等主题宣传活动,发挥优秀教师示范引领作用,激励广大教师努力成为"四有"好老师。依托教师节主题教育,表彰校内获奖教师,弘扬新时代尊师风尚。讲好师德故事,形成强大正能量,营造尊师重教良好氛围。

七、选优配强,加强宣传思想工作队伍建设

学校将意识形态工作与思想政治工作、基层党建工作以及宣传思想工作紧密结合起来,整体部署,统筹推进。成立学校网络思政工作中心,加强网络思政教育队伍建设。例如,曹东勃老师已入选教育部首届网络教育名师支持培育计划。制

定实施《专职组织员工作暂行办法》，在二级院（所、部）配备专职组织员。制定出台《党务和管理系列专业技术职务评审实施办法（试行）》《党务和管理系列专业技术职务评审实施办法补充规定》，自 2019 年开始，开展年党务和管理系列专业技术职务评审。

学校抓住开学季、毕业季、校庆等重大节点开展思政教育，精心举办"永远跟党走——上海财经大学党的建设传承与创新主题分享活动"，传承红色基因，展示育人风采。积极组织教师参加教育部和上海市思政课骨干教师培训，建立新老教师"手拉手""传帮带"培养机制，参加校内外各项教学比赛、教研活动，有效促进教学能力提升，通过引培结合，打造出一支"真学真懂真信真用"的思政课师资队伍。

八、压紧压实，开展意识形态工作考核

学校始终把落实意识形态工作作为学校全局性工作来抓，将意识形态责任制落实情况纳入二级党组织书记述职评议考核工作，与基层党建工作、党风廉政建设和党内监督工作同部署同考察，通过实地检查、调研座谈、现场述职等情况了解问题、反馈意见。成立学校巡察工作领导小组，下设巡察工作办公室，对二级党组织分批开展巡察。将意识形态工作纳入巡察内容，形成相关单位的巡察报告、巡察反馈意见以及巡察反馈意见整改落实情况报告等材料，注重深挖包括落实意识形态责任制在内的问题，建立整改责任清单。每年与二级党组织签订意识形态工作责任书，推动责任分解、传导和压实，建立健全意识形态工作的长效机制。

第九章
组织保障：切实构筑对外开放的制度体系

扎根中国大地，办世界一流大学是中国高等教育对外开放所追求的目标，为保证这一目标的实现，必须坚持和加强党对高校开放办学的全面领导，牢牢把握对外开放办学进程中的社会主义办学方向，这是高校开放办学的政治要求。党的全面领导、党的全部工作要靠党的坚强组织体系去实现，政治路线需要组织路线予以保证。对于高校而言，新形势下如何在持续推进对外开放办学的过程中牢牢掌握党对高校工作的领导权，把牢政治方向，强化党的组织保证极其重要。本章将立足"问题导向"，结合以上海财经大学为案例的对外开放办学实践，梳理近年来对外开放办学中高校党组织建设所面临的挑战，根据新时代党的组织路线要求，明确高校开放办学中强化党的组织保证的重要意义和总体要求，厘清理念依据、问题困境、破解机制之间的内在关系，从干部队伍建设、党员队伍建设和基层党组织建设等方面总结提炼新形势下高校加强组织保证的体制机制，为高校开放办学提供全面支持和坚强的组织保障，从而保证高校对外开放办学的政治方向，推动教育事业的持续健康发展，提出高校开放办学中强化党的组织保证的新招、实招、硬招。

第一节　高校对外开放与组织建设的内涵

一、关于高校对外开放的研究情况

（一）关于高校对外开放基本内容的研究

目前多数研究是通过描述和分析高校对外开放现状来总结高校国际化办学所涵盖的内容。有学者提出国际化要素包含学生、教师、课程和学术研究四方面的国际化（戴晓霞，2004），也有观点认为国际化办学元素应包括教育国际化、科学研究国际化、教师队伍国际化、大学管理国际化、为国际社会作贡献五个方面（毕家驹，黄晓洁，2012）。理论界的主流观点是国际化办学主要包含国际化的教育观念、国际化的培养目标、国际化的课程、人员的国际交流、国际学术交流与合作研究、教育资源的国际共享六项基本要素。

（二）关于高校对外开放的发展趋势研究

面对全球化、国际化浪潮，学者们将研究的关注点集中在围绕高校教育对外开放的背景和影响因素展开国际化趋势的分析探讨，并形成了一些代表性观点。例如，20 世纪 80 年代以来，大学逐渐替代政府成为高等教育国际化的主体，高等教育对外开放的内容更加丰富，从传统的人员和信息、物质、观念的流动，到目前学位制度在内的各种相互兼容；各国高等教育课程发生了显著变化，许多发展中国家逐步增加了国际知识方面的课程，标志着高等教育对外开放向深层次发展；高等教育国际交流的空间进一步扩大，不仅发达国家重视高等教育对外开放，而且发展中国家作出了积极回应（臧玲玲，2013）。同时出现了一些值得注意的新趋势：一是高等教育对外开放中的合作办学潜力日益凸显；二是信息交流技术开始显现力量，发展前景日益广阔；三是地区和国家间的协调、共进、互促日渐活跃（王一兵，1999）。

（三）关于我国教育对外开放进程中的应对策略研究

研究结果显示，一方面，国家对高校对外开放办学的宏观政策不断演进，从改革开放初期较为单一地强调加强国际合作和学习国外一流大学经验，到越来越注重提升在国际教育规则制定和调整方面的话语权，注重结合国情和民族文化特征。另一方面，学界对高校对外开放办学策略的研究，多是从积极拓展对外开放办学的角度出发，对高校和政府相关部门提出建议；也有观点以我国高等教育存在的国际化与本土化的矛盾为切入点，提出要着重解决好四组关系（余小波，2004）。意识形态和文化安全也成为一些学者的研究重点，强调在西方新殖民主义的背景下，应增强文化自觉，慎重地走国际化与本土化相结合的路径，实现由制度移植向自主创新的转变（张继明，2009），积极地向全世界传播中国特色的高等教育资源（李珩，2010）。可以看出，学界关于高校国际化研究成果的侧重点，与国家宏观政策的指引始终相辅相成，高校对外开放办学的研究广度和深度也在不断延展。

二、关于高校党的领导和建设的研究情况

（一）关于高校党的领导和建设的历史沿革的研究

在对高校党的领导和建设纵向梳理方面，杜玉银在其主编的《高校党建理论研究与实践探索》（云南大学出版社，2008）一书中，对高校党的建设的历史进程进行了较为完整的梳理，但内容较为简练，缺乏对不同时期发展经验的总结。还有学者

着重从新中国成立以来高校党的领导和建设时期入手,对历史沿革进行了梳理和分析,其中王建国主编的《新中国高等学校党建理论和实践研究》(清华大学出版社,2011)与《新中国 60 年高校党建历程与经验研究》(北京交通大学出版社,2009)对此有较为系统的研究。在韩景阳主编的《高校党的建设研究》(中国人民大学出版社,2009)一书中,重点对改革开放以来高校党建工作的发展历程进行了梳理和回顾。此外,还有些学术论著从某个区域或高校的视角入手,对高校党的领导和建设历史进行了梳理,如廖叔俊和庞文弟主编的《北京高等教育的沿革和重大历史事件》(中国广播电视出版社,2006)、黄圣伦主编的《共产党清华大学基层组织的奋斗历程》(清华大学出版社)等。

从对不同历史时期高校党的领导和建设的研究中可以发现,唯有毫不动摇地坚持党对高校的全面领导,才能始终将办学治校与国家发展和民族未来紧密联系在一起。不过,目前关于高校党的领导和建设的历史沿革的研究成果总体存在以下特点和不足:关于新中国成立以后特别是改革开放以来的研究内容较为丰富,而对民主革命时期的高校党的领导和建设的历史研究相对较少;阶段性研究较多,从惯性、整体性研究相对较少;历史描述性、史料综合分析性研究较多,突出各阶段特点的总结性研究较少,研究相对缺乏提炼和升华。

(二)关于高校党的领导和建设现状的研究

有学者对新形势下高校党的领导和建设取得的成就进行了总结分析,概括为党的思想建设、党对高校的领导和领导班子建设等七个方面(杜玉银,2008)。有研究重点总结分析高校党建工作存在的问题,并归因为党政关系不够协调、基层党组织软弱涣散、干部选拔任用制度不够完善、部分党员干部思想理论素质低下以及一些党组织贯彻民主集中制不力等(王建国,2011)。关于教育对外开放与关于高校党的领导和建设相结合的研究成果,多为关于高校党的领导和建设中部分条线的研究,相对集中在高校学生思想政治工作、学生党员管理等层面,缺乏整体性。

三、研究发现

通过以上综述不难发现,随着我国高等教育对外开放不断向前发展,越来越多的学者开始关注教育对外开放背景下高校党建工作问题。但是研究的重点多放在教育对外开放背景下,高校意识形态、管理模式、学生党员管理和思想政治工作所面临的挑战,以及应对的意见建议。对"双一流"建设高校如何在新时代深入推进对外开放办学的过程中,构建党对高校对外开放办学全面领导的体制机制的研究较少,未形成系统论述,有待填补空白。

本章致力于以全球视野总结分析我国高校(以上海财经大学为例)在对外开放办学发展历程、基本经验和面临问题的基础上,通过实践与理论两个重要维度全方位、全过程、全领域的梳理与比较,面向未来,研判我国高校推进教育对外开放所面临的新形势、新机遇和新挑战,研究构建高校教育对外开放进程中加强党的全面领导的体制机制,并以上海财经大学实践探索为样板,提出可执行、可复制的政策建议。

第二节　高校对外开放中强化组织保证的原则

当前,政治多极化与经济全球化反映了世界政治、经济曲折发展的大趋势,顺应时代潮流、不断加快开放是我们的必然选择。在这个过程中,西方敌对势力对我国实施"西化""分化"的战略不会改变,不同思想文化的碰撞不可避免,但是手段和方法更加隐蔽和多样,尤其是通过思想和文化渗透,冲击我国以马克思主义为指导的主流意识形态。与此同时,国际共产主义运动处于低潮以及经济水平上差距的客观存在,又容易让一些师生产生模糊认识和思想动摇,致使高校基层党组织建设面临着重大的挑战。正如 2019 年 1 月 21 日习近平总书记在"省部级主要领导干部坚持底线思维着力防范化解重大风险专题研讨班"开班式上的讲话所言,面对波谲云诡的国际形势、复杂敏感的周边环境、艰巨繁重的改革发展稳定任务,我们必须始终保持高度警惕,既要高度警惕"黑天鹅"事件,也要防范"灰犀牛"事件。

一、新时代党的组织路线的新要求

2018 年 7 月,习近平总书记在全国组织工作会议上明确提出了新时代党的组织路线:"全面贯彻新时代中国特色社会主义思想,以组织体系建设为重点,着力培养忠诚干净担当的高素质干部,着力集聚爱国奉献的各方面优秀人才,坚持德才兼备、以德为先、任人唯贤,为坚持和加强党的全面领导、坚持和发展中国特色社会主义提供坚强组织保证。"新时代党的组织路线更加注重组织体系建设,不断增强党的政治领导力、思想引领力、群众组织力、社会号召力,把党员组织起来,把人才凝聚起来,把群众动员起来,为实现党的十九大提出的宏伟目标团结奋斗。牢固树立大抓基层鲜明导向,持续整顿软弱涣散基层党组织,推动基层党组织全面进步、全面过硬,把各领域基层党组织建设成为宣传党的主张、贯彻党的决定、领导基层治理、团结动员群众、推动改革发展的坚强战斗堡垒。更加突出政治功能,以提升组织力为重点,要求党支部担负好直接教育党员、管理党员、监督党员和组织群众、宣传群众、凝聚群众、服务群众的职责,引导广大党员发挥先锋模范作用。

二、新时代加强党的组织建设的新要求

近年来,中央陆续出台了《中国共产党支部工作条例(试行)》《普通高等学校学生党建工作标准》《加强新形势下高校教师党支部建设的意见》《关于加强高校院(系)党的建设工作的意见(试行)》《新时代基层党建质量提升工程的实施意见》《中共中央关于加强党的政治建设的意见》和《中国共产党党员教育管理工作条例》等一系列基层党建的文件,明确了高校党委、院系党组织、师生党支部各个层面组织建设的工作标准。因此,高校必须在认真贯彻落实基层党建工作重要部署、加强基层组织建设、加强基层党组织领导班子建设、加强党员队伍建设、积极融入城市基层党建工作格局、强化基层党建支撑保障体系、推进党建理论研究和工作探索创新、健全基层党建工作责任落实机制上下真功,坚持以党的政治建设为统领,突出问题导向,深化改革创新,提高组织建设水平。

三、新时代干部工作的新要求

近年来,中央陆续修订出台了《党政领导干部选拔任用工作条例》《党政领导干部考核工作条例》《2018—2022 年全国干部教育培训规划》《关于进一步激励广大干部新时代新担当新作为的意见》《中国教育现代化 2035》等一系列干部工作相关文件,把政治建设摆在首位,突出政治标准,用习近平新时代中国特色社会主义思想武装干部;明确要坚持新时期好干部标准,培养选拔充满激情、富于创造、勇于担当的高素质干部,严管与厚爱相结合、激励与约束并重,激发干部干事创业活力;统筹做好人才工作,集聚矢志爱国奉献、勇于创新创造的高素质人才;对标"政治上绝对可靠、对党绝对忠诚"要求,打造模范部门和专业队伍。

四、新时代高等教育改革发展的新要求

2018 年 9 月 10 日,习近平总书记在全国教育大会上提出,要扩大教育开放,同世界一流资源开展高水平合作办学。他强调,加强党对教育工作的全面领导,是办好教育的根本保证。高校要增强"四个意识"、坚定"四个自信"、坚决做到"两个维护",自觉在政治立场、政治方向、政治原则、政治道路上同党中央保持高度一致。有鉴于此,高校各级党组织要把抓好基层党建工作作为办学治校的基本功,把党的教育方针全面贯彻到学校工作各方面。思想政治工作是学校各项工作的生命线,各级党委、各级教育主管部门、学校党组织都必须将其紧紧抓在手

上。要精心培养和组织一支会做思想政治工作的政工队伍，把思想政治工作做在日常、做到个人。

第三节　高校对外开放中加强组织建设的挑战

一、干部国际化素养的要求对贯彻落实新时代干部标准带来的挑战

在教育对外开放过程中，高校的办学自主权、高等教育理念、人才培养模式、学科专业设置、教学内容和课程体系、学生构成成分、教育经费筹措方式等随着时代的变化不断发生改变。其中，教师资源管理的全球化和国际化在所难免。

人才是事业发展的根本，海外人才是整个人才队伍建设中的重要组成部分；从海外引进人才，特别是引进既有很强专业学术水平，又具有较高管理水平的国际人才，担当高校二级学院的领导，可以起到推动学科发展的巨大作用。聘任海外院长在高校教育对外开放中具有多方面的优点：一是有利于高校科研工作始终追踪国际先进水平。科研的全球意识体现在科研选题的创新上，选题应当立足国际学术前沿。海外院长长期在国外学习和工作，能够及时了解国际学术发展的最新信息、追踪国际科研工作的最新成果，有利于高校科研工作保持和追踪世界先进水平，提高高等教育的国际竞争力。二是有助于学校与国际一流人才的交流和引进。海外院长本身已经是国际上相关领域的优秀人才，他们可以直接成为高校人才引进的对象。另外，海外院长熟悉国际知名高校、科研机构等单位人才情况，他们为高校的人才引进提供信息、牵线搭桥；通过他们的影响力，可以联络国际上知名专家学者来国内做学术讲座，这也是学校引进世界一流人才的有效途径之一。三是有助于高校提升办学理念、提高管理效益。高等教育对外开放带来的竞争不仅体现在学科建设、人才培养等方面，而且体现在管理方式的变化上。我国高等院校的大部分学科是近30年来设立的，需要充分借鉴国外的先进经验，海外院长在介绍经验、传递信息中作出了突出贡献。

高校引进海外人才担任二级学院院长作为实现高校快速发展的重要推动力，通过他们的智力资源和国际网络关系，引进先进的教学管理理念、推动学校发展、提升研究水平、培养国际化人才，取得了较好的成效。但是，在对海外院长一片赞誉的同时，海外院长也对贯彻落实新时代干部标准带来前所未有的挑战。一是干部选任方式的影响。遴选合适的海外院长成为关键，如何选拔到思想政治素质好，

既具有较高学术水平、宽阔国际视野、先进办学理念,又有热情、肯投入管理的海外院长,首先需要我们在选拔模式上进行改进。二是对干部监督、考核、教育机制的影响。海外院长一般有多重身份,部分海外院长一方面受聘于国内高校,从事学院的管理工作,另一方面在国外承担了科研工作。这些海外院长往往不属于高校行政管理体制内的人员,与学校之间只是聘用关系,每年在国内工作只有两三个月时间,工作具有流动性,经常往返于国内和国外,已超出传统意义上"干部"的概念。因此,对他们的教育、管理、考核需要突破传统做法,在内容及方式上要加强改进,进一步贯彻落实新时代干部标准。

总之,海外院长担任实职,在体制内运作并发挥作用,是我国高等教育改革的一种新途径,也是高校干部选拔任用的新尝试。与此同时,我们不无深刻地感受到,海外院长的作用发挥不可避免地将受到传统办学体制和相关制度的制约,引进海外院长对我们现行的高等教育的教学管理模式、干部人事管理制度带来的触动和影响,特别是在海外院长引进和管理过程中遇到的实际问题,需要我们进一步从海外院长选拔、使用、考核、教育等角度思考,并提出解决的办法。

二、全方位的国际化改革对新形势下规范学院治理带来的挑战

院系既是大学治理的最终落脚点,也是大学内部治理的核心载体。要使组织内部分工有序、责权明确、协调一致地实现组织的工作目标,院系党组织也必须考虑人事规划、资源分配、组织结构、人员分工等行政管理问题。在教育对外开放过程中,院系党组织的声音在院系治理中偏弱,参与院系治理的方式途径上还存在薄弱环节,党组织自身建设仍有短板,政治引领能力有待进一步提升。

(一)工作理念层面:党组织政治功能发挥不够,角色定位有待扭转

对于高校院系党组织的地位作用,2010 年中央颁布的《中国共产党普通高等学校基层组织工作条例》明确,院(系)级单位党组织在高校党组织结构中处于承上启下的关键位置,是教育和团结广大师生员工的政治核心,是党在高校教学、科研、管理和服务保障第一线的战斗堡垒[①],这为学院党组织的角色和定位提供了一个总体框架,赋予了院系党组织保证监督党的路线方针政策贯彻执行、参与本单位重大问题决策和加强党组织自身建设等职能。由此,院系党组织最根本的应是通过建立完善相关制度规范和工作机制强化政治功能,把握方向,整体规划,监督落实,实现对各方利益主体的协调和整合,从而实现政治和思想引领,有效发挥政治核心

---

① 中共中央组织部.《中国共产党普通高等学校基层组织工作条例》学习辅导读本[M].北京:高等教育出版社,2011.

作用。

在教育对外开放过程中，通过访谈调研发现，院系党组织负责人大多认为目前的工作要求更加明确，总支的功能逐步加强，党组织政治核心作用的发挥越来越有制度保障，肩上的压力和责任越来越大。但一段时期以来，基层形成了一种观念，就是院系党组织主要负责学生工作和师德师风建设，做一些"添砖加瓦"的工作，处于保障性的协助地位。这种惯性思维在很大程度上制约了院系党组织政治功能的发挥，影响了党组织工作的开展。确实，高校的组织特点决定了几乎所有的教学、科研、人才培养、学科建设等任务都会最终体现在院系行政事务上，体现在可量化的行政工作绩效上。但是，院系党组织如果把自身局限在政治学习、发展党员、提供服务支持和后勤保障等工作上，仅仅管好自己的"一亩三分田"，就极易出现党务业务"两张皮"的问题，导致党组织在院系治理中功能日益弱化、地位日益边缘化。基层党建工作一旦脱离教学、科研、学科建设等中心工作，就会"抓空""虚化"，党组织的政治领导就无从着力。院系党组织偏重服务、保障、协助的角色定位和工作理念亟待扭转。

此外，对于院长和书记的角色，书记们都认为院长和书记的角色是不同的。学院的稳定和长足发展需要建立在党政班子彼此认同、协作的基础上，这就要求行政院长也必须对党组织的政治核心定位充分尊重、认识到位，否则就可能出现各自为政的困局。

（二）制度机制层面：治理参与渠道不足，政治把关存在难点

院系有自身的组织结构和运行机理，在院系层面如果没有一个明确的治理架构，党政的合作就可能全凭双方的理解。党政的有效协同单靠人际沟通显然不够，如果没有制度保障，那就会沦为人与人之间的博弈。要保证这种合作协同的持续性、长久性和规范性，就必须健全体制机制、完善制度设置，把院系党组织政治核心的角色定位转化为制度层面的保障，把党组织的工作目标和组织功能转化为现实可见的工作抓手和工作举措，确保党组织在关系学院管理与发展的重大事件上发出"声音"。

在决策机制上，作为二级院系领导班子的工作机制和决策方式，党政联席会议制度在 2010 年第一次写进了《中国共产党普通高等学校基层组织工作条例》，规定二级院系党组织"通过党政联席会议，讨论和决定本单位的重要事项"[1]；2012 年 4 月，《教育部关于全面提高高等教育质量的若干意见》明确提出"坚持院系党政联席

---

[1] 中共中央组织部.《中国共产党普通高等学校基层组织工作条例》学习辅导读本[M].北京：高等教育出版社，2011.

会议制度"①。2018 年 2 月,中共中央组织部、中共教育部党组印发《高校党建工作重点任务》,明确规定"有关党的建设,包括干部任用、党员队伍建设等工作,由党组织会议研究决定。涉及办学方向、教师队伍建设、师生员工切身利益等重大事项,应由党组织先研究再提交党政联席会议决定"。从基层实践来看,近年来各高校根据要求陆续制定了议事规则,院(系)党组织会议和党政联席会议制度逐步健全规范,在有效发挥党组织的政治核心和保证监督作用上取得了较好的效果,但仍有完善的空间。比如,很多学院不再召开院务会议,而代之以党政联席会议,在会议谁发起、谁主导以及议题的边界等问题上仍存在模糊地带;在个别院系,党政联席会议制度还没有得到充分有效的执行,存在用党政联席会议代替党组织会议的问题,党组织在院系治理的参与度上还不够;与党政联席会议相关的制度配套和制度设置还未完全跟上,院系党组织政治把关的制度渠道尚显不足,党组织要做到"五个到位"还面临一些桎梏。

以"引人进人"为例,随着高校教育对外开放的深入推进,书记们普遍感到把关任务重,工作"有难度",特别是对海外应聘人员的背景调查缺乏渠道和手段,真实信息难以获取。目前各高校大多制定了以政治鉴定为内容、以书记签字为确认的政治把关制度,建立了相应的思想政治考核小组或师风师德考核小组。但在评价指标的设计上偏粗放,评分难以体现差异,加之人才竞争致使校外函调存在一定的现实困难,"引人进人"工作中的意识形态、政治立场和思想品德把握是个难点。另一个值得注意的现象是,需要书记们签字把关的事项越来越多,真正保障党组织政治核心作用发挥的实招、硬招不多,一纸表格的签字并没有把基层党组织到底运用了哪些有效的方式、手段开展背景调查等作为制度设计的真正要义,呈现出"把关等同于签字、签字意味着把关"的泛化现象,实际上正反映了相应制度设计的缺陷和不足。

在晋升评价上也存在类似的问题。学术委员会是院系治理结构中的重要议事主体之一,统筹行使学术事务的决策、审议、评定和咨询等职权。从调研来看,有些学校的学术委员会章程没有规定学院书记必须列席学院学术委员会或教授委员会,有些章程的用语为"必要时可以列席",加之基层院系对制度把握理解不一,造成在实践中书记列席的比例不高。党组织如果置身学术评价机构之外,就相应地缺乏一个掌握信息和发声的重要渠道。一是无法知悉有关情况,在学院学科建设、人才培养、师资队伍建设上出现信息不对称;二是无法在职称职级的晋升评价中有

---

① 教育部关于全面提高高等教育质量的若干意见(教高[2012]4 号)[EB/OL].(2012 - 04 - 20). http://www.gov.cn/zwgk/2012 - 04/20/content_2118168.html.

效发挥应有的政治把关作用。

（三）自身建设层面：队伍建设与工作本领仍有短板

院系党组织的自身建设关系着院系党组织是否有力量、有能力参与学院的日常治理和重大人、财、物的决策，能否在谋划院系改革发展中发挥把方向、管大局、保落实的政治引领作用。从我们的调研和访谈来看，目前高校正在逐步加强基层党组织的自身建设，从人员配备和经费投入上采取了一系列举措，但与新形势下党建工作要求和现实需要还有一定的距离。

一是党务力量配备仍显不足。党组织要发挥好政治核心作用，开展好各项工作，离不开一支坚强可靠的专兼职党务工作者队伍。近年来一些院系逐步落实支部书记津贴，创造发展空间，推出典型代表和示范工作室，支部书记的工作积极性得到一定的调动和保证，"双带头人"工程初见成效。但院系党组织书记仍感到人手紧，事务性工作缠身，难有更多精力去抓项目性和特色性工作。特别是在专职组织员配备上，一些学校限于编制，兼任的比例较高；小院系由于缺乏人员腾挪的空间，工作捉襟见肘。由于必要的支撑不足，因此院系党组织的资源调动能力相对偏弱。

二是工作本领有待增强。目前，不同考核体系和不同薪资标准使得教师群体出现了新的分化和新的特点，而院系基层的宣传思想工作方式实质上还没有完全突破"下任务、提要求"的传统模式。一些书记坦言，对教师思想动态的把握和引导不够，规定动作以外的基层党建工作创新不足；疲于应对各条线下达的各项事务，思考谋划院系改革发展的重大事项不够；在解决党建工作的深层次问题方面有时会力不从心，拿不出有效的办法和手段。对书记上党课严格要求以来，书记们还普遍感到在党言党的理论功底不够深，如何把党的声音和党的最新理论成果及时适时地宣讲传播是新的挑战。

三、高校人才培养的国际化程度大幅提升，对基层党组织提升组织力以及充分发挥战斗堡垒作用带来新的挑战

（一）教育对外开放推动国际化师资队伍建设，人才竞争日益激烈

在教育对外开放所带来的人才国际化竞争中，发展中国家总体处于相对劣势，全球高科技和高技能人才一直呈现出从发展中国家向发达国家、从本国经济部门向跨国公司流动的趋势。高校作为国际人才竞争的主阵地、主战场，面临着更加直接和激烈的国际化人才竞争压力。在国际化浪潮的冲击下，我国高校自己培养的大量优质师资和学生或是选择出国学习，或是选择到外企工作，致使高校的育人目标、师资储备、管理干部梯队建设都受到极大的冲击和挑战。有鉴于此，我国高校

不断增强自身的国际竞争意识与能力,创新人才竞争方式和手段,纷纷通过形式多样的人才引进优惠政策,争夺高层次、高技能和高发展潜力的国际化师资。

（二）教育对外开放直面多元民主政治冲击,党的领导面临挑战

坚持党对高校的全面领导,是我国高校办好中国特色社会主义大学、培养德智体美劳全面发展的社会主义事业建设者和接班人的根本保证。不论在何种情况下,社会主义的高校都必须加强和改进党的领导。然而,随着我国高校教育对外开放的不断深入与拓展,西方多元民主政治的思潮涌入并直接冲击着我国高校现有的管理体制,特别是对党委领导下的校长负责制带来了直接的影响。其背后的实质,就是"要不要党的领导"。因此,高校教育对外开放,必须进一步深入思考,如何在新的历史时期和新的国际国内环境下,继续加强党组织的建设,增强基层党组织的凝聚力和战斗力;必须进一步深入思考,如何不断提高党员的素质,保持和发扬共产党员的先进性;必须进一步深入思考,如何正确贯彻党委领导下的校长负责制,不断推进学校的建设和发展;必须进一步深入思考,如何加强党风廉政建设,筑起拒腐防变的坚实堡垒;必须进一步深入思考,如何提高学校党委治校理教的能力,建设和谐校园。

（三）教育对外开放加速社会流动,党的组织形式和管理方式亟待创新

随着教育对外开放的持续推进,高校相对固化的人才培养机制逐步被打破,象牙塔与社会之间的隔阂被日渐加速的社会流动所取代。学时学分制逐渐转向完全学分制,大类分流、转专业、书院制等新型人才培养模式的改革打破了传统的班级管理模式,党支部建在班级之上的机制受到直接冲击。随着班级的弱化和高校后勤的社会化,大学生的生活方式也相应发生了改变,原有的集中学生公寓管理正在被日趋分散的学生社区治理所取代。越来越多的高校正在尝试将党组织建在社区、社团上,努力创新党员的活动方式、活动内容与组织生活形式。同时,随着人才培养国际化程度的提高,高校师生出国讲学、学习深造的机会越来越多,而且时间较长。如果不能及时创新党组织的管理方式,许多师生党员就面临不能参加政治理论学习、不能按时参加组织活动、不能按时交纳党费,甚至回国后不能及时接转组织关系的窘境。

四、教育对外开放中对党员发展带来的挑战

（一）教育对外开放中,意识形态斗争日益尖锐,挑战入党意愿

作为新时期意识形态工作的前沿阵地,高校肩负着学习研究宣传马克思主义、

培养中国特色社会主义事业建设者和接班人的重大任务。随着教育对外开放的不断深入与拓展，当代世界各国高校间的交流日益频繁，各种文化、思想意识的沟通、渗透甚至融合都进一步加剧了意识形态领域的斗争。改革开放四十多年来，西方的文化、思想意识、生活方式对我国高校师生的影响是巨大而深刻的，表现在党员发展上，就是越来越多的师生入党意愿不强烈，递交入党申请书的师生比例逐年递减。正如中共中央、国务院《关于进一步加强和改进大学生思想政治教育的意见》中所指出的，"国际敌对势力与我争夺下一代的斗争更加尖锐复杂。大学生面临着大量西方文化思潮和价值观念的冲击。某些腐朽没落生活方式对大学生的影响不可低估"。

（二）教育对外开放中，传统文化和价值观受到冲击，挑战入党动机

教育对外开放也意味着跨国文化与价值观的交汇，种种文化与价值观念的冲突对高校师生思想道德和价值观念的形成都产生了巨大的影响。高校青年教职工、学生入党存在功利性倾向，党员质量无法保证，党员的先进性得不到体现。他们缺乏宗旨意识，入党是为了自己的前途发展，是为了找个好工作。他们缺乏严格的党内生活锻炼，理想信念不够坚定、组织观念不强、奉献精神不突出、先锋表率作用发挥不出来，甚至有的党员素质不如普通群众，这样不仅影响了党组织的形象，而且在广大青年学生中造成了很坏的影响。如何在世界文化交流日益频繁的情况下、在西方资产阶级"文明"的渗透和诱惑下，坚定共产主义理想信念，坚持用马克思主义的世界观教育当代大学生，使之树立正确的人生观、价值观，是当前我国高等教育需要认真研究的重要课题。

（三）教育对外开放中，思想观念更趋多元化，挑战入党教育

国际方面，苏联解体、东欧剧变，国际共产主义陷入低潮，社会主义国家经济和社会发展困难重重；国内方面，我国处于社会转型期，经济成分和经济利益多样化、社会生活方式多样化、社会组织形式多样化、就业岗位和就业方式多样化使人们思想呈现前所未有的多元化状态。反映到高校，思想多元化与以马克思主义为主导思想的党建和思想教育必然产生冲击，主要是青年一代理想的淡化和信仰的缺失，对理想信念持"怀疑主义""功利主义""虚无主义"的态度（我们这里讲的理想信念，主要是共产主义远大理想和马克思主义的信仰）。这就对我们入党教育的即时性和有效性提出了更高的要求。

第四节　新时代加强高校对外开放中
组织领导的新实践

组织路线服务政治路线,正确的政治路线要靠正确的组织路线来保证。中国高校在扩大教育对外开放的进程中必须加强党的全面领导,以确保正确办学政治方向,这就必须有坚强的组织力予以保障。新形势下,高校对外开放办学中强化党的组织保证的总体要求是:以习近平新时代中国特色社会主义思想为指导,贯彻落实新时代党的建设总要求和新时代党的组织路线,坚持和加强党的全面领导,以党的政治建设为统领,以组织体系建设为重点,坚持党管干部、党管人才,着力培养适应教育对外开放需要的忠诚干净担当的高素质干部队伍,着力聚集爱国奉献的各方面优秀人才,形成近悦远来的高层次人才队伍建设机制,为高校教育对外开放提供坚强组织保障。

一、构建适应教育对外开放格局的高校领导人员选聘机制

党的十九大报告提出,要"坚持正确选人用人导向,匡正选人用人风气,突出政治标准,提拔重用牢固树立'四个意识'和'四个自信'、坚决维护党中央权威、全面贯彻执行党的理论和路线方针政策、忠诚干净担当的干部,选优配强各级领导班子"。在新的历史起点上,建设伟大工程、推进伟大事业、实现伟大梦想,都离不开一支政治过硬、堪当重任的优秀干部队伍。"信念坚定、为民服务、勤政务实、敢于担当、清正廉洁"干部标准的提出,体现了新时代选拔任用干部的鲜明政治导向性和现实针对性。高校承载着人才培养、科学研究、社会服务和文化传承创新四大功能,高校党政管理干部在学校的各项工作中担负着重要的领导、管理、组织和协调职能,高素质专业化的干部队伍是高校规范有序运转的强有力保障。落实立德树人根本任务,全面推进"双一流"建设,办好人民满意的教育同样离不开一支政治过硬、业务精专的优秀干部队伍。适应教育对外开放格局的同时坚守思想政治素质的价值尺度,政治标准的重申和强化,对高校领导干部的培养选任提出了更高要求,亟须建立一套适应教育对外开放格局的高校领导人员选聘机制。

(一)分类多元的选聘机制

干部素质具有一定的隐蔽性和复杂性,要准确识别和评价具有一定难度。习近平同志指出,"对干部的认识不能停留在感觉和印象上,必须健全考察机制和办

法,多渠道、多层次、多侧面深入了解"①。要在干部选拔任用过程中将新时代好干部标准落到实处,一方面,在按照选任制度要求和程序规定开展干部选拔任用工作的基础上,要结合事业发展的需要和新的变化趋势,探索创新,更加科学地对干部进行"立体考察、透彻甄别、切片化验、会诊辨析",建立一套明确的、可操作的基本制度,指导工作实践,进一步探索提升政治标准考察的精准性;另一方面,对于海外人选,由于其长期身处国外,对他们的了解大部分来源于本人提供的书面资料,有限的推荐信息更多聚焦其学术能力、行政管理能力,缺少对人选政治品质的描述,或难以获知拟任人选的政治倾向和政治立场,因此要考虑扩大考察范围,丰富信息获取手段,拓展考察的渠道,将新时代好干部标准落到实处。

在本土干部选拔方面,一是立足日常,把握一贯与一时的政治表现。"一看":在日常组织生活、会议讨论中,观察其观点、立场和态度;在年度述职评议时,看其报告个人政治表现的情况,分析民主评议结果。"二查":通过查阅年度考核结果、"三大主体责任"②述职报告、民主生活会发言材料、述职述廉报告、历次考察材料等,深入了解干部贯彻执行民主集中制、执行党的政治路线等情况;与纪委、审计联动,了解是否存在违纪处分、信访举报、审计问题等"负面清单";深度利用干部人事档案,深入了解干部成长历程,审核其是否存在"三龄两历一身份"③方面的问题。"三谈":将普遍式的观察谈话与有目的的重点调研谈话相结合,在学校开展专项工作调研、党校研修考察等活动中,有意识地安排组织部门同志参加,直接广泛交流,收集有效信息,深入了解班子和干部情况,通过日常政治表现考察为干部选任工作提供判断依据。二是创新政治考察方式,强化选任过程中的立体研判。前置政治考察,探索推荐责任制,严把入口关,先在有关班子成员、相关人员和骨干教师的小范围内征求意见,从德、才两方面对动议人选进行预判,前置政治考察,对不符合新时代好干部标准要求的、政治方面存疑的干部坚决不推、不用。适当扩大考察范围,多方位多角度听取意见,按照与考察对象的关联度、知情度、责任度,对有岗位履职经验的干部,不仅在目前工作单位听取意见,而且可以到其曾经工作的院系、部门听取意见建议;针对高校业务型干部,在院系负责人选聘过程中,不仅在学院内部听取意见,而且要向教师工作部、教务处、科研处等相关职能部门征求意见,全面了解拟任人选的师德表现、教学品格、学术品行,通过不同站位、不同视角的信息,形成对考察人选的立体化认识,对师德失范和学术诚信问题实行"一票否决"。丰富考察渠道和手段,搭建全方位的信息网络。探索领导干部新时代好干部标准

① 2013 年 6 月 28 日习近平总书记在全国组织工作会议上的讲话。
② "三大主体责任"是指意识形态工作、基层党建工作、党风廉政建设和党内监督工作方面的主体责任。
③ "三龄两历一身份",是指年龄、工龄、党龄、学历和工作经历、干部身份。

专项测评,通过正向指标和负向指标的定量分析形成对干部素质的评价意见。

在海外或跨校引进人选选拔方面,在动议阶段,把干部选拔任用政治关口前移到动议和民主推荐环节,从选人用人一开始就对照新时代好干部标准要求,制定工作方案,按照《党政领导干部选拔任用工作条例》和《事业单位领导人员管理暂行规定》中对任职条件和资格的规定和要求,把对政治、思想、品德和管理能力等的选聘条件纳入招聘公告,从源头上防止政治标准落实不严的问题,确保选准用好人。在民主推荐阶段,探索实行"举荐人把关制",举荐人既要给出学术水平的评价,也要给出意识形态、政治立场等方面的评价,通过"双推荐"全面了解人选信息及其政治倾向,完善海外人选选任工作中政治把关的制度圈层。在考察阶段,会同人事部门,科学开展背景调查。结合其学习、工作履历,通过实地走访、函件、电话、邮件问询,邀请其学习、工作、合作过的相关单位、机构对考察人选进行评判,了解其政治表现;委托拟任职岗位的部门或学院提供了解人选情况的相关研究领域同行名单,通过同行评价,深入了解人选在德、才方面的表现,全面地搜集信息,综合研判;通过搜集网络信息,对人选提供信息的真实性进行核实,重点关注其政治言论、政治态度和政治表现。其中,对海外人选,还可以寻求海外校友会的帮助,了解人选在国内和国外的表现和信息,判断其有无违法犯罪行为、有无政治立场方面的问题。该选拔机制可概括为图 9-1。

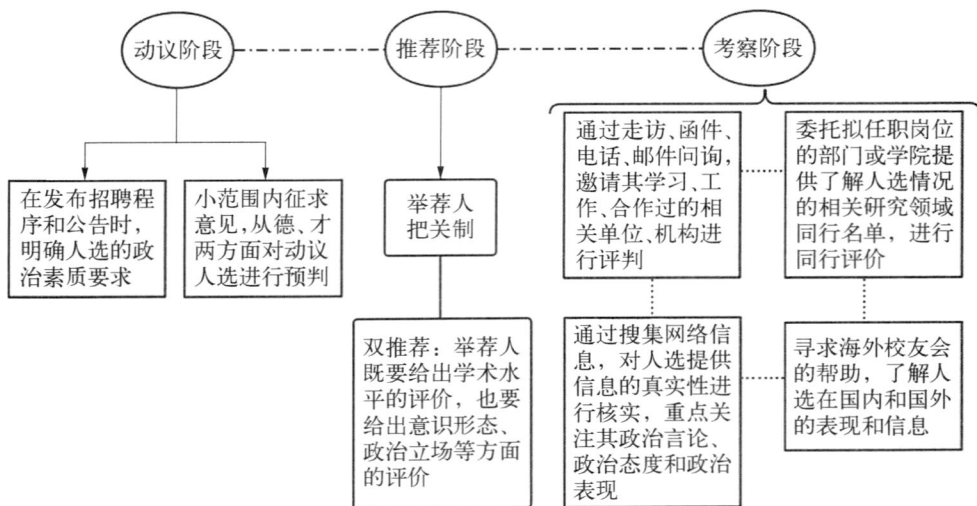

图 9-1 引进人选选拔机制示意图

(二) 激励与约束相统一的考核管理机制

针对教育对外开放中海外院长不断增加的情况,要进一步改进考核管理机制,适应海外院长特殊情况。

一要建立科学合理的考核内容和指标体系。目前，高校每年都会对海外院长以述职、群众测评等方式予以考核。针对海外院长，我们应该把考核工作做得更加细致和深入，以任期目标责任制为核心，采取实绩分析和个别谈话等方式，邀请学校相关部门和学院有关教师代表对海外院长在学院发展中尚未解决的问题、行政业绩、知识和职业方面的成绩等发表意见，同时要描述院长的工作方式、作为领导所具有的优势和弱点、管理技能、沟通技巧等。通过多种渠道、多种方式加深学校对海外院长的了解，以便及时与海外院长进行沟通，采取措施，促进学院尽快发展。

二要建立在高额薪酬下的约束机制。目前，各高校为了吸引海外院长不惜重金，对海外院长都采取了"优岗优酬"的薪金待遇，除了数额不菲的岗位津贴外，不少学院还增设了院长基金，配备相应的实验室等，目的就是激励院长把大部分精力投入学院的管理工作。为了激励海外院长更好地发挥作用，可以采用多种薪金发放方式。例如，采用逐年递增发放方式，把年薪折算到月，按月发放。

三要建立有效的院长培训机制。通过培训，加强海外院长对国情、校情认同的培训。院长职能发挥效果如何，在很大程度上取决于海外院长能否充分立足学院的实际，是否能够充分理解学校的实际情况。由于他们长期在国外生活，受西方社会价值理念影响，其中不少人员单纯强调与国际接轨，缺乏对党组织和党的领导方式的了解和认同，因此，要进一步加强海外院长对中国国情和校情的了解。

二、建立高校领导人员国际素养提升机制

（一）厘清全球局势，制定教育对外开放战略

党的十九大报告中明确提出"要加快一流大学和一流学科建设，实现高等教育内涵式发展"。在全球化迅速发展的时代背景下，以国际化办学促进办学质量提升和保持国际竞争力已成为各国促进高等教育发展的通行法则。高校领导干部肩负着学校改革和发展的重要使命，他们具备国际素养，是实现高等教育国际化内涵式发展的重要前提和保障。我国处在全面建设"双一流"和高等教育内涵式发展新阶段，只有树立全球视野和战略眼光，着力培养一批讲政治、懂专业、善管理、通晓国际惯例的高校党政领导干部，推动高校人才国际化，才能更好地在国际舞台上参与全球高等教育的合作与竞争。高校教育对外开放既是响应国家发展战略、参与国际教育竞争的需要，也是实现其自身改革、创新和可持续发展的需要。确立教育对外开放战略是高校培养党政干部国际化视野的导引。高等教育对外开放是大势所趋，是我国与世界接轨的重要方面。只有明确教育对外开放战略，才能指引高校工作的开展，才能积极指导高校领导干部国际素养能力的提升。

（二）坚持实事求是，充分打造国际素养培训体系

根据各高校确立的教育对外开放战略，量身定制完善的领导干部国际素养培训体系。增强国际素质培养的系统性、持续性、针对性和有效性，使国际素养培训体系更加符合高校领导干部特质的需求。培训体系的构建围绕提高政治站位、拓展国际化视野和思维、学习国际化专业创新技能、提升良好的跨文化沟通交际能力、熟悉国际惯例规则且具备国际运作能力五个方面的要求为目标，从"培训平台建设""专业化能力培养"与"实践"三个方面着手打造。

第一，要让领导干部旗帜鲜明地讲政治，坚持政治统领，把政治标准作为第一标准，把提高政治觉悟、政治能力贯穿教育培训全过程，自觉在思想上、政治上、行动上同以习近平同志为核心的党中央保持高度一致。

第二，要立足国情与文化，突出问题导向、需求导向、实践导向，适应新时代经济社会发展形势，突出国际视野、中国特色，组织开展务实管用的专题培训，引导和帮助干部丰富专业知识、提升专业能力、锤炼专业作风、培育专业精神。

第三，要使知识培训更加有效，面向全球、面向未来，对标国际最高标准、最好水平，教育引导领导干部自觉更新知识、增强本领，遵守国际惯例和国际礼仪，不断健全高校领导干部履职的基本知识体系，培养综合素质高的复合型国际化高校领导干部。

（三）坚持"学习、思考、实践、领悟"，努力提升国际素养水平

第一，勤于学习，多读书，利用现代化的信息工具分析和解决问题。高校领导干部需重点多读一些与自己的专业领域和工作内容相关的经典著作和重要文献，及时关注新科技、新业态、新理念、新发展，同时兼顾理论和实践上与本专业领域存在交叉融合的理论知识，切实做到"健全基本知识体系，强化能力之基"。

第二，善于思考，把握国际素养提升的要点。高校领导干部要对各国在经济、科技、政治、社会、生态等方面发生的新变化、作出的新实践、总结的新经验等多加学习、思考、总结，同时结合我国当前的教育实践进行深入思考、辩证分析，力求找到突破瓶颈的方法；坚定走中国特色社会主义教育发展道路的信心，始终以培养德智体美劳全面发展的社会主义建设者和接班人的初心激励自己。

第三，勇于实践，将规律性认识不断引向深入。高校领导干部既要有实实在在的成果，有脚踏实地干的过程，更要有实事求是的精神；要拓宽个人的国际视野，最重要的是要对新事物、新发展、新变化形成规律性认识，而形成规律性认识的关键在于实践。

第四，敏于领悟，提升自身综合素养。

学习、思考、实践、领悟是一个学而思、思而践、践而悟的螺旋式上升过程，只有不断学习、勤于思考、理论联系实践，才会有所领悟，有所提升。

（四）强化组织领导，健全国际素养提升机制

高校党委要在顶层设计中健全与教育对外开放各方面要求相适应的管理体制，为领导干部国际化素养提升奠定机制基础。

一要将党建工作深度融入教育对外开放实践中。加强高校党的组织体系和制度体系建设，提升基层组织力，充分发挥基层党组织在高校教育对外开放中的战斗堡垒作用。

二要将高校学科发展国际化与加强党的领导和建设紧密结合起来，形成良性互动。通过瞄准国际前沿，不断构筑完善符合高水平研究型大学要求的科研创新体系和评价标准，使得高校科研创新能力显著提升。

三要重视具有国际化才能的领导干部队伍的选、培、管、用。坚持锐意改革，通过启动以队伍国际化联动学科科研国际化的系列海外招聘进程，深入实施人才强校战略。在国外高校中批量引进海归博士教师，逐步汇聚起一批具有广阔的国际视野、具有国际学术影响力的领军人才、学术骨干和优秀领导干部教师。根据上级党委的战略部署要求，做好高校领导干部出国（境）培训项目。有重点、有计划地选派领导干部到中国（上海）自由贸易试验区、科创中心承载区、中国国际进出口博览会、崇明世界级生态岛建设等重点功能区域实践锻炼。

四要强化高校教育对外开放进程中党员干部队伍的锻造培育。教育引导高校党员干部充分认识、及时了解国际局势的复杂多变，并始终坚持正确的价值观念，发挥典型示范作用，确保党员在国际化办学进程中始终保持其先进性。五是高校党委应坚持深入开展"中国问题、国际范式"的高水平研究。聚焦国家重大战略需求和国际学术前沿，深入社会开展田野调查，积极参与国情研修，不断提高社会服务水平和学术创新能力。

三、健全院系党组织政治功能强化机制

坚持和加强党对高校的全面领导，牢牢把握立德树人根本任务，并将之全方位贯穿到办学治校的全过程中，是办好中国特色社会主义大学的根本保证。党的全部工作和战斗力的基础在基层，管党治党的成效也最终体现在基层。院系是大学治理的最终落脚点，也是党的教育方针在高校最直接的贯彻者和执行者。党的十九大后，围绕高校党建质量提升，教育部党组对高校院系党组织提出了领导和运行机制到位、政治把关作用到位、思想政治工作到位、基层组织制度执行到位、推动改

革发展到位的"五个到位"新要求。在新形势新要求下,院系党组织在院系治理架构中的角色与定位面临一个重新确立和强化的过程,要在工作理念层面、制度机制层面和自身建设层面强化高校院系党组织的政治领导角色,保障其政治核心地位,充分发挥其政治核心效能,从而实现院系治理的合力,保证高等教育的发展方向,推动院系教学、科研、育人以及管理服务等事业的发展。

（一）转观念：强化政治核心意识,确立深度融合的党建工作理念

政治核心是指代表一定阶级利益执掌权力的行为主体。党的执政地位赋予了各级党组织充分发挥政治核心作用的权利和义务。在高校党委的层次,党要发挥领导核心作用;在院系党组织的层次,政治核心的功能定位意味着党要在政治上对院系实行全面领导。唯有把院系党组织定位于"政治核心",才能正确处理院系党组织与党政联席会、教授委员会、教职工代表大会的关系,实现治理的协同效益。

一是牢固树立政治核心意识,在增强协调服务功能的同时,突出和强化院系党组织的政治引领功能和监督保证功能。首先,院系党组织书记在具体工作中必须强化党组织政治核心的工作自觉,改变党组织主要发挥辅助、协助、保障作用的惯性思维,转变角色定位,既要保驾护航,更要和院长一起做好舵手。一方面把握学院发展的政治方向,做好方向的引领;另一方面,从政治把关上全面参与和支持行政工作,推动工作落实,发挥监督保证作用。其次,党政班子必须在党组织是院系治理的政治核心这一点上形成共识,学院行政要充分尊重党组织的政治核心地位,征求听取党组织的意见建议,在人、财、物等重大问题上,相互尊重,充分沟通,从而确保考虑问题更周全、细致、深入,决策更民主、科学、稳妥。

二是以"深度融合"的党建工作理念,积极融入中心工作,融入学院改革发展事业。党务工作本质上是与院系行政工作融合在一起的,在基层党建、思政德育、队伍建设、综合治理、维护稳定、构建和谐等工作中,院系党组织责无旁贷地处于核心地位,而在人才培养、学科建设、学术科研等工作上,党组织及其负责人同样要作为中坚力量发挥重要作用,只有多从中心工作出发思考党建工作,将党务工作与院系中心工作结合渗透,才能将基层党建工作做实做深、做细做透,才能更好地激发出党务工作的新活力,并使之具有持续不断的推动力,切实解决党务和业务"两张皮"的问题。

三是党政协同,共谋发展。党建工作与业务工作实质上是两促进、两不误的。调研中的一系列实践证明,但凡院系党组织作用发挥较好的单位,党政班子就和谐,教职工就团结向上,学院事业就稳步发展;而党组织声音偏弱或者党政互不相干的单位,往往矛盾比较多,人心比较散,发展方向不明,合力不足,学院的事业发

展和稳定都受到一定程度的影响。在班子成员层面，书记首先要有班长意识，建立书记、院长常态化的沟通机制，做到大事共商量，小事多通气，善于在不同的工作中当好"主角"和"配角"，相互理解、相互支持、相互补台，成为领导班子团结的主心骨；其次，党政班子定期碰头，通报各类信息、交流学院教职工的思想动态、沟通工作、议决有关事项，并通过思想恳谈加强班子的思想政治建设，密切结合学院的中心工作，提高班子成员的领导能力和管理水平，共谋事业发展。

（二）建制度：优化制度机制设置，确保重大决策参与引领

明确党组织在院系治理结构中的职责权限，从体制机制和制度流程上确保党组织在事关院系重大事项上的参与和决策，适时适度发声，是党组织政治核心作用有效发挥和成功实现院系协同治理的重要保障。这就需要健全集体领导、党政分工合作、协调运行的工作机制，规范院系党组织会议和党政联席会议制度，完善议事决策规则，进行制度设计和角色赋予。

一是把握规则制定，确保程序规范，保证正确方向。

不同的治理主体各有其独特的组织逻辑，学院党组织委员会、党政联席会、学术委员会或教授委员会、教职工大会等集体决策机构各有其议事规则及处理规则。在院系的治理上，当所面临事务的复杂性高而各主体间职责又不甚清晰时，协调就会变得困难重重。党组织自身首先要合理定位，作为治理架构的主导力量，在实现各治理主体间的有效协同上下功夫，把握决策程序的科学合理、公正民主，厘清哪些事项应由学术委员会讨论、哪些事项应由党组织委员会议讨论、哪些事项要交由教代会审议、哪些事项需要在学院党政联席会议决，着重确定好议事边界，确保决策程序的科学性，从而形成政治权利、行政权力和学术权力的良性互动，保证院系重大决策的合理合法合规。比如，业务性工作应交由具体的工作领导小组和专业委员会去决策执行，但其工作方案、工作程序应经党政联席会议讨论，经党组织把关。

同时，有关事项在提交党政联席会议决定前，院长与书记要充分沟通，对决策议题形成共识、达成一致，注意全面听取相关各方的意见，在关系教职工利益的议题上注意征求教职工意见，关系学生利益的决策则在学生群体中充分调研，真正发挥各治理主体的功能和作用，切实实现民主管理与科学决策。比如，在教改工作中，具体怎么改，院长、副院长更专业，应由他们来决定，但是在涉及不同群体教师的利益时，书记要有所预判，政策一刀切下去会有什么问题，应及时提醒行政人员可能出现的情况和产生的矛盾。

二是优化机制设计，拓展渠道途径，回归主体性地位。

首先，在治理架构上建立健全党组织委员会前置制度。2018 年 2 月，中组部、

教育部印发的《高校党建工作重点任务》的有关规定,实质上明确了党组织委员会在学院治理体系中的前置地位,同时明确了党政联席会作为院系治理的决策机制的决策地位,从制度机制上强化了院(系)党组织的政治把关作用,也让各高校开始重新审视党组织委员会的作用,重视委员会的人员选配。党政联席会和党组织委员会议事决策规则的规范和健全,以及两者之间关系的进一步阐明,为党组织有效参与院系治理提供了机制保障,对于充分发挥基层党组织的政治核心和保证监督作用具有十分重要的意义,两者有效衔接与联动有待在基层实践中逐步完善落实。

其次,在具体工作中建立健全书记参与院系治理的一系列制度配套和流程设置。其一,确保书记参与人才引进全过程。转变由书记签字作为进行政治思想把关的简单化形式化做法,通过书记领导师风师德考核小组,进入招聘委员会等实质性机制,全程参与引人进人过程,参与选聘方案的讨论,保证招聘程序的公正性;参与招聘人员选择,保证招聘小组人员的代表性;参与面试谈话,接触了解背景信息;参与最后决定,与院长一同把关最后人选。目前,一些高校的二级学院在这方面进行了许多有益的探索。比如,实行引进人才小组的院长、书记"双组长"制,在高端人才的引进上实行"举荐人把关制",借助海外校友力量更全面了解人才信息及其政治倾向等,逐步完善师资引进工作中政治把关的制度圈层。其二,建立并落实书记列席院系层面学术性委员会制度。在教师职务晋升和考核评价中,书记作为党组织负责人,有必要以职务名义进入学院学术组织。在落实书记列席制的基础上,可以逐步推广在院系设置高级专业技术职务任职资格评审委员会,书记和院长一起分别担任委员会副组长、组长,真真正正发挥党组织在学术方向、思想政治和意识形态方面的把关作用。其三,确保书记的财务信息知情权。2016 年 5 月,教育部制定印发了《教育部经济责任审计规定》,提出并强调了党政同责,同责同审;在党风廉政建设"一岗双责"的要求下,党员干部在履行本职岗位应有的管理职责的同时还要对所在单位的党风廉政建设负责。其中,院系党组织书记是落实全面从严治党的第一责任人。在管理机制上,必须改变书记与院长在财务信息上不完全对等的局面,确保书记及时充分地了解学院财务预决算情况、掌握各项经费的运行执行情况,赋予书记财务查询权,使其更好地履行财务把控与监督职责。

(三) 强本领:加强队伍建设,提高治理能力,健全激励保障

党建要做好,人是关键。强化院系党组织的政治核心作用,除了增强工作自觉、构建制度保障,党组织自身还需要持续"增能",以获得对更大话语空间的掌控力和自信心,提升协调各方、获取并整合资源的能力。

一是聚焦基层支部书记,不断增强党务工作者队伍的整体实力。首先,充实力

量配备，选优配强党组织书记，配齐基层组织员，解决院系党务力量不足的问题，建设一支素质优良、结构合理、数量充足的党务工作者队伍。更多地将政治素质过硬的专业骨干选配到支部书记岗位，深化教师党支部书记"双带头人"培育工作，鼓励引导高层次人才担任教师党支部书记，提升书记在支部工作中的话语权和影响力。其次，采取有效措施，落实相应的待遇保障，为基层支部党建活动的开展提供必要的经费；落实职务职级"双线"晋升，打造"学术党建"，引导鼓励思政、党务和管理队伍结合工作实际开展理论研究，把党建当学问做，激励调动党务工作者积极性和创造性；通过评优推优把优秀的支部书记和组织员从后台推到前台，以认可和尊重提升党务工作者的成就感，进而保持工作连续性和队伍稳定性。通过建强支部书记、基层组织员等党务工作者队伍，真正发挥基层党支部的战斗堡垒作用。

二是聚焦院系党组织负责人，不断提升党组织负责人的工作本领。院系党组织政治核心作用的发挥不可避免地要由党组织负责人的作为来具体体现。院系基层党组织的地位作用、号召力和影响力与党组织负责人个人的地位作用、号召力和影响力既相互区别，又不可分割。基于院系的学术组织特征和根本职能，党组织负责人在师生中要有号召力和影响力，就不能仅仅是个行政管理者，而必须适应新的形势和要求，提高参与治理的能力，提升在处理各种关系中的协调能力建设，在推动和保障院系民主决策中的监督能力建设，在凝心聚力、共谋发展中的引领能力建设。党组织负责人不仅要具备较高的政治素养，而且要熟悉教学、科研、管理等业务工作，能够驾驭全局，谋划事业发展（胡伟，2017），推动决策贯彻落实，把院系治理结构中不同的利益主体聚合到一起，拥有相对一致的目标，共同推动学院改革与发展；切实找准党建工作、中心工作及教工诉求的结合点，不断融入各类"学术圈"和"朋友圈"，深入了解师生员工需求，加强政治引领和延伸服务，发挥化解矛盾、团结各方的作用，主动在全面推动院系人才培养、科学研究和社会服务工作的过程中发挥作用。

四、深化基层党建与教育对外开放融合机制

（一）以打造"三度"党支部为基础，发挥基层党支部在教育对外开放中的主体作用

通过一系列的活动设计、组织和开展，打造"有温度、有鲜度、有纯度"的基层党组织，让国际化师生在基层党组织的温度中融化思想坚冰，在基层党组织的鲜度中创新学习模式，在基层党组织的纯度中坚定理想信念。

一是打造"有温度"的党支部，思想引领，党内关怀。建立对入职新人多层次、多方位、多样化的思想引领、政治教育和沟通机制。以一杯"书记下午茶"的深情、

党内联系人的热情、支部书记(委员)谈话的柔情,温暖师生的内心,通过党内的各方关怀强化思想引领,潜移默化地加强他们对党的基本理论、路线、方针、政策的学习理解,端正入党动机、坚定理想信念。让党员培养有温度,让职业发展有温度,让业绩考评有温度,着力把党支部建设成为有温度的战斗堡垒。

二是打造"有鲜度"的党支部,创新学习,与时俱进。通过创建"三化型"的学习型党支部,始终保持基层党组织对党员同志的及时教育,使得党内永葆新鲜血液。"三化型"学习,就是将党内学习模块化,对党课形式创新化,使学习体系立体化。支部通过探索建立定期"学习交流会"制度把"三化"学习落到实处,会上做到"六有"(有主题、有方案、有发言、有记录、有交流、有总结),将理论学习与中心工作充分结合,打破思维局限、开阔工作思路,始终保持党支部的"鲜度"。

三是打造"有纯度"的党支部,不忘初心、牢记使命。不忘初心、牢记使命,创建初心档案馆,建立党员档案。将每一位党员发展过程中产生的相关资料整理成册,作为初心档案馆的重要内容。重温入党志愿,回顾入党初心,记录当下感悟,一同传精神,一同守初心,一同践使命,形成不断发展丰富的"初心档案"。

(二)以国情教育"五个一"计划为抓手,多管齐下,增强国际化师资的思想引领

落实党管人才原则,坚持以社会主义核心价值观为引领,以人为本,师德为先,以海归教师环境适应、角色转变、职业发展、责任意识提升为重点,积极建立和完善师德师风、形势政策和国情教育长效机制,把海归教师强烈的报国情怀与立德树人教育结合起来,通过"思想引领、育人为本、教研融入、实践延伸",构建了"四位一体"的特色党建体系。

一是落实国情教育"五个一"计划。即海归教师在首个聘期内至少参加一次国情专题系列讲座、参观一次爱国主义教育基地、参加一次挂职锻炼、参加一次"千村调查"带队活动和撰写一份国情调研报告,并积极组织海归教师围绕当今中国经济社会发展中的重大热点难点问题开展协同攻关。

二是开设"海外归国博士理论研讨班"教育。依托农村、社区、企业建设海归教师认识国情和社会实践基地,联合工会、人事及团委等多方力量,借助党校中青年干部培训班、教师教学发展中心的培训、把党支部建在"黄大年式教师团队"上等平台和机制,全方位开展海归教师学习研讨、社会实践活动,分别从国家、社会、公民三个层面,线上线下结合,加强海归教师群体的理论政策学习,提高政治素养和理论水平。

三是实施新入职教师导师制度。定期开展教学经验、本科导师制经验交流会,

促进优良师德师风传递，对党员海归教师，学院党组织积极协助其办理组织关系恢复或转移手续，使党的工作从一开始就富有人情味、接地气，春风化雨般地融入新进海归教师的生活和工作。推行本科生导师制，引导广大新进海归教师积极投入对学生人生、学业、生活的指导，发挥榜样示范作用。

（三）以"三位一体"的发展党员机制为指导，做好优秀留学归国人员的党员发展工作

制定在中青年骨干教师、学科带头人、优秀海外留学归国人员中发展党员的工作方案，将培养和发展高知群体入党作为长期规划纳入学校学院教师思政政治工作中；形成"加强领导、精准施策、强化教育"三位一体的发展党员机制，逐年提升学校中青年教师和学术骨干党员比例。

一是加强领导，层层落实工作机制。校党委强化领导监督，开展宏观研究和具体指导，依托基层党建责任制检查进行督促；二级党组织狠抓落实，制订年度工作计划，加强对党支部发展党员工作的指导，重视对党支部书记的选配，选派政治素质好、理论水平高、责任心强的同志担任党支部书记。各级党政领导密切配合，在优秀留学归国人员业务进修、攻读学位、出国深造、职称评聘等各项工作中加强思想政治教育。

二是精准施策，壮大申请人队伍。建立领导班子成员联系教师制度，校院两级领导直接联系优秀的非党教师，"点对点"加强政治引领和吸纳，以上率下推进教师党员发展工作。建立二级党组织书记入校谈心制度。建立党内联系人制度。建立非党员中青年教师和学术骨干培训制度。转变传统的"坐等上门"的思想，积极主动地在政治上、业务上关心他们的成长，主动做好政治引领、政治吸纳工作，最大限度地把他们团结在党组织周围，为培养和壮大中青年教师和学术骨干入党积极分子队伍创造条件。

三是强化教育，及时做好发展工作。通过查阅档案、个别交谈、召开座谈会等途径，了解中青年教师思想状况，定期调查摸底，及时建立党员发展工作档案，有针对性地开展教育与培训，优先安排优秀留学归国人员参加上级各类骨干教师思想政治、业务和党课培训。邀请他们参加党内有关活动、承担一定社会工作和参加其他多种社会活动，使其进一步坚定共产主义理想和社会主义信念，坚定走中国特色社会主义道路的信心和决心。

后　记

　　本项目在探索和研究过程中,得到了学校党委、相关职能部门和学院的大力支持。其中,党委组织部、党委宣传部、党委校长办公室、国际合作交流处、发展规划处、科研处、学生工作处、人事处等部门,组织开展了坚持和加强党对高校全面领导的理论研究、全球视野中高校国际化办学的总体分析和形势研判、加强党对人才培养国际化的领导研究、加强党对师资队伍国际化的领导研究、加强党对学科建设国际化的领导研究、加强党对科研国际化的领导研究、高校国际化办学中意识形态领导权研究、高校对外开放办学中党的组织保证研究的专题研究;学校二级学院党委组织开展了本单位在国际化办学中如何加强党的领导和建设的专项调研,并提供了丰富鲜活的素材和案例。

　　刘庆生副校长对本项目的研究组织和协调推进工作作出了重要贡献,党委校长办公室马纪、傅莹,发展规划处张锦华、郑策、李聪,马克思主义学院章忠民、郝云、刘晓音、姜国敏、孙鹏、徐圣龙、张孟雯、刘洋、戴媛媛、韩跃,国际文化交流学院荣军、孙冰,学生工作处倪志兴,经济学院程霖、王昉,党委组织部曹黎娟、赵辰光、史嘉恒,研究生院靳玉英,期刊社郑春荣,档案馆(校史馆)王雅静,会计学院郑继红,公共经济与管理学院秦文佳、穆迪、于洪,医疗健康管理中心李盈懿等参与了研究工作;图书馆范越、孙阳阳、孙晓静、马昱,公共经济与管理学院博士研究生刘毛桃、孟于超、金玉萍参与了文献信息收集和整理工作。

　　谨向参与本项目探索实践与理论研究、为本书撰写和出版提供支持和帮助的各位老师和学生表示衷心的感谢。

笔　者

2024 年 12 月 20 日

参考文献

［1］马克思恩格斯选集：第1卷［M］.北京：人民出版社,1995.

［2］马克思恩格斯选集：第4卷［M］.北京：人民出版社,2012.

［3］马克思恩格斯文集：第8卷［M］.北京：人民出版社,2009.

［4］习近平.习近平谈治国理政：第3卷［M］.北京：外文出版社,2020.

［5］习近平.习近平谈治国理政：第2卷［M］.北京：外文出版社,2017.

［6］习近平.高举中国特色社会主义伟大旗帜为全面建设社会主义现代化国家而团结奋斗——在中国共产党第二十次全国代表大会上的报告［N］.人民日报,2022-10-26(1).

［7］习近平.决胜全面建成小康社会夺取新时代中国特色社会主义伟大胜利——在中国共产党第十九次全国代表大会上的报告［J］.求是,2017(21).

［8］习近平.在纪念毛泽东同志诞辰120周年座谈会上的讲话［N］.人民日报.2013-12-27(2).

［9］习近平.在德国科尔伯基金会的演讲［N］.人民日报,2014-03-30(2).

［10］习近平.做党和人民满意的好老师—— 同北京师范大学师生代表座谈时的讲话［N］.人民日报,2014-09-10(2).

［11］习近平.在联合国教科文组织第九届青年论坛开幕式上的贺词［N］.人民日报,2015-10-27(1).

［12］习近平.深化合作伙伴关系 共建亚洲美好家园［N］.人民日报,2015-11-08(2).

［13］习近平.为建设世界科技强国而奋斗——在全国科技创新大会、两院院士大会、中国科协第九次全国代表大会上的讲话［N］.人民日报,2016-06-01(2).

［14］习近平.致首届清华大学苏世民书院开学典礼的贺信［N］.人民日报,2016-09-11(1).

［15］习近平.在北京大学师生座谈会上的讲话［N］.人民日报,2018-05-03(2).

［16］习近平.坚持中国特色社会主义教育发展道路 培养德智体美劳全面发展的

社会主义建设者和接班人[N].人民日报,2018-09-011.

[17] 习近平.青年要自觉践行社会主义核心价值观——在北京大学师生座谈会上的讲话[N].人民日报,2024-05-05.

[18] 习近平.不断开拓当代中国马克思主义政治经济学新境界[J].求是,2020(16).

[19] 习近平.习近平回信寄语广大高校毕业生 把个人的理想追求融入党和国家事业之中 为党为祖国为人民多作贡献[N].人民日报,2020-07-09(1).

[20] 习近平.坚定跟党走 奋进新时代 为党和国家事业发展作出新的更大的贡献[N].人民日报,2020-08-18(1).

[21] 习近平.把思想政治工作贯穿教育教学全过程 开创我国高等教育事业发展新局面[N].人民日报,2016-12-09.

[22] 习近平.在哲学社会科学工作座谈会上的讲话[N].人民日报,2016-05-19.

[23] 习近平.坚持立德树人思想引领,加强改进高校党建工作[N].人民日报,2014-12-30.

[24] 中共中央关于教育体制改革的决定[J].民主与科学,2009(5).

[25] 中国教育改革和发展纲要[Z].中华人民共和国国务院公报,1993(4).

[26] 国家中长期教育改革和发展规划纲要(2010—2020年)[M].北京:人民出版社,2010.

[27] 刘昌亚.加快推进教育现代化开启建设教育强国新征程——《中国教育现代化2035》解读[J].教育研究,2019(11).

[28] 葛道凯.后疫情时代高等教育发展的挑战与应对[J].中国高教研究,2023(2):31-39.

[29] 克拉克·克尔.高等教育不能回避历史——21世纪的问题[M].王承绪,译.杭州:浙江教育出版社,2001:15-16,6,10,5.

[30] 陆小兵,王文军,钱小龙."双一流"战略背景下我国高等教育国际化发展反思[J].高校教育管理,2018,12(1):27-34.

[31] 亚萨尔·孔达奇,伊莱夫·埃尔伯克,肖俊洪.高等教育国际化的转型:从教室到虚拟环境[J].中国远程教育,2021(5):51-61+77.

[32] 王洪才,靳玉乐,罗生全,陈亮,王智超.中国式高等教育现代化的多维思考与协同推进[J].高校教育管理,2023,17(01):1-21+68.DOI:10.13316/j.cnki.jhem.20230103.001.

[33] 徐寅.危机传播视域下高校国际化办学过程中网络舆情的对策[J].新闻传播,2022(20):27-29.

[34] 陈婷婷.文化自信视域下高等教育国际化发展路径探析[J].中外企业文化,

2022(1):237 - 238.

[35] 黄爱萍,余俊渠,杜环欢.思想政治教育视角下关于高校防范境外宗教渗透的思考[J].辽宁省社会主义学院学报,2021(4):69 - 72.

[36] 黄颖,吴国平,肖毅.高等教育国际化办学服务经济社会发展:现状、问题与推进策略——基于福建省高校国际化办学服务自贸区发展的调查[J].江西科技师范大学学报,2021(3):75 - 83.

[37] 伍宸,宋永华.风险社会理论视角下我国高等教育国际化面临的挑战与对策[J].教育研究,2021,42(3):126 - 134.

[38] 李梅.全球化新变局与高等教育国际化的中国道路[J].北京大学教育评论,2021,19(1):173 - 188.

[39] 周浩波,单春艳.地方"双一流"建设高校国际化的新起点与新思路[J].中国高教研究,2020(12):69 - 74.DOI:10.16298/j.cnki.1004 - 3667.2020.12.12.

[40] 黄晓玫.以更高水平开放和更深层次改革引领新时代高校治理创新[J].中国高等教育,2020(23):24 - 26.

[41] 张应强,姜远谋.后疫情时代我国高等教育国际化向何处去[J].高等教育研究,2020,41(12):1 - 9.

[42] 袁超."双一流"建设视角下大学国际联盟的特征、困境与创新[J].西南大学学报(社会科学版),2020,46(06):107 - 113.DOI:10.13718/j.cnki.xdsk.2020.06.012.

[43] 白光昭.坚持四个统领 全面加强党对高校的领导[J].中国高等教育,2020(Z2):26 - 28.

[44] 吕建设,张丽敏,许盈,李华.中外合作办学党组织作用发挥的实践路径——基于总体国家安全观视角[J].学理论,2019(4):121 - 122.

[45] 毕家驹,黄晓洁.中国大学国际化的挑战与应对[J].高教发展与评估,2012,28(4):49 - 57+122 - 123.

[46] 戴晓霞.高等教育的国际化:外国学生政策之比较分析[J].复旦教育论坛,2004(5):11 - 16.

[47] 刘宝存.高等教育国际化的国际经验与中国的战略选择[N].山东大学报,2018 - 11 - 21.

[48] 聂名华,付红,徐田柏.中国高等教育国际化风险及其对策研究[J].河北学刊,2011,31(3):187 - 190.

[49] 涂端午.加快"双一流"建设,教育对外开放何为[J].教育学术月刊,2019(1):

51－57.

[50] 汪全胜,金玄武.德国高等教育国际化改革及其对我国的启示[J].国家教育行政学院学报,2009(9):91－95.

[51] 王晓霞.日本高等教育国际化政策的历史演进及其发展趋势[J].宁波教育学院学报,2004(4):23－26.

[52] 伍宸."教育对外开放"与"高等教育国际化"——中国教育发展战略学会国际教育专业委员会首届学术年会会议综述[J].教育发展研究,2017,37(3):81－84.

[53] 徐小洲.我国高等教育对外开放的成就、机遇与战略构想[J].高等教育研究,2019,40(5):1－9.

[54] 徐小洲,阚阅,冯建超.面向2035:我国教育对外开放的战略构想[J].中国高教研究,2020(2):49－55.

[55] 阎光才,袁希.对外开放与高等教育强国的关系内涵[J].比较教育研究,2010,32(10):22－26＋44.

[56] 张继桥,刘宝存.新中国成立七十年来高等教育对外开放政策的历史演进与基本经验[J].高等教育研究,2019,40(8):9－17.

[57] 曾满超,王美欣,蔺乐.美国、英国、澳大利亚的高等教育国际化[J].北京大学教育评论,2009,7(2):75－102＋190.

[58] 张世红,白永毅.论大学国际化[J].清华大学教育研究,1999(3):3－5.

[59] 陈宝生.落实 落实 再落实——在2019年全国教育工作会议上的讲话[N].中国教育报,2019－1－31.

[60] 教育部课题组.深入学习习近平关于教育的重要论述[M].北京:人民出版社,2019.

[61] 袁贵仁.中国高水平大学创建之路[M].北京:高等教育出版社,2012.

[62] 《上海财经大学志》编纂委员会.上海财经大学志(1917—2017)[M].上海:上海财经大学出版社,2017.

[63] 蒋凯.高等教育对外开放的回顾与前瞻[J].教育发展研究,2020(9).

[64] 张继桥,刘宝存.新中国成立七十年来高等教育对外开放政策的历史演进与基本经验[J].高等教育研究,2019(8).

[65] 孙崇正,肖念,金保华:改革开放以来我国高等教育人才培养质量观的演进与启示[J].清华大学教育研究,2009(4).

[66] 蒋凯,张军凤.中国高等教育对外开放的基本特点[J].清华大学教育研究,2017(6).

［67］ 郦妍. 教育对外开放背景下的全球性大学研究［D］. 华东师范大学,2017.

［68］ 刘奕涛,彭旭. 治理维度下的高等教育对外开放论析［J］. 嘉应学院学报,2017
(9).

［69］ 马碧红,范伟杰. 高等教育对外开放：如何提升效率和规划布局［J］. 知识经
济,2018(18).

［70］ 刘帆. 中国高等教育对外开放 30 年回眸［J］. 武汉商业服务学院学报,2009
(1).

［71］ 郭涟涟. 论中国高校如何做好新时期高等教育对外开放工作［J］. 高教学刊,
2016(21).

［72］ 文君. 以奋进之笔书写高等教育对外开放新篇章［J］. 中国高等教育,2018
(21).

［73］ 魏华颖. 15 年(1998—2013)来中国海外留学归国人员特征变化探析［J］. 领导
科学,2015(29).

［74］ 许涛. 中国"985 工程"研究及政策建议［M］. 高等教育出版社,2007.

［75］ 许涛. 书记谈心工作机制对促进高校党建思政工作的经验和启示［J］. 中国高
等教育,2019(17).

［76］ 许涛. 做教育家精神的坚定践行者［N］. 文汇报,2023－10－14.

［77］ 许涛. 关于教育服务长江经济带发展的若干思考［J］. 教育研究,2019,40
(12):128－131.

［78］ 许涛,应望江. 新时代高校对外开放办学中加强党的领导和建设：重点领域与
对策建议［Z］,2023－06－17.

［79］ 应望江,等. 中国高等教育改革与发展 30 年［M］. 上海：上海财经大学出版
社,2008.

［80］ 应望江,等. 世界知名院校调研报告［M］. 上海：上海财经大学出版社,2010.

［81］ 应望江,等. 诺贝尔经济学奖之路：第 2 版)［M］. 上海：上海财经大学出版
社,2017.

［82］ 应望江,李聪,曹靖东. 财经特色世界一流大学的内涵及建设路径研究［J］. 国
家教育行政学院学报,2021(9):78－87.

［83］ 应望江. 四位一体：优化高校院系治理结构的构想［J］. 国家教育行政学院学
报,2008(7):51－54.

［84］ 应望江,李庆豪. 人文社科类大学的社会服务研究［J］. 国家教育行政学院学
报,2007(7):62－65.

［85］ 应望江,李泉英. 高校绩效评价指标体系设计及应用研究——以教育部直属

高校为例[J]. 国家教育行政学院学报,2010(2):45-50.

[86] 应望江. 厚德博学 经济匡时[N]. 中国教育报,2008-10-21.

[87] 应望江,张锦华,宋旭璞. 一流财经大学建设的探索与实践[J]. 财经高教研究,2017(3).

[88] 高耀丽,应望江. 迈向教育现代化之路——上海市教育综合改革进展报告(2014—2019)[M]. 上海:上海教育出版社,2021.

[89] 丛树海,应望江. 大学章程框架设计的理念与实践[J]. 国家教育行政学院学报,2014,(9):3-9.

[90] 马钦荣,刘志远,应望江. 中国特色现代大学制度探索与实践[M]. 上海:华东师范大学出版社,2012.

[91] 应望江. 教育管办评分离改革的试点分析与推进思路[J]. 财经高教研究,2017(2).

[92] 章益国,应望江. 百年匡时 不负荣光[N]. 中国教育报,2017-11-16.

[93] 徐贞,应望江,曹黎娟. 面向2025的高等教育现代化:历史回溯及未来向度[J]. 财经高教研究,2022(1).

[94] 教育部网站. 教育部有关负责人就第二轮"双一流"建设有关情况答记者问[DB/OL](2022-02-14)[2022-02-14]. http://www. moe. gov. cn/ jyb _xwfb/s271/202202/t20220214_599080. html.

[95] 洪永淼. "新文科"和经济学科建设[J]. 新文科教育研究,2021(1):63-81.

[96] 陈燕,铁晓锐. 中国学科国际声誉评价的困境与策略研究[J]. 中国高教研究,2020(2):23-28.

[97] 张梦琦,刘宝存. 法国提升高等教育国际吸引力的政策措施及逻辑要义[J]. 教育科学,2020,36(1):58-65.

[98] 范红,王缅. 大学声誉与我国大学国际传播模式探索——以清华大学海外宣传办公室为例[J]. 新闻战线,2018(24):9-10.

[99] 关于进一步加强和改进新形势下高校宣传思想工作的意见[N]. 人民日报,2015-01-20.

[100] 冯契. 哲学大辞典[M]. 修订本. 上海:上海辞书出版社,2001.

[101] 俞吾金. 意识形态论:修订版[M]. 北京:人民出版社,2009.

[102] 袁贵仁. 价值学引论[M]. 北京:北京师范大学出版社,1991.

[103] 韩景阳. 高校党的建设研究[M]. 北京:中国人民大学出版社,2007.

[104] 顾海良,罗永宽. 高校党的领导体制建设研究[M]. 北京:中国文史出版社,2011.

[105] 孙月娟. 近十年大学生意识形态教育研究述论[J]. 教育评论,2016(4).

[106] 孙家学. 深刻认识高校意识形态工作的重大意义[N]. 光明日报,2015-4-11.

[107] 王永贵等. 意识形态领域新变化与坚持马克思主义指导地位研究[M]. 北京:人民出版社,2015.

[108] 高立伟. 试论意识形态与社会现实的协调发展——基于建国60年来主流意识形态调整的视角[J]. 求实,2010(5).

[109] 冯周卓. 以马克思主义意识形态建设推进社会主义核心价值观认同[J]. 道德与文明,2009(6).

[110] 李海. 主流意识形态安全视阈下的社会主义核心价值观培育[J]. 科学社会主义,2014(6).

[111] 韩震. 我国意识形态工作困难的成因及其解决办法[J]. 中国高校社会科学,2015(4).

[112] 秦惠民,王名扬. "一带一路"十周年:我国高等教育国际交流与合作的政策、成效与新格局[J]. 中国高等教育,2023(20).

[113] 赵鹤. 高等教育国际化政策:类型重塑与深层逻辑——基于国际比较视角[J]. 中国高教研究,2023(6).

[114] 梅伟惠,经湛. 近十年美国高等教育改革及其核心特征[J]. 世界教育信息,2024(4).

[115] 美国高校迎来"倒闭潮"[N]. 中国科学报,2024-09-23.

[116] 吴国鼎. 谁在掌握国际标准制定权?[J]. 环球,2023(25).

[117] 葛兰西. 狱中札记[M]. 北京:中国社会科学出版社,2000.

[118] 美国会竟扬言要资助针对中国防火墙的网络攻击[N]. 环球时报,2008-01-10.

[119] 培养担当民族复兴大任的时代新人[N]. 人民日报,2021-12-10.

[120] 雅斯贝尔斯. 时代的精神状况[M]. 王德峰,译. 上海:上海译文出版社,1997.